C.Bertelsmann

Michael Horeni

Die Begnadeten

Schönheit, Schmerz und Einsamkeit:
Fußballgötter und ihre Abstürze

C.Bertelsmann

Sollte diese Publikation Links auf Webseiten Dritter enthalten, so übernehmen wir für deren Inhalte keine Haftung, da wir uns diese nicht zu eigen machen, sondern lediglich auf deren Stand zum Zeitpunkt der Erstveröffentlichung verweisen.

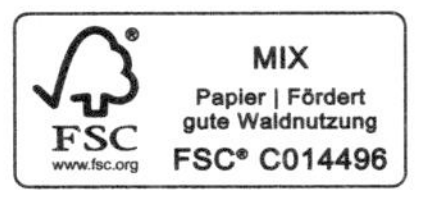

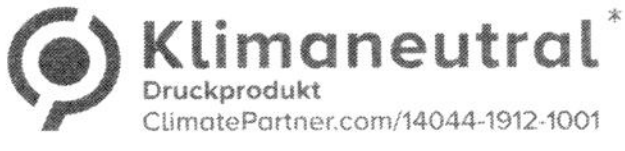

Penguin Random House Verlagsgruppe FSC® N001967

1. Auflage

in der Penguin Random House Verlagsgruppe GmbH,
Neumarkter Straße 28, 81673 München
Lektorat: Eckard Schuster
Bildredaktion: Annette Baur
Umschlaggestaltung: Büro Jorge Schmidt, München
Umschlagabbildung: © Imago / Werek; © Fotolia / jessicahyde
Satz, Druck und Bindung: GGP Media GmbH, Pößneck
Printed in Germany
ISBN 978-3-570-10470-5

www.cbertelsmann.de

Inhalt

Vorspiel: Der Fall der Götter 7

1 Franz Beckenbauer 27
Das Geheimnis

2 George Best 85
Im Rausch

3 Diego Maradona 117
Die Heiligsprechung

4 Sócrates 181
Eine Utopie

5 Michel Platini 221
Der Prozess

6 Mesut Özil 251
Das Foto

Literatur 303
Personenregister 309
Bildnachweis 313

Vorspiel

Der Fall der Götter

Franz Beckenbauer, George Best, Diego Maradona, Sócrates, Michel Platini, Mesut Özil

Diese unglaublichen Spieler zu erleben bedeutete für viele Millionen Menschen rund um den Globus ein großes Glück. Mit ihrem hinreißenden Spiel verkörperten sie zu ihren besten Zeiten die Essenz des schönen Fußballs, sein Wesen, seine Leichtigkeit. Doch sie alle, die den Fußballhimmel berührten, erlebten und erlitten tiefe Abstürze. Manche wurden zu Höllentrips, denen nur der Tod ein Ende setzen konnte. *Maradona* (2020), *Sócrates* (2011) und *Best* (2005) vernichteten ihre Körper durch Kokain, Alkohol und andere Drogen. *Beckenbauer* und *Platini* kosteten ihre späten Abstürze als Fußballfunktionäre, bei denen es um Millionenzahlungen und Korruption ging, Amt und Ehre. Und *Özil* verlor seine Heimat, seine deutsche Heimat.

Das, was sie über die Zeiten und Generationen hinweg verbindet, lässt sich erst erkennen, wenn man diese Begnadeten gemeinsam in den Blick nimmt. Dann werden neben der Genialität, die sie eint, auch andere Parallelen sichtbar, die für ihre Abstürze wichtige Rollen spielten.

Zweifellos waren die Verlockungen für diese Ausnahmeerscheinungen groß, sich auch nach dem Abpfiff weiter als jene Ikonen und Kunstfiguren zu begreifen, zu denen sie sich auf dem Spielfeld selbst gemacht hatten. Oder zu denen sie gemacht wurden. So gehörten alle diese Fußballgötter des letzten halben Jahrhunderts irgendwann nicht mehr sich selbst. Die Wirklichkeit präsentierte ihnen schonungslos die Rechnung. Eine Wirklichkeit allerdings, der sich die Auserwählten schon kaum mehr zugehörig fühlten, gleichgültig, zu welcher Zeit sie lebten. Götter akzeptieren keine Richter, zumindest keine weltlichen. Auch die Fußballgötter taten es nicht.

Der Preis, den sie am Ende bezahlen mussten, lässt sich mit ihren menschlichen Schwächen allein nicht hinreichend erklären. Klar ist: Auch der jeweilige Zeitgeist wurde ihnen irgendwann zum Feind. Ein tückischer, unsichtbarer Feind, der sich den meisten erst im Nachhinein zu erkennen gegeben hat, wenn überhaupt.

In den Abstürzen der Fußballheroen wird auch ihre Einsamkeit spürbar. Obwohl sie stets einer Mannschaft angehörten und in ihrer Genialität immer auch als Teil eines Teams wahrgenommen wurden, standen sie am Ende meist allein da. Zu ihrem Leben im Profigeschäft gehört untrennbar die Erfahrung, dass sich auch innerhalb einer Mannschaft jeder immer selbst der Nächste ist. Und Loyalitäten nur so lange bestehen, wie sie Erfolg versprechen.

Was die Lebenswege von *Maradona*, *Beckenbauer* und *Platini* angeht, kommt der dunklen Seite der überbordenden, wilden und maßlosen 80er-Jahre eine zentrale Rolle zu. In dieser exzentrischen, glamourösen und materialistischen Zeit, die immer auch starke zerstörerische und selbstzerstörerische Züge in sich trug und in der es ausgesprochen respekt- und distanzlos zuging, konnten sich

Superstars plötzlich alles leisten. Sicher, Geld war schon immer wichtig gewesen, nicht nur in den Achtzigern. Doch erst in dieser Zeit wurden Geld und Äußerlichkeiten zu überragenden gesellschaftlichen Werten, zu ihren Fixpunkten, wie es sie in so hemmungslos ausgelebter Weise seit dem Krieg nicht gegeben hatte. Reichtum entschied nun nicht nur darüber, was man sich kaufen und leisten konnte, sondern auch darüber, was man sich in der Gesellschaft erlauben durfte.

Die Weltstars *Maradona*, *Beckenbauer* und *Platini*, deren Mythos nicht zuletzt in jener Zeit entstand und deren Wege sich in den 80er-Jahren immer wieder kreuzten, wurden zu Leitbildern dieser flirrenden Zeit: gut aussehende und millionenschwere Heroen, die begriffen, dass sie sich alles herausnehmen konnten. Und die sich scheinbar für nichts, was sie taten, rechtfertigen mussten. Dieses Spiel jenseits des Rasens ging viele Jahre gut, jedoch eben nur so lange, bis sich die Zeiten und Interessen änderten. Und damit die Spielregeln. Bei *Maradona* war dies schon während seiner aktiven Karriere in Neapel der Fall. *Platini* und *Beckenbauer* ereilte ihr Schicksal dagegen weit später, während oder nach ihren Karrieren als Fußballfunktionäre, als der französische Spielmacher und der deutsche Libero dem Rasen schon seit Jahrzehnten den Rücken gekehrt hatten.

All diese Fußballgötter, von *Best* in den 60er-Jahren des 20. Jahrhunderts bis hin zu *Özil* fünfzig Jahre später, waren der Öffentlichkeit von den ersten Tagen ihres märchenhaften Aufstiegs an in einer bestürzenden und unheilvollen Weise ausgeliefert. In ihrer eigenen Maßlosigkeit und Selbstgefälligkeit glaubten manche Medien damals, jegliche Rechte an den Stars zu besitzen und sie ihrer Privatsphäre berauben zu dürfen. Der Lieblinge ihrer Nationen bedienten sie sich, wie es ihrer Zeit gefiel: maßlos, skrupellos.

Die Öffentlichkeit störte sich daran nicht. Und die Superstars, die meist nur ihr Spiel schützte, nahmen die Bedrängungen, Vereinnahmungen und Verletzungen wie selbstverständlich hin. Oder sie schlossen Pakte mit den Medien, aus denen sie sich wiederum kaum befreien konnten oder wollten. Auch das war ein Preis, den sie zahlten, manche bis zu ihrem letzten Atemzug.

Maradona wurde in den 80er-Jahren von den Massen in Argentinien und Neapel wie ein Heiliger verehrt. Ein Heiliger allerdings, der sich mit der Camorra gemein machte, der seinem Körper und seiner Seele großen Schaden zufügte, der schon während seiner Profikarriere dem Kokain verfiel, der Droge der Achtziger.

Der beste Fußballer der Welt zu sein bedeutete in dieser exzessiven Zeit in einer Welt des Machismo für *Maradona* aber auch, der größte Macho der Welt sein zu wollen. Oder sein zu müssen, nicht zuletzt, weil das Millionen Männer von ihm geradezu erwarteten. Weil Frauen bloß als Trophäen galten und sonst nicht viel, besonders im Fußball. In *Maradona* vereinigte sich die Schönheit und Poesie des Spiels auf beispiellose Weise mit hedonistischen Exzessen, drogenumrauschten Allmachtsfantasien und einer schädlichen Vorstellung von Männlichkeit.

Mit seinem Fußballgenie hatte er in den 80er-Jahren nicht weniger als die Schmach eines verlorenen Kriegs in seinem Heimatland getilgt. Durch jenen in Argentinien auf ewig unvergesslichen Sieg bei der Weltmeisterschaft

1986 über England mit seinen beiden epischen Toren, eines erschaffen durch die »Hand Gottes« und das andere mit dem Solo des Jahrhunderts. Mit dem Triumph im Finale in Mexiko-Stadt bei jener Weltmeisterschaft, vier Jahre nach dem verlorenen Kampf um die Falklandinseln, hatte er endgültig den *Mythos Maradona* erschaffen. Der sollte sich von dem Jungen, der sich aus dem Elendsviertel Villa Fiorito vor den Toren von Buenos Aires nun seinen Weg in den Olymp gebahnt hatte, für immer ablösen.

Anders als *Franz Beckenbauer* und *Michel Platini*, die schon früh die Nähe zu den Mächtigen suchten, zog *Maradona* stets die Ablehnung der Eliten seines Landes auf sich. Den Klassenhass eines Establishments, dass einem Jungen aus der Unterschicht nicht verzeihen konnte, zu einer weltweiten Ikone aufzusteigen, zum berühmtesten Menschen Argentiniens im 20. Jahrhundert, neben Che Guevara und Eva »Evita« Perón, einer Frau aus dem Volk, der ebenfalls unversöhnliche Verachtung entgegengeschlagen war. Auch vielen Menschen in Neapel, den ewigen Verlierern aus dem italienischen Süden, hatte *Maradona* die Scham und die Stigmatisierung durch große Siege über die großen Klubs und das Establishment aus dem Norden genommen. Die beiden Titelgewinne in der italienischen Serie A, die er ihnen schenkte, wurden in Neapel zu unvergessenen Siegen über die ewige Verachtung der armen Leute.

Trotz der allgegenwärtigen Bestürzung über seinen Lebenswandel fiel *Maradona* in Argentinien und in Neapel bei den Massen nicht in Ungnade, jedenfalls nie dauerhaft. Sein Mythos überdauert am Ende jeden Skandal. Vor allem die, wie man oft so leichthin sagt, einfachen Menschen fühlten sich ihm verbunden. Die kurze Phase der Abwendung, die es in Neapel auch unter seinen treuen Fans gegeben hatte, nachdem *Maradona* Italien den Traum vom Triumph bei der Weltmeisterschaft 1990 im eigenen Land ausgerechnet in Neapel mit einem Sieg im Halbfinale durch einen von ihm verwandelten Elfmeter zerstört hatte, wich bald wieder großer Dankbarkeit für das, was er ihnen geschenkt hatte. In vielen neapolitanischen Vierteln finden sich noch heute kleine Schreine zu *Maradonas* Ehren, das Stadion trägt seinen Namen.

Es ist kein Zufall, dass die Abstürze von *Beckenbauer* und *Platini* – die sie anders als *Best*, *Sócrates* und *Maradona* nicht ihr Leben kosteten, wohl aber Ehre und Macht – sich in jüngerer Zeit vollzogen haben. Erst vor rund zehn Jahren bildete sich in Westeuropa jene moralisch aufgeladene und die öffentliche Diskussion bis heute prägende Haltung heraus, die es sich nicht mehr wie in den 80er-Jahren erlauben mag, Künstler und Superstars allein nach ihren Werken und ihren Leistungen zu bewerten, sondern ihr gesamtes Verhalten einer scharfen moralischen und rechtlichen Prüfung unterzieht. Meist schon, bevor Gerichte ein Urteil gesprochen haben.

Beckenbauer stieg in Deutschland schon in den späten 60er- und frühen 70er-Jahren zum »Kaiser« auf, doch erst in den 80er-Jahren erreichte seine Popularität eine neue Stufe, als er die Nationalelf übernahm und sie sechs Jahre später als ihr Teamchef zum Sieg im WM-Finale 1990 von Rom führte. Nun wurde aus dem Kaiser eine Lichtgestalt. Größere und kleinere Verfehlungen – Steuerprobleme, Scheidungen oder ein uneheliches Kind –, die andere Prominente in größte Schwierigkeiten gebracht hätten, prallten am deutschen Liebling ab wie von einer unsichtbaren Wand. Auch deswegen, weil es *Beckenbauer* als allgegenwärtiger Medienfigur gelang, nützliche Allianzen zu schließen, die ihn schützten.

Diese Unangreifbarkeit nahm *Beckenbauer,* der über viele Jahre der bekannteste Deutsche der Welt war, wie selbstverständlich auch auf seine weiteren Karrierestationen mit. Mit unermüdlichem Einsatz holte er die Weltmeisterschaft 2006 nach Deutschland, die er als Chef des Organisationskomitees schließlich zu jenem legendären »Sommermärchen« machte, dem bis heute schönsten und fröhlichsten Sportereignis, das dieses Land je erlebt hat.

Im Herbst 2015 nahm der stets schwelende Verdacht, dass die von *Beckenbauer* in einem notorisch korruptionsanfälligen Funktionärsumfeld 15 Jahre zuvor an Land gezogene Weltmeisterschaft gekauft sein könnte, konkrete Gestalt an. *Beckenbauer* stand plötzlich im Zentrum einer Affäre, die sich im Kern um eine Zahlung von 6,7 Millionen Euro drehte, die von seinem Konto über den Weltverband an einen korrupten und später gesperrten FIFA-Funktionär erfolgte und deren Zweck bis heute nicht geklärt werden konnte. Korruption oder Steuerhinterziehung waren im Jahr 2015 nicht mehr jene Kavaliersdelikte, als die sie auch hierzulande über Jahrzehnte angesehen worden waren, selbst von Steuerbehörden. Seine einflussreichen Freunde und Helfer konnten *Beckenbauer* nun nicht mehr schützen wie früher. Der Zeitgeist forderte seinen Tribut von einem Kaiser und Fußballgott, der sich nicht mehr jeder Kontrolle entziehen konnte und machen durfte, was er wollte.

Obwohl *Beckenbauer* um das Jahr 2010 herum begonnen hatte, alle seine Ämter und führenden Rollen aufzugeben, schaffte es die Lichtgestalt nicht mehr über die Ziellinie. Im Jahr 2014 wurde *Beckenbauer* vorübergehend für sämtliche Aktivitäten im Weltfußball gesperrt, weil er glaubte, Fragen der Ethikkommission des Weltverbandes zu Bestechungsvorwürfen wegen der Vergabe der Weltmeisterschaft 2022 an Katar weiter ungestraft ignorieren zu können. *Beckenbauer* durfte daraufhin nicht einmal mehr zu den Spielen bei der Weltmeisterschaft in Brasilien. Der Kaiser verstand die Welt nicht mehr.

Der größte aller deutschen Fußballer geriet nun auch in den Fokus von Justiz und Steuerbehörden. In Vernehmungen schrumpfte der wortgewaltige Kaiser, der auf allen Kanälen über Jahrzehnte hinweg präsent war, zu einem sprachlosen und hilflosen Mann. Einer, der sich an nichts mehr erinnern konnte und selbst wichtige Entscheidungen in seinem Leben nicht selbst getroffen haben wollte. *Beckenbauer* zog sich, auch gesundheitlich geschwächt, nahezu vollständig aus der Öffentlichkeit zurück. Zu einer Verurteilung kam es nicht. Die Dinge, für die er sich zu verantworten hatte, waren verjährt. Doch *Beckenbauers* Glaubwürdigkeit nahm Schaden, sein Glanz verblasste. An seiner Rolle als Lichtgestalt hielt er eisern fest. Noch an seinem 75. Geburtstag beharrte *Beckenbauer* in einem Interview darauf, dass an den Vorwürfen gegen ihn nichts dran sei. Auf die Rolle seines Lebens sollte kein Schatten fallen.

Die Wege von *Beckenbauer* und *Platini* ähneln sich auf verblüffende Weise. Auch der geniale französische Mittelfeldstratege führte seine Nationalelf als Kapitän zu einem internationalen Titel, zum Gewinn der Europameisterschaft 1984 in seinem Heimatland. Er wurde später ebenfalls zum Teamchef der französischen Auswahl, dann zum Organisator der Weltmeisterschaft 1998 in Frankreich und schließlich zu einem der einflussreichsten internationalen Fußballfunktionäre. *Platini* war ebenfalls einer, dem alles zufiel. So schien es zumindest.

Als virtuoser Spielmacher und Torschützenkönig prägte er die Europameisterschaft 1984 so nachdrücklich wie *Maradona* zwei Jahre später die Weltmeisterschaft 1986. Auch in seiner spielerischen Leichtigkeit war *Platini* der Einzige, der es zu Lebzeiten mit *Maradona* aufnehmen konnte. Der lässige, lockige Franzose wurde zu jener Zeit gleich dreimal nacheinander zum Fußballer des Jahres in Europa gewählt. *Platini*, das war über Jahre und Jahrzehnte der französische Fußball- und Sonnengott in einer Person.

Seine Karriere als Fußballfunktionär, nach einem kurzen und glücklosen Intermezzo als Trainer der Équipe Tricolore, baute auf seiner Vizepräsidentschaft im WM-Organisationskomitee 1998 auf. Das Turnier wurde auch dank *Platini* mit dem Titelgewinn der französischen Gastgeber zu einem glanzvollen Ereignis. Zunächst unterstützte er den Schweizer Joseph »Sepp« Blatter, der 1998 zum Präsidenten des Internationalen Fußballverbandes FIFA gewählt wurde, als Berater. Auch dieses Projekt wurde ein großer Erfolg. *Platini* zog in der Folge selbst ins FIFA-Exekutivkomitee ein. Der Franzose, der auf dem Platz eine wunderbare Leichtigkeit ausstrahlte, nahm nun seine weitere Verbandskarriere zielstrebig ins Visier. Nur fünf Jahre später wurde er zum Präsidenten der Europäischen Fußball-Union UEFA gewählt.

Platinis Weg an die Spitze der FIFA schien vorgezeichnet. Doch nur wenige Stunden nachdem er im Herbst 2015 die notwendigen Unterstützerstimmen für seine Kandidatur als Präsident zusammenhatte, suspendierte ihn die Ethikkommission. Er hatte einige Jahre zuvor zwei Millionen Schweizer Franken von der FIFA für die Beratung von Blatter erhalten, aber seinen Anklägern erschien das als Erklärung nicht plausibel. *Platini* musste seine Kandidatur als FIFA-Präsident aufgeben. Auch als UEFA-Präsident war *Platini* nach Ermittlungen der Justiz nicht mehr haltbar. Er trat zurück. Nur ein Jahr nachdem die Ethikkommission des Weltverbandes mit *Beckenbauer* keine Gnade mehr kannte, hatte sie auch *Platini* zu Fall gebracht.

Eine Woche nachdem *Platini* für zunächst acht Jahre für alle Tätigkeiten im Weltfußball gesperrt worden war, kam in Deutschland der Skandal um das Sommermärchen 2006 ans Licht. Die Bereitschaft in der Gesellschaft, die Zügellosigkeiten der Eliten zu akzeptieren und weiterhin beide Augen zuzudrücken, war dahin. Das Pendel schlug zurück. Die Zeit der Abrechnung war gekommen.

Die französische Finanzstaatsanwaltschaft nahm *Platini* im Sommer 2019 für eine Nacht in Gewahrsam und vernahm ihn. Es ging um private Korruption, kriminelle Vereinigung sowie Einflussnahme im Zusammenhang mit den Weltmeisterschaften 2018 und 2022 anlässlich eines Treffens im Élysée-Palast mit Staatspräsident Nicolas Sarkozy und dem Kronprinzen und späteren Emir von Katar. Ein Verfahren gegen *Platini* wurde nicht eröffnet, sein Anwalt sprach von »viel, viel Lärm um nichts«. *Platini* war nie Beschuldigter. Im Sommer 2020 eröffnete die Schweizer Bundesanwaltschaft schließlich ein Verfahren wegen des Verdachts ungetreuer Geschäftsbesorgung und Urkundenfälschung, später auch wegen des Verdachts des Betrugs gegen *Platini* und Blatter. *Platini* erklärte sich vom ersten Tag an für unschuldig. Doch niemand glaubte ihm noch.

Aus Protest gegen die langjährige Sperre, die nach Einsprüchen von *Platini* zunächst auf sechs und dann auf vier Jahre verkürzt wurde, zog einer der lange einflussreichsten Sportpolitiker der Fußballwelt bis vor den Europäischen Gerichtshof für Menschenrechte. Doch die Richter bescheinigten dem gefallenen Fußballgott dort im Frühjahr 2020 bloß, dass die gegen ihn ausgesprochene Strafe weder zu hoch war noch willkürlich. *Platini* wirkte wie aus der Zeit gefallen.

Die Öffentlichkeit konnte sich nach den zahlreichen Skandalen im Fußball gar nicht mehr vorstellen, dass ein führender Funktionär womöglich fälschlich angeklagt oder von der Ethikkommission des eigenen Verbandes zu Unrecht suspendiert worden sein könnte. Das Bundesstrafgericht in Bellinzona sprach *Platini* jedoch im Sommer 2022 von den Vorwürfen frei, nach sieben Jahren. Seine Version, über all die Jahre das Opfer eines Komplotts geworden zu sein, ließ sich plötzlich nicht mehr so leicht abtun.

Die Wege von *Platini*, *Beckenbauer* und *Maradona* unterscheiden sich markant von den Aufstiegen und Abstürzen von *Best* und *Sócrates*. Die lassen sich auch nur aus ihrer jeweiligen Zeit und Herkunft begreifen. Obwohl die sportliche Glanzzeit von *Sócrates* mit der von *Platini* und

Maradona zusammenfiel, umgab den Kapitän der brasilianischen Nationalmannschaft ein völliger anderer Geist als derjenige, der zu dieser Zeit in Westeuropa vorherrschte.

Sócrates wuchs im Schatten einer Militärdiktatur zu einem feinsinnigen Fußballer und eigensinnigen Linksintellektuellen heran, der in konsequenter Opposition zu den Autoritäten seines Heimatlandes nach seinem eigenen Weg suchte. Er machte sich gegen große Widerstände für die Demokratie stark. Er forderte Freiheit. Für viele Brasilianer verkörperte *Sócrates* in der dunklen Zeit der Diktatur nicht weniger als die Hoffnung auf das Gute und Schöne. Er wurde zu einem Helden des Volkes. Und der Intellektuellen, weit über die Grenzen des eigenen Landes hinaus.

Sócrates ließ sich im fußballverrücktesten Land der Welt auch nicht von den Ansprüchen des Profifußballs vereinnahmen. Der hochgewachsene Mittelfeldstratege bestand darauf, auch als Fußballprofi so zu leben, wie es ihm gefiel. Er ließ sich als 18-Jähriger eine Klausel in seinen ersten Vertrag schreiben, die ihm die Fortsetzung seines Medizinstudiums garantierte. Wegen der Doppelbelastung musste sein Klub in Kauf nehmen, dass *Sócrates* über viele Jahre nicht so regelmäßig wie seine Kollegen beim Training erscheinen konnte. Und er selbst, dass sich unter der Doppelbelastung sein sportlicher Durchbruch verzögerte, ebenso wie sein Studienabschluss. Erst mit 25 Jahren wurde der faszinierendste brasilianische Spieler der 80er-Jahre in die Nationalmannschaft berufen. Ein Jahr nachdem er sein Arztdiplom abgelegt hatte.

In Brasilien herrschte, als ein paar Fußballspieler in São Paulo beschlossen, für Freiheit und Demokratie zu kämpfen, seit rund zwanzig Jahren das Militär. *Sócrates* war der Anführer in diesem scheinbar aussichtslosen Kampf, den die Fußballspieler mit aufsehenerregenden Aktionen in ihrem Klub Corinthians begannen. Bald ging es dort so demokratisch zu wie nirgendwo sonst im Land. Corinthians schuf ein Selbstverwaltungssystem, in dem Funktionäre, Spieler und auch alle anderen Angestellten gleichberechtigt über alle Fragen entschieden, die entschieden werden mussten: Neuverpflichtungen, Entlassungen, Trainingszeiten. Die Demokratisierung im Klub reichte sogar bis zur Organisation des Mittagessens.

Das brasilianische Establishment hasste Corinthians. Doch *Sócrates* und seine Kollegen machten den Klub trotz der Widerstände unbeirrt zu einem demokratischen Versuchslabor. Und sie riefen ihre Fans auf, sich für die direkte Wahl des Staatspräsidenten starkzumachen. Eine Wahl, die in Brasilien seit rund einem Vierteljahrhundert nicht mehr gegeben hatte. Die sogenannte *Democracia Corinthiana*, das Leitmotiv des Klubs, das die Spieler auch auf ihre Fußballtrikots drucken ließen, wurde zur größten politischen Bewegung in der Geschichte des brasilianischen Fußballs. Sie wurde von allen, und nicht zuletzt von ihren Feinden, als genau das verstanden, was sie war: eine Kampfansage an die Diktatur. Und der Traum, sie zu beenden.

Sócrates, der Che Guevara und Fidel Castro zu seinen weltanschaulichen Vorbildern erklärte, war der Profi, der im ganzen Land am besten verdiente. Er handelte mit dem Klub aus, dass 25 Prozent der Einnahmen von den Heimspielen in die Taschen der Spieler flossen, wenn sie das Spiel gewannen. Und für sich selbst schloss der demokratische Sozialist, als der sich *Sócrates* verstand, profitable Werbeverträge ab. Das war für ihn kein Widerspruch. Oder einer, der zu ihm passte.

Sócrates unterwarf sich auch nicht den ungeschriebenen Regeln, nach denen ein Profisportler zu leben hat. Es beförderte vielmehr das Image des aufsässigen Linksintellektuellen und Lebenskünstlers, wenn er als Profi sagte, was sonst keiner sagte: »Ich rauche. Ich trinke. Ich denke.«

Er sagte, was er dachte. Er trainierte, wann er wollte. Und er lebte, wie es ihm gefiel. Doch niemand sah, welche Macht der Alkohol schon in seiner Zeit als Fußballprofi über eine der revolutionärsten Erscheinungen gewonnen hatte, die jemals im Fußball existierte. Der Kampf gegen den Alkohol war ein Kampf, den *Sócrates* nie wirklich führte. Oder für den seine Kraft nicht reichte. Nach seiner Karriere leitete *Dr. Sócrates* eine Kinderarztpraxis, aber lange hielt es ihn dort nicht. Er suchte sich nun immer wieder neue Aufgaben, doch alles geriet flüchtig.

Für seine Landsleute war es kaum zu begreifen, wie dieser Anführer, diese scheinbar gefestigte Persönlichkeit, die auf dem sportlichen und dem politischen Spielfeld über viele Jahre so entschlossen vorangegangen war, allmählich die Kontrolle über sein eigenes Leben verlieren konnte.

Im Jahr 2011 war ein septischer Schock das Ende für seinen geschundenen Körper. *Sócrates* wurde nur 57 Jahre alt. Sein Tod erschütterte das Land. »Brasilien hat einen seiner beliebtesten Söhne verloren. Auf dem Platz war er ein Genie, außerhalb des Platzes besorgt um sein Volk und sein Land«, sagte die damalige brasilianische Präsidentin Dilma Rousseff. Ihr Vorgänger, der charismatische Sozialist Luiz Inácio Lula da Silva, stand mit *Sócrates* bis kurz vor dessen Tod in Kontakt. Seine Ansichten waren dem langjährigen Präsidenten bis zuletzt wichtig gewesen. »Doktor *Sócrates* war ein Star auf dem Spielfeld und ein großartiger Freund«, sagte Lula, der selbst ein glühender Anhänger von Corinthians war. »Er war ein Beispiel für Staatsbürgerschaft, Intelligenz und politisches Bewusstsein, zusätzlich zu seinem immensen Talent als Fußballprofi. *Sócrates'* großzügiger Beitrag für Corinthians, den Fußball und für die brasilianische Gesellschaft wird nie vergessen werden.«

Der Nordire *George Best* verkörperte und vereinigte in seinem Spiel- und Lebensstil prägende Entwicklungen der späten 60er-Jahre: die Zerrissenheit seiner nordirischen Heimat, die Popkultur auf der britischen Insel und das Unbändige der studentischen Revoluzzerjahre auf dem Kontinent. 1968, das war auch sein Jahr. *Best* wurde zum besten Fußballer in England und in Europa gewählt. Und er verhalf Manchester United mit seinen Toren zum Triumph im Europapokal der Landesmeister, dem Vorläufer der Champions League. Den hatte bis dahin noch kein britischer Klub gewonnen.

Ein langhaariger und enorm attraktiver Nordire, der in England sein Glück suchte, brach auf dem Fußballplatz mit allen Regeln und Konventionen, aber auch im Leben, Tag und Nacht. Auf dem Rasen tat er das auf geniale Art, abseits davon auf zerstörerische, selbstzerstörerische Weise. *Best* wurde in den 60er-Jahren wie ein Popstar des Fußballs gefeiert, er war vielleicht der erste überhaupt: der fünfte Beatle.

Diese Rolle war auch das Resultat einer der ersten Medieninszenierungen im Profifußball, eine, die ihm gefiel.

Und der er entsprechen wollte. *Best* legte sich schnelle Autos zu, betrieb Kneipen und Boutiquen, umgab sich mit Models, leistete sich Affären und Exzesse. Bis zu seinem Tod hielt er an dem Image fest, das seinem öffentlichen Leben eingeschrieben war: ein Popstar, der sich an keine Regeln hält. Der so lebt, wie es ihm gefällt, der nichts bereut. Und der glaubt – und die anderen glauben macht –, immer ein Ass im Ärmel zu haben. In Wahrheit wartete auf *Best* nur der Tod. »Ich habe viel von meinem Geld für Alkohol, Weiber und schnelle Autos ausgegeben. Den Rest habe ich einfach verprasst.« Sein legendärer Spruch, mit dem *George Best* seinen Weg in den Abgrund adelte, sollte ihn überleben. In ihm zeigte sich ein Image und ein Männlichkeitsbild, von dem er meinte, auch wenn es reines Gift für ihn war, es trotzdem immer weiter ausfüllen und bedienen zu müssen, bis zum Tod.

Als Alkoholiker, zu dem *George Best* schon als Teenager wurde, war er rund vierzig Jahre auf Droge. Er schlug seine Frau, beschimpfte Polizisten, setzte sich betrunken in Fernsehstudios, fuhr sternhagelvoll mit dem Auto durch die Gegend, wurde spielsüchtig, verkaufte seine Trophäen und landete im Gefängnis. Schon mit 26 Jahren hatte einer der größten Fußballer den Höhepunkt seiner Karriere überschritten. »Ich wurde mit großem Talent geboren, und manchmal hat ein solches Talent auch einen zerstörerischen Charakter«, sagte *Best* einmal über sich selbst und sein Leben.

George Best war vermutlich die erste von der Presse nahezu über seine gesamte Lebenszeit begleitete, aber von ihr auf gewisse Weise auch bestimmte Berühmtheit des Fußballs. *Best* stammte aus einfachen Verhältnissen. Er wuchs in einem protestantischen Arbeiterviertel in Belfast auf. Sein Vater war Hafenarbeiter. In seiner Glanzzeit ließen ihm der Klub und die Medien lange vieles durchgehen. Es war jedoch nicht nur die betörende Schönheit seines Spiels, die ihn schützte, sondern auch die Zeit, in der er lebte. Während seiner Karriere kam niemand auf die Idee, seine Schwächen gegen seine Fußballkunst in Stellung zu bringen. Und auch nicht danach. Die Medien wirkten dabei in seinem Leben wie ein allgegenwärtiger Verstärker, nicht zuletzt seiner dunklen Seiten. Auf gewisse Weise boten sie *George Best* damit auch lange eine trügerische Sicherheit in diesem scheinbar niemals endenden Working-Class-Spektakel, von dem die Zeitungen und das Publikum nie genug bekommen konnten.

Die unerbittliche presbyterianische Disziplin in seiner entzweiten irischen Heimat hatte *George Best* in seiner Kindheit mitunter dreimal am Sonntag in die Kirche gezwungen. Es schien, dass er in seinem Leben immer wieder auch nach Wegen suchte, um dieser Prägung und Enge zu entfliehen. Dass er sich an Freiheit und Wildheit herausnahm, was sich kein ordentlicher Protestant in Nordirland wagte, sicherte ihm zugleich Sympathien unter Katholiken. Auch seine Verwundbarkeit machte ihn zu einem Mann des Volkes, über den Tod hinaus. Er wurde zu einem Mythos der gesamten tief gespaltenen irischen Nation.

Auf seinem letzten Weg folgten ihm in Belfast über 100 000 Menschen im strömenden Regen. Die Kosten für die Beisetzung übernahm die Regierung. Anlässlich seines ersten Todestages brachte eine nordirische Bank eine Million Fünf-Pfund-Noten mit seinem Konterfei heraus. Nach fünf Tagen waren alle vergriffen. Der Flughafen Belfasts trägt heute den Namen von *George Best*. Und an einer Hauswand in seiner Heimatstadt stehen in großen Lettern die unsterblichen Worte seiner Fans, die *George Best* weiter als dem Fußballgott huldigen, der er in seinem kaputten Leben einmal war: »Maradona good, Pelé better, George Best.«

Deutschland erlebte im Jahr 2018 den Absturz eines Weltmeisters, wie man ihn sich bis dahin nicht vorstellen konnte. *Mesut Özil*, ein in Gelsenkirchen geborener Sohn türkischer Einwanderer, wurde in jenem Sommer zum Symbol eines aufwühlenden Identitätskonflikts, von dem das Land zu diesem Zeitpunkt gar nicht so richtig wusste, dass er existiert. In der Folge trat *Özil* aus der deutschen Nationalmannschaft zurück und brach mit dem Land, in dem er aufwuchs. Und das Land brach mit ihm.

Dieser Riss zwischen einem Star und seinen Fans ging tiefer als jede Verfehlung, die sich all die anderen Fußballheroen in den fünfzig Jahren zuvor geleistet oder zuschulden hatten kommen lassen. Selbst wenn es sie das Leben kostete. *Diego Maradona*, *George Best* und *Sócrates* polarisierten zwar in ihrer Heimat, ihre Abstürze wurden jedoch immer als Folge jener menschlichen Schwächen verstanden, die jeder aus seinem eigenen Familien- oder Freundeskreis kennt, wenn man sie nicht selbst sogar am eigenen Leib erlebt hat. Der Absturz von *Özil* hatte dagegen existenziellen Charakter ganz anderer Art. Einen, der die Menschen nicht einte, sondern trennte.

Im Fall *Özil* fand ein Identitäts- und Kulturkampf seinen Ausdruck, der sich in Deutschland allmählich und für viele zunächst unmerklich über viele Jahre entwickelt hatte. Plötzlich standen sich auf einmal Deutsche und

Deutsch-Türken gegenüber, Christen und Muslime, Demokraten und Autokraten. Der Konflikt ging sogar quer durch diese Gruppen. Und der Rassismus kochte hoch. In die Affäre schaltete sich auch der Bundespräsident ein, um Wogen zu glätten, die jedoch kaum mehr zu glätten waren.

Kurz vor der Fußball-Weltmeisterschaft 2018 in Russland hatten *Mesut Özil* und İlkay Gündoğan dem türkischen Staatspräsidenten Recep Tayyip Erdoğan ein Trikot mit ihrer Unterschrift geschenkt. Einige Jahre zuvor hätte diese Geste noch kein Aufsehen erregt, und das hatte sie tatsächlich nicht, denn *Özil* hatte Erdoğan in der Vergangenheit immer wieder ein Trikot von sich überreicht. Aber zu jener Zeit befand sich die Türkei noch auf einem demokratischen Weg.

Knapp drei Jahre nach seinem Rückzug aus der Nationalelf wechselte er im Januar 2021 aus England zu Fenerbahçe Istanbul. Seine Ankunft in der Türkei wurde live im Fernsehen übertragen. Es war, als kehre ein verlorener Sohn in seine Heimat zurück. Ein Schauspiel, das zugleich wie eine endgültige Abwendung von Deutschland wirkte. Neue Wurzeln, nachdem er die alten in Deutschland rigoros gekappt hatte, konnte er beim Lieblingsklub seiner Kindheit allerdings auch nicht schlagen. Nach nur einem Jahr wurde *Özil* von Fenerbahçe suspendiert. Im Sommer 2022 hat er den Klub verlassen. In Deutschland ist das nur noch eine Randnotiz gewesen.

Hierzulande war schon sein in der Türkei gefeierter Transfer nach Istanbul nur noch schulterzuckend zur Kenntnis genommen worden. Der Bruch mit einem begnadeten Fußballspieler, der in Deutschland zum Integrationsvorbild gemacht worden war, hatte sich zu dieser

Zeit längst vollzogen. Aus dem deutschen Weltmeister *Mesut Özil* ist ein Vergessener im eigenen Land geworden, ein Fremder. Ein tiefer und trauriger Fall, nicht nur für eine geniale und zwischen den Welten verlorene Fußballseele.

1

Franz Beckenbauer

Das Geheimnis

Ermittler: Waren Sie bei der Weltmeisterschaft 2002 außer als Präsident des deutschen WM-Organisationskomitees für die WM 2006 anderweitig beruflich tätig?
Herr B.: Das weiß ich nicht.
Ermittler: Sagt Ihnen die Sendung »Schau'n mer mal« im Zuge der Weltmeisterschaft 2002 etwas?
Herr B.: Hat es eine solche Sendung gegeben? Das weiß ich nicht mehr. Soll ich die gemacht haben?
Ermittler: In welcher Zeit waren Sie bei der Weltmeisterschaft 2002 in Japan und Südkorea?
Herr B.: Ich war dort. Ich war auch bei der Wahl von Herrn Blatter als FIFA-Präsident vor Ort. Dass ich aber die vollen sechs Wochen vor Ort war, kann ich mir nicht vorstellen. Das glaube ich nicht.
Ermittler: Warum haben Sie dieses Konto gemeinsam mit Herrn Schwan eröffnet, und warum haben Sie Herrn Schwan nicht nur eine Verfügungsberechtigung eingeräumt?
Herr B.: Keine Ahnung, ich bin kein Banker. Ich weiß nicht, welche Möglichkeiten es da gibt. Ich habe Herrn Schwan voll vertraut. Aber es ist richtig, dass das meine Unterschrift ist.

Ermittler: Gibt es Beitragsgrenzen, bei denen die Unterschrift von Ihnen zwingend erforderlich gewesen wäre, für Dinge, die Herr Schwan regelte?
Herr B.: Nein, das hat es nicht gegeben. Es gab insoweit keine Schmerzgrenze.
Ermittler: Als Verwendungszweck wurden in den vorgelegten Auslandsüberweisungen »TV- und Marketingrechte« mit dem Hinweis »Asien-Spiele 2006« angegeben.
Herr B.: Keine Ahnung, hat es die Asien-Spiele überhaupt gegeben?
Ermittler: Steht das Darlehen in Höhe von 10 Millionen Schweizer Franken im Zusammenhang mit der Insolvenz von Firmen aus der Kirch-Gruppe?
Herr B.: Keine Ahnung.
Ermittler: In der Zusammenfassung wird festgehalten, dass Sie zusammen mit Innenminister Otto Schily und FIFA-Präsident Joseph Blatter im Oktober 2004 beschlossen haben, dass die FIFA die vollständigen Kosten der Eröffnungsfeier in Höhe von 22 Millionen Euro übernehmen wird. Sie als Präsident des WM-Organisationskomitees hatten die Oberleitung.
Herr B.: An das Treffen habe ich keine Erinnerung. Ich wüsste auch nicht, wo das stattgefunden haben könnte.
Ermittler: Sie haben sich beim Emir von Katar für die Stimme und die gewonnene WM-Wahl bedankt. Der Emir bat seinerseits um Unterstützung, auch bei der Bewerbung um die Asien-Spiele 2006. Wie sah Ihre Unterstützung Katars konkret aus?
Herr B.: Ich weiß gar nicht, ob uns der Emir unterstützt hat. Welche Unterstützung hier für den Emir angespro-

chen ist, weiß ich nicht. Was haben wir mit den Asien-Spielen zu tun gehabt? Nichts. *

Der 3. August 2017 ist ein heißer Tag, aber vormittags ist es noch angenehm, als Franz Beckenbauer zur Vernehmung bei der Frankfurter Staatsanwaltschaft erscheint. Er betritt einen schmucklosen Zweckbau im Zentrum der Stadt, fünf Ermittler sitzen ihm gegenüber. Beckenbauer ist als Zeuge geladen, nicht als Angeklagter.

Er wird auf seine Rechte hingewiesen, insbesondere auf sein Recht, die Auskunft zu verweigern. Auf Fragen, mit deren Beantwortung er sich selbst belasten könnte, muss er nicht antworten. Die Befragung ist schneller vorbei als ein Fußballspiel. Nach 83 Minuten.

Als sich nach Ende der Vernehmung die Tür hinter Beckenbauer schließt, ist es für die Ermittler, als entschwinde ein Geist. Ein Mann, der sich auf Knopfdruck unsichtbar machen kann. Einer, der sich an nichts erinnert. Einer, der sich auflöst. Plötzlich steht eine andere Frage im Raum: Franz Beckenbauer, wer ist das eigentlich?

Für Beckenbauer, so scheint es, versteht sich das von selbst: der, der er immer war. Für ihn haben sich vor allem die Zeiten verändert, und mit ihnen viele Menschen, die in ihnen leben. Aber nicht er selbst.

Im Winter 2021 scheint es ihm ein Bedürfnis zu sein, über die Vorwürfe zu sprechen, die im Zuge der Ermittlungen rund um das Sommermärchen ihren Weg in die Welt gefunden haben. Die sich verselbstständigt haben, die

* Dieser Dialog ist rein hypothetisch, jede Ähnlichkeit mit realen Ereignissen sowie lebenden Personen ist weder zufällig noch unbeabsichtigt.

nicht mehr zu kontrollieren gewesen sind, die sein Leben verändert haben.

Beckenbauer ist 76 Jahre alt, als das Jahr 2021 ins nächste übergeht und er darüber nachdenkt, sich über seine dunkle Zeit zu äußern. In dem Jahr, als sich Schatten über das Sommermärchen legten, starb sein Sohn. Danach ist nichts mehr gewesen wie vorher in seinem Leben. Vielleicht möchte er die Dinge nun einordnen, auch einiges für sich ordnen, mit etwas Abstand. Wer weiß, wie viel Zeit noch bleibt. Auch seine Gesundheit macht ihm zu schaffen.

Beckenbauer macht zum Jahreswechsel 2021/22 den Eindruck, in eigener Sache sprechen zu wollen, um wieder gehört zu werden, Souveränität zurückzugewinnen. Und das letzte Wort nicht weiter den Leuten zu überlassen, die Vorwürfe konstruieren und verbreiten, aus ihren Amtsstuben, aus ihren Redaktionen.

Beckenbauer ist umgeben von Ratgebern, auch von Anwälten, seit vielen Jahren. Er zögert. Er berät sich, auch mit seiner Frau. Irgendwann, so scheint es, ist sein Wunsch zu reden unter Kontrolle gebracht. Wer weiß, was alles hochkäme, wenn er spricht, vielleicht der wahre Beckenbauer? Nach einigen Monaten lässt Beckenbauer sein Schweigen ausrichten.

Die Frage, wer er eigentlich ist, hat sich Beckenbauer selbst öffentlich gestellt. Das war an seinem fünfzigsten Geburtstag, im Jahr 1994. Zwei Weltmeisterschaften hatte er da schon an Land gezogen. Eine als Libero und Kapitän, 1974 in Deutschland. Die andere als Teamchef, 1990 in Italien. Das wunderbare Sommermärchen, das im Jahr 2006 sein Leben krönt, existiert zu dieser Zeit noch nicht einmal in der Fantasie. Noch undenkbarer ist die Vorstellung, dass er darüber stürzen könnte. An seinem Jubiläumstag, als ein neuer Lebensabschnitt beginnt, wird Beckenbauer gefragt, wen er in seinem Leben noch kennenlernen möchte. »Mich selbst«, sagt er. »Ich möchte wissen, wer ich wirklich bin.« Gelegenheiten, dies herauszufinden, werden kommen.

Im Juli 2002 stirbt Robert Schwan, sein engster Berater seit fast vierzig Jahren, wohl auch sein bester Freund. Wenn Beckenbauer tatsächlich wissen wollte, wer er wirklich ist, hätte Schwan ihm einige Antworten liefern können. Es gab vermutlich niemand, der Beckenbauer besser kannte, beruflich und privat, seine verschiedenen Seiten, auch die dunklen.

In den Wochen und Monaten vor Schwans Tod geht es in Beckenbauers Leben turbulent zu. Auf seinem privaten Konto finden enorme Bewegungen statt, hohe Überweisungen. Darunter auch sechs Millionen Schweizer Franken, die über Umwege an Mohamed bin Hammam gehen, ein zwielichtiges Mitglied des Exekutivkomitees des Internationalen Fußballverbandes FIFA. Der Katarer hatte zwei Jahre zuvor bei der Vergabe der Weltmeisterschaft 2006 für Deutschland gestimmt, in jenem Sommer 2000, als jede Stimme zählte. Hauchdünn setzte sich Deutschland damals im letzten Wahlgang gegen Favorit Südafrika durch, 12:11.

Die Zahlung von Beckenbauers Konto, die am Ende bei einer Gesellschaft von Mohamed bin Hammam landet, wird rund einen Monat nach Schwans Tod auf zehn Millionen Schweizer Franken aufgestockt. Ermittler finden das viele Jahre später heraus. Doch wofür diese Zahlung an die in Fußballfragen rechte Hand des Emirs von Katar letztlich bestimmt ist und welche Rechnung damit beglichen wird, bleibt bis heute im Dunklen.

Klar ist nur: Die Überweisung, von der Beckenbauer sagt, sie sei ein notwendiger Beitrag an die FIFA-Finanzkommission zur Bewilligung eines Zuschusses über 250 Millionen Schweizer Franken des Weltverbandes an den DFB zur Organisation der WM 2006 gewesen, wird zum Kern einer Geschichte, die Beckenbauers Leben teilt. In eine Zeit davor und eine danach. Das zerstörte Sommermärchen. Die Titelstory des *Spiegel* aus dem Herbst 2015, in der es heißt, die Weltmeisterschaft sei gekauft gewesen, lässt sich bis heute nicht beweisen, aber sie wirkt zerstörerisch. Nicht für das Sommermärchen, das bleibt, wohl aber für das Bild von Beckenbauer.

An jenem 13. Juli 2002, als sein Freund und Berater im Alter von achtzig Jahren stirbt, spielt Beckenbauer ein Golfturnier in Bad Griesbach. Er sammelt Geld ein für seine Stiftung. Am Abend erreicht ihn die Nachricht von Schwans Tod. Ein paar Tage zuvor hatte er einen leichten Herzinfarkt erlitten. Die Ärzte machen sich keine großen Sorgen. Schwan scheint auf dem Weg der Besserung, auch dieses Problem scheint er in den Griff zu bekommen.

Schwans Tod ist für Beckenbauer ein Schock. Er setzt sich in seinen Wagen und rast zurück nach Österreich, in Richtung Kitzbühel. Sein Freund wohnte um die Ecke. Zeitweilig lebten sie sogar unter einem Dach, fast wie Vater und Sohn. Als Beckenbauer ankommt, bricht er zusammen.

In einer Sendung des Bayerischen Rundfunks redet er wenige Wochen später über seinen Schmerz. »Solche Momente kann man nur mit Medikamenten überstehen, die einen beruhigen. Anders ist das nicht zu machen. Da muss man auf die Kunst der Medizin zurückgreifen«, sagt Beckenbauer. Zu dieser Zeit hat er sich als Vorsitzender des Organisationskomitees der Fußball-Weltmeisterschaft 2006 schon wieder tief in die Arbeit reingekniet. Beckenbauer funktioniert. So, wie er immer funktioniert hat. Zumindest sieht es so aus. In Wahrheit jedoch, so gesteht Beckenbauer einige Jahre später, habe ihn in dieser Zeit »fast Panik« gepackt. Nach außen wirkt Beckenbauer weiter wie das deutsche Glückskind. Doch hinter den Kulissen, wo Schwan die Dinge immer für ihn geregelt hat, läuft nichts mehr so, wie es vorher gelaufen ist.

Außer den direkt Beteiligten, die bis heute schweigen, weiß niemand, was im Sommer 2002 für undurchsichtige Dinge rund um das Sommermärchen laufen. Wie hinter den Kulissen gedealt wird. Warum und auf welche Weise Millionensummen hin und her überwiesen werden. Welche Versprechungen gemacht oder beglichen werden. Welche Geheimnisse sich hinter der Weltmeisterschaft 2006 verbergen. Und welche hinter Beckenbauer.

Das Jahr 2002: Gerhard Schröder, der vier Jahre zuvor Helmut Kohl aus dem Kanzleramt verdrängt hat, befindet sich auf dem Gipfel seiner Macht. Wenn der Bundeskanzler bei Beckenbauer anruft, dann ist für Franz der Gerd dran. Und wenn Kanzlerkandidat Edmund Stoiber bei ihm durchklingelt, ist es der Edi. Im Herbst 2002 wird Schröder für eine zweite Amtszeit gewählt. Er siegt bei der Bundestagswahl knapp gegen den bayerischen CSU-Ministerpräsidenten. Der hat sich zuvor in einem unionsinternen Kampf gegen die CDU-Vorsitzende Angela Merkel durchgesetzt. Die ist zu dieser Zeit weder für Stoiber noch für Schröder eine ernst zu nehmende Gegnerin. Da sind sich beide einig, und auch darin, dass die Zeit längst nicht reif sei für eine Frau an der Spitze des Landes. In der Männerrepublik Deutschland nehmen einander nur die Männer ernst. Selbst als Angela Merkel drei Jahre später die Bundestagswahl gewinnt, kann Schröder nicht akzeptieren, dass er seine Kanzlerschaft verloren hat, nicht gegen eine Frau.

Im Jahr 2000, als die Vergabe der Weltmeisterschaft 2006 ansteht, verbinden sich Schröder und Beckenbauer für das gemeinsame Ziel, das Turnier nach Deutschland zu holen. Der Bundeskanzler tritt am FIFA-Wahltag als einziger Regierungschef aller WM-Bewerber in der Zentrale des Internationalen Fußballverbandes auf. Das Risiko, bei einer Abstimmungsniederlage gegen Favorit Südafrika oder England damit auch selbst als politischer Verlierer dazustehen, nimmt der Bundeskanzler in Kauf. Nelson Mandela und Tony Blair bleiben zu Hause.

Die Deutschen präsentieren sich glänzend in Zürich, nicht zuletzt Schröders Anwesenheit macht Eindruck unter den FIFA-Delegierten, der sichtbare Schulterschluss zwischen Politik und Fußball in Deutschland. Eine Frau ist auch in der deutschen WM-Delegation dabei: Claudia Schiffer. Oder, wie Beckenbauer sagt: »Das Schönste, was wir haben.«

Im Jahr 2002, zwei Monate vor dem Tod Schwans und vier Monate vor der Bundestagswahl, nimmt der Bundeskanzler Beckenbauer mit auf eine politische Auslandsreise. Das Ziel: Afghanistan. Beckenbauer schenkt dem Erziehungsminister im Namen des DFB einen Fußballplatz, für den Nachwuchs, für eine bessere Zukunft Afghanistans.

Dass der WM-Organisationschef und DFB-Vizepräsident überhaupt neben hochrangigen Wirtschaftsvertretern zum Tross des Bundeskanzlers gehören soll, sorgt in Berlin im Vorfeld zunächst für einigen Spott. Doch die Schröder-Regierung ist sich sicher, dass man die psychologische Wirkung eines so populären Mannes wie Beckenbauer nicht unterschätzen solle – und auch nicht die Symbolik. Unter den Taliban war Fußball in Afghanistan jahrelang verboten, und in den Stadien des Landes fanden unter ihrer Herrschaft keine Fußballspiele statt, sondern Hinrichtungen.

Im Garten der deutschen Botschaft in Kabul spielen sich Beckenbauer und Schröder im Mai 2002 nun die Bälle zu. Ein paar junge afghanische Kicker sind auch dabei in bunten Fußballtrikots. Schröder trägt unter seinem blütenweißen Hemd eine schusssichere Weste, Beckenbauer verzichtet darauf.

Auf dem Rückflug löst in der Transall das Raketenabwehrsystem aus. Aus der Maschine jagen plötzlich kleine heiße Phosphorkugeln durch die Luft. Sie sind dazu da, feindliche Raketen abzulenken, die heiße Triebwerke ins Visier nehmen. Ein Fehlalarm. An diesem Tag sind keine feindlichen Raketen unterwegs, aber am Hindukusch wird damals die deutsche Freiheit verteidigt.

Der Bundeskanzler bietet Beckenbauer nach dem WM-Zuschlag das »Du« an. In einem Interview bekennt Beckenbauer, dass er »sehr stolz« darauf ist, dass er jetzt Gerd sagen darf. Er spürt, dass er auf einer Stufe angekommen ist, die kein deutscher Sportler bisher erreicht hat. Als WM-Chef kommt Beckenbauer mit Königen, Präsidenten, Emiren, Staatschefs und Ministerpräsidenten ungezählter

Länder zusammen. Mit den wichtigsten politischen Größen im eigenen Land ist er auf Du und Du. Bedeutende Wirtschaftsführer hängen an seinen Lippen. In den Medien ist er allgegenwärtig. Führende Fußballfunktionäre sehen in ihm den künftigen FIFA-Präsidenten.

Mehr noch: Beckenbauer repräsentiert das Land zu dieser Zeit, wie es selbst gern wäre und wie es von anderen Ländern gern gesehen würde. Wie es aber nicht ist, nach einem dunklen Jahrhundert, das nicht vergeht. Weltoffen, einladend, gelassen – so ist Beckenbauer, aber nicht Deutschland.

Es ist zu dieser Zeit ein Privileg, in der Nähe des Kaisers zu sein. Und wer dieses Privileg besitzt, bekommt etwas ab von seinem lässigen Glanz, von der Aura der deutschen Fußballikone. Das spüren viele, die ihn umgeben, und die, die sich mit ihm umgeben wollen. Sie stehen dann auf Deutschlands besserer Seite.

Bei der Weltmeisterschaft 2002 in Japan und Südkorea, die später auch deutsche Ermittler beschäftigen wird, ist Beckenbauer in verschiedenen Rollen unterwegs: als WM-Organisationschef, als Vizepräsident des DFB, als Kommentator des Fernsehsenders Premiere – aber vor allem als Franz Beckenbauer. An einem Tag besucht er zusammen mit Innenminister Otto Schily die deutsche Schule in Yokohama. Ein Mädchen fragt ihn, was er eigentlich so mache, was sein Beruf sei. »Eine gute Frage«, entgegnet Beckenbauer. »Das weiß ich eigentlich selber nicht so genau. Was mache ich eigentlich?«

Zwei Wochen nach der Weltmeisterschaft 2002, bei der Beckenbauer nicht weiß, was er eigentlich macht, stirbt Schwan. Beckenbauer sagt später, erst nach dem Tod seines Managers sei er erwachsen geworden. Da ist Beckenbauer 57 Jahre alt.

Ein Jahr nach dieser Zäsur geht Beckenbauer in eine Fernsehsendung und redet mit Moderator Reinhold Beckmann über Schwans Tod, über die Folgen. Er zeigt sich dabei so verletzlich, wie ihn viele Menschen bis dahin nicht kennen. »Es war eine Tragödie für mich, nicht nur ein Schock. Es war eine Tragödie, nicht nur, weil man einen guten Menschen, einen Freund verliert. Er hat meine ganzen Geschäfte gemacht. Er hat auch private Dinge erledigt. Es ist ein Verlust, den ich bis heute nicht verkraften konnte. Es ist relativ viel schiefgegangen bei mir. Ich habe noch nie so viele Probleme gehabt wie jetzt in diesem Jahr. Er fehlt mir an allen Ecken und Enden.«

Was Beckenbauer an diesem Tag preisgibt, findet öffentlich allerdings wenig Widerhall. Wie auch? Denn das Türchen zu seinem Inneren öffnet er auch an diesem Tag nur einen kleinen Spalt. Um welche Probleme es bei ihm tatsächlich geht im Jahr 2003, was schiefläuft und schiefgelaufen ist im Leben bei einem, dem immer alles zu gelingen scheint – all das sagt Beckenbauer nicht. Er bleibt im Ungefähren. Ist es die Millionen-Zahlung an einen korrupten FIFA-Funktionär? Droht womöglich irgendetwas ans Licht zu kommen, was mit der Weltmeisterschaft 2006 zusammenhängt, dem größten Projekt seines Lebens? Doch da er die Probleme nur andeutet und auch an diesem Abend einen Sicherheitsabstand zur Wirklichkeit hält, wirkt es, als gäbe es sie für Beckenbauer eigentlich gar nicht. Die Widrigkeiten prallen wie ein Gummiball sofort wieder ab von der öffentlichen Figur des Kaisers, von der Aura des Erfolgs. Ein Panzer, undurchlässig für alles, was sich nicht einfügen will in das Bild des ewigen Siegers: Verwundbarkeit, Traurigkeit, Einsamkeit.

Auch an diesem Abend geht es in der Fernsehsendung bald wieder um Beckenbauers großes Thema: die Weltmeisterschaft 2006, das größte Ereignis des Landes seit dem Zweiten Weltkrieg, größer noch als die Olympischen Spielen in München 1972. Beckenbauer ist sich der überragenden Bedeutung dieser WM für Deutschland früh bewusst, und ebenso der Tatsache, dass er selbst mit dieser Weltmeisterschaft immer verknüpft bleiben wird, bis ans Lebensende. Und darüber hinaus.

Beckenbauer kniet sich rein, er macht seinen Job exzellent. Als künftiger Gastgeber heißt er jedes Land persönlich willkommen, mehrfach umrundet er dafür den Globus. Die Welt zu Gast bei Freunden. Das ist das deutsche WM-Motto, aber Beckenbauer verkörpert diese WM so stark, dass man denkt, dass es eigentlich heißen müsste: Die Welt zu Gast bei Franz.

Beckenbauer ist in Deutschland auf allen Kanälen präsent. Dem Kaiser wird gehuldigt, immer und überall. Im Fußball, in der Politik, in den Medien, in der Werbung. Es ist, als fände jeden Tag eine neue Kaiser-Krönung statt. Beckenbauer ist zu dieser Zeit der bekannteste Deutsche der Welt. Er ist auch der beliebteste.

Das war nicht immer so. Als Spieler liebten ihn nicht einmal die Deutschen, zumindest nicht so, wie sie Fritz Walter oder Uwe Seeler geliebt haben. Beckenbauers Vorgänger, die legendären Kapitäne bei den Fußball-Weltmeisterschaften 1954, 1966 und 1970, waren Männer aus dem Volk, die immer Männer des Volkes geblieben sind. Der geniale Fritz Walter, Anführer der Weltmeister von

Bern, ist zu seiner Zeit so bescheiden, dass niemand auch nur auf die Idee kommt, ihn Chef oder Boss zu nennen. Das sind in den 50er-Jahren Bundestrainer Sepp Herberger und Helmut Rahn. Und Uwe Seeler, das deutsche Idol der folgenden Dekade, ist so treu und rechtschaffen, wie viele Deutsche in den 60er-Jahren sein wollen. Den deutschen Fans genügen zwei Wörter, mit denen sie ihre außergewöhnliche Verbundenheit zum Ausdruck bringen und den Heimatverbundenen zu einem der Ihren erklären: »Uns Uwe«.

Ein Kaiser wird selten geliebt. Zu einem Kaiser schaut man auf. Bewundernd, meistens ehrfürchtig.

Beckenbauer macht sich auf dem Spielfeld selbst zu einem Kaiser. Er schafft sich als Libero sein eigenes Reich. Er erfindet für sich eine Rolle, die es bis dahin nicht gibt. Seine neue Position entwickelt er Ende der 60er- und zu Beginn der 70er-Jahre aus der Rolle des Mittelläufers. Mittelläufer. Das klingt in Deutschland irgendwie immer noch wie Mitläufer.

Libero, das ist der freie Mann. Der freie Mann, das ist Beckenbauer. Auch ein Symbol einer neuen Zeit, in der in Deutschland mehr Demokratie gewagt wird, in der mehr Freiheit und Individualität möglich werden.

Beckenbauer ist aber auch immer einer, der auf Distanz geht, der Privilegien einfordert. In Zeiten der Manndeckung ist der Libero die einzige Position auf dem Spielfeld ohne direkten Gegenspieler. Die Freiheit, die sich daraus ergibt, steht jedoch nur ihm zu, dem Kaiser. Andere in seiner Mannschaft, die Wasserträger und Abräumer, müssen für ihn kämpfen und rackern. Die Unfreien müssen dem Libero den Weg freiräumen, die Drecksarbeit erledigen, während der Kaiser das leistet, was nur ein Kaiser leisten kann: geniale Pässe aus dem Fußgelenk, souveräne Abwehraktionen mit herrschaftlicher Übersicht, raumgreifende Doppelpässe, atemberaubende Spieleröffnungen. Das kann nur einer wie er. Seiner Autobiografie gibt Beckenbauer im Jahr 1975 den unbescheidenen Titel: *Einer wie ich*.

Einer wie ich. Das ist keiner für alle. Das ist keiner wie wir.

Beckenbauer betritt bei der Weltmeisterschaft 1966 im Alter von zwanzig Jahren die internationale Bühne. Seine ersten Auftritte sind hinreißend. Er braucht nur wenige Spiele, um in den Kreis der Großen aufgenommen zu werden. Beckenbauer spielt bei der WM in England noch im defensiven Mittelfeld. Doch von dieser zurückgezogenen, scheinbar wenig attraktiven Position aus erobert er sich auf geradezu revolutionäre Weise den offensiven Raum. Im Zusammenspiel mit einem damals herausragenden Helmut Haller im Mittelfeld kehren die Deutschen bei diesem Turnier nach acht Jahren fulminant in die Weltspitze zurück.

Der junge Beckenbauer ist auch optisch eine Erscheinung. Mit aufrechtem Oberkörper durchpflügt der Zwanzigjährige die gegnerischen Verteidigungsreihen, bei aller Energie geht eine geradezu aufreizende Lässigkeit von ihm aus. Mit seinem Überblick und Vorwärtsdrang, mit seiner Entschlossenheit und überlegenen Technik zieht er die Zuschauer in seinen Bann. Im deutschen Auftaktspiel gegen die Schweiz gelingen Beckenbauer beim 5:0-Sieg gleich zwei seiner vier Tore bei dieser Weltmeisterschaft. Er schafft es damit, als defensiver Mittelfeldspieler, auf

Platz drei der WM-Torjägerliste. In jenem Jahr wird Beckenbauer zum ersten Mal der deutsche Fußballer des Jahres. Deutschland hat einen neuen, jungen Fußball-Helden. Der erste, der nach dem Zweiten Weltkrieg auf die Welt gekommen ist.

Beckenbauer profitiert bei der Weltmeisterschaft allerdings auch davon, dass der beste Spieler der Welt in England gnadenlos zusammengetreten wird und seine Genialität auf der größten Bühne des Fußballs diesmal nicht entfalten kann: Pelé. Schon im ersten Spiel muss der zweimalige brasilianische Weltmeister heftige Tritte einstecken, im zweiten fehlt er wegen einer Verletzung. In der entscheidenden Vorrundenbegegnung gegen Portugal ist Pelé zwar wieder dabei, doch bereits in der ersten Halbzeit wird er von seinen Gegnern so übel zugerichtet, dass er, nach zwei Fouls im Sekundentakt, die restliche Spielzeit nur noch humpelnd zu Ende bringen kann. Die Schmerzen sind so stark, dass Pelé sein rechtes Bein kaum mehr benutzt. Den Ball spielt er fast nur noch aus dem Stand.

Pelé müsste eigentlich ausgewechselt werden, doch daran ist nicht zu denken. Diese Möglichkeit gibt es im Fußball noch nicht. Erst bei der Weltmeisterschaft 1970 werden Spielerwechsel eingeführt, ebenso wie gelbe und rote Karten. Ohne ihren Superstar im Vollbesitz seiner Kräfte scheiden die brasilianischen Weltmeister von 1958 und 1962 in England in der Vorrunde sang- und klanglos aus. Auch Pelés Traum von seinem persönlichen Titel-Hattrick geht in England dahin. »Die Weltmeisterschaft von 1966 gehörte zum Bittersten, was ich im Fußball erlebt habe. Nach dieser Weltmeisterschaft war ich entschlossen, nicht mehr für die Seleção zu spielen«, sagt er über seine düsteren Fußballstunden bei der WM 1966. Jene, in denen der Stern von Franz Beckenbauer aufgeht.

Der Spieler mit der Nummer vier, der aus der Defensive nach vorne stürmt, ist in einer Zeit, in der brutale Verteidiger keine Gnade kennen, anders als ein Stürmer wie Pelé kein leichtes Opfer für vernichtende Tritte, für hinterhältige Attacken. Wenn Beckenbauer auf Angriff umschaltet, hat er das Spiel und seine Gegner vor sich. Er ist es, der Tempo und Richtung bestimmt. Er hat alles im Blick, und wenn er Fahrt aufnimmt, ist er kaum zu fassen. Mit seinem Stil entzieht sich Beckenbauer der Zerstörungswut seiner Zeit. Nach der Brutalo-WM 1962 in Chile hatte der damalige FIFA-Präsident Stanley Rous sogar darüber nachgedacht, auf Weltmeisterschaften zu verzichten, weil die Spieler dort besonders rücksichtslos aufeinander losgingen: »Es hat keinen Sinn mehr. Ich halte es für das Beste, wenn in Zukunft die Südamerikaner ihre Meisterschaft spielen und wir Europäer unsere. Wir ersparen uns Verdruss, Blamagen und vermeiden das Risiko, dass der Fußball stirbt. Dass er zugrunde geht an solchen Spielen.«

Alles, was der junge Deutsche auf dem Platz macht, sieht spielend leicht aus, geradezu anstrengungslos. Mit Beckenbauer betritt ein völlig neuer Typus die Bühne: einer, der aus der Tiefe kommt und sich der dunklen Macht der Klopper und Treter entzieht. Ein Feldherr des Fußballs, der den Kopf immer oben trägt, der im Kampf nicht von seinem Pferd steigt. Der Kaiser macht sich nicht schmutzig. Der Kaiser schwitzt nicht.

Der junge Beckenbauer ist ein Versprechen auf eine bessere Fußballwelt. Er verkörpert schon bei der WM 1966 eine neue Schönheit des Spiels. Eine Spielfreude und einen

Spielwitz, die sich im internationalen Fußball erst in den frühen 70er-Jahren vollständig entfalten werden. Mit seinen 20 Jahren, das spürt das Publikum bei dieser WM, ist er seiner Zeit voraus. Beckenbauer, das ist die Zukunft des Fußballs.

Im Finale der Weltmeisterschaft gegen England verschenkt Bundestrainer Helmut Schön das unschätzbare Talent in seinen Reihen. Er beauftragt Beckenbauer, den englischen Spielmacher und Strategen Bobby Charlton zu neutralisieren. Beckenbauer gelingt das in einem aufopferungsvoll geführten Duell weitgehend, aber der Preis, den das deutsche Team dafür zahlen muss, ist zu hoch. Durch den Spezialauftrag neutralisiert der Bundestrainer nämlich auch eine bis dahin entscheidende Stärke des deutschen Spiels: den Esprit und die Unberechenbarkeit, die von Beckenbauers offensiven Vorstößen ausgehen. Diese taktische Fehlentscheidung spielt nach dem Schlusspfiff allerdings keine große Rolle. Nach der 2:4-Niederlage gegen England gibt es in Deutschland bis heute nur noch ein Thema rund um dieses Endspiel: das Wembley-Tor in der Verlängerung.

Die Weltmeisterschaft vier Jahre später in Mexiko soll sein Turnier werden. Beckenbauer ist mit 24 Jahren allerdings noch nicht der überragende deutsche Spieler, der er gerne wäre. In dieser Zeit stehen andere im Zentrum der Aufmerksamkeit. Kapitän Uwe Seeler, der eins geworden ist mit seiner Rolle als Volksheld. Gerd Müller, der Tor auf Tor schießt. Wolfgang Overath, der beständige Taktgeber im Mittelfeld. Und keiner dribbelt so schön wie der Schalker Reinhard »Stan« Libuda.

Franz Beckenbauer ist bei dieser WM sportlich gesehen

noch einer unter vielen deutschen Stars. Doch sein Manager hat ihn zu dieser Zeit in Deutschland schon in eine eigene Liga befördert. Er verschafft ihm Werbeverträge, er bringt ihn ins Fernsehen, in die Presse und lässt ihn Schlager singen. Schwan macht Beckenbauer zur ersten Figur im deutschen Fußball, die über den Fußballplatz hinaus auf die Menschen wirkt. Schwan sieht in Beckenbauer, was sonst niemand sieht: ein Gesamtkunstwerk. Eines, das er am Mehrheitsgeschmack der Deutschen ausrichtet.

Schwan kommt selbst aus kleinen, ärmlichen Verhältnissen und ist gesegnet mit scharfem Verstand und brennendem Ehrgeiz. In dem Mehrfamilienhaus, in dem er aufwächst, teilen sich, wie er viele Jahre später dem *Spiegel* erzählt, sechs Parteien »ein Scheiß-Plumpsklo mit Zeitungspapier«. Schwan ist ein guter, zielstrebiger Schüler, der etwas werden will. Architekt. Er ist noch keine 18 Jahre alt, als Hitler mit seinen Armeen in Polen einfällt. Schwan wird in eine Uniform gesteckt und erhält den Marschbefehl, nach Russland. Seine Pläne sind dahin. Der Krieg, so sagt er am Ende seines Lebens, hat ihn »zum Vagabunden und zum Tier« gemacht.

Nach dem Krieg macht er sein Geld auf dem Schwarzmarkt, dann auf dem Viktualienmarkt. Später steigt er ins Versicherungsgeschäft ein und wird schließlich, Mitte der 60er-Jahre, beim FC Bayern München der erste hauptamtliche Fußballmanager in Deutschland. Schwan ist ein Pionier. Und ein Visionär. Sein Ideenreichtum und sein untrüglicher Geschäftssinn legen den Grundstein zum Aufstieg des FC Bayern – und von Beckenbauer.

Dank Schwan gibt es keine Grenzen mehr in München. Der Klub steigt in die Bundesliga auf, holt die deutsche

Meisterschaft, das Double, den Europapokal. Alles in wenigen Jahren. Und der FC Bayern produziert Stars: Sepp Maier, Gerd Müller, Franz Beckenbauer. Den Interessenkonflikt, gleichzeitig einen Klub und einen seiner Spieler zu managen, sieht man nicht. Oder will ihn nicht sehen. Es profitieren doch alle davon.

In der Bundesrepublik stehen die Zeichen vor der Weltmeisterschaft 1970 auf Veränderung. Willy Brandt ist seit einigen Monaten Kanzler der ersten sozialliberalen Koalition. Die Studentenproteste haben das Land aufgewühlt. Das Schweigen der Elterngeneration, die sich nach dem Krieg in den wirtschaftlichen Wiederaufbau des Landes stürzte, wird nicht mehr hingenommen, ihre Verstrickungen im Dritten Reich, die bruchlose Fortsetzung ihrer Nazi-Karrieren.

Brandt kündigt in seiner ersten Regierungserklärung im Herbst 1969 an, mehr Demokratie zu wagen. Herabsetzung des Wahlalters und der Volljährigkeitsgrenze, mehr Mitbestimmung, mehr Diskurs. Der junge und von seinem Manager positionierte Beckenbauer bedient in dieser aufwühlenden Zeit jedoch vor allem die Bedürfnisse des deutschen Mainstream. Während amerikanische und britische Popmusik das Lebensgefühl eines großen Teils seiner Generation prägt, singt Beckenbauer deutsche Schlager. Das kommt an. Vor allem bei der älteren, belasteten Generation. Der stellt Beckenbauer nie die Schuldfrage. Mit dem harmlosen Liedchen »Gute Freunde kann niemand trennen« schafft er es 1966 in die deutsche Hitparade. Garantiehonorar: stolze 100 000 D-Mark.

In der Zeit zwischen den Fußball-Weltmeisterschaften 1966 in England und 1970 in Mexiko führen die Beatles die Charts zeitweise im gesamten Westen an. Eine neue, sich auch international begreifende Jugend- und Studentenkultur wächst heran. Der fühlen sich auch einige der besten Fußballspieler dieser Zeit zugehörig, herausragende Individualisten wie der Nordire George Best, der beste Spieler Europas im Jahr 1968. Oder Günter Netzer in Deutschland. Sie verkörpern den Flair und Style der neuen Zeit, hängen in Bars und Diskos ab, die sie mitunter selbst betreiben. Sie zieht es zu Künstlern, und sie ziehen Künstler an. Sie steuern schnittige Sportwagen und platzieren schöne Frauen in Miniröcken auf dem Beifahrersitz. Sie brechen damit auch die Enge des Proletensports auf, der der Fußball stets gewesen ist und auf den die Eliten und Intellektuellen bis dahin herabblicken.

Beckenbauer ist der erste deutsche Profi, der von Schwan in der Zeit des gesellschaftlichen Umbruchs konsequent zu einer kommerziellen Marke aufgebaut wird, obwohl damals noch niemand sagen kann, was eine Marke ist. Seinen ersten Werbevertrag für ein Haarpflegeprodukt, der Beckenbauer wie jedem Nationalspieler rund eintausend D-Mark bringen soll, macht der Manager in einer seiner ersten Amtshandlungen aber sofort wieder rückgängig. Beckenbauer hat bei seiner Unterschrift noch nicht die Volljährigkeit von damals 21 Jahren erreicht. Das ist die Begründung für den Rückzieher, doch der wahre Grund ist ein anderer: Er kann, gut gemanagt, mehr verdienen. Beckenbauer sitzt daher bald für einen persönlichen Werbespot an einem Holztisch, löffelt eine Instantsuppe und sagt: »Kraft in den Teller, Knorr auf den Tisch.« Dafür gibt es das Zwölffache.

Beckenbauer meldet Ansprüche an, auch auf dem Fußballplatz. Er fordert vor der Weltmeisterschaft 1970 in Mexiko den Libero-Posten. Doch Bundestrainer Schön hält eisern am sieben Jahre älteren Willi Schulz fest, am legendären »World-Cup-Willi« aus Hamburg. Der knorrige Abwehrspieler des HSV ist kein moderner Libero wie Beckenbauer, der das Spiel elegant und leichtfüßig vorantreibt, sondern das, was man damals einen Ausputzer nennt. Ein Mann, der hinlangt, der aufräumt.

Doch bei einem Länderspiel in Brasilien, eineinhalb Jahre vor der WM, wird Beckenbauer ausnahmsweise auch in der Nationalelf auf seiner bevorzugten Position spielen, auf der er beim FC Bayern glänzt. Beckenbauer zeigt als Libero eine starke Leistung – und macht danach öffentlich Druck. »In meinem Klub spiele ich Libero. In der Nationalelf muss ich ins Mittelfeld. Meine Leistung leidet unter der ständigen Umstellung. Ich spiele schlechter, als ich kann, und mein Marktwert sinkt. Dafür bin ich mir zu schade«, sagt er gegenüber der Presse. Und er kritisiert die Spielweise seines Konkurrenten Willi Schulz als veraltet. Doch der Bundestrainer bleibt hart. Als Beckenbauer merkt, dass er auf Granit beißt, knickt er schnell ein. Er ordnet sich der Autorität des Bundestrainers unter. Schulz bleibt letzter Mann. Und der Libero muss warten.

Die Zeit des politischen und gesellschaftlichen Aufbruchs scheint auf den ersten Blick zum jungen Beckenbauer zu passen, der in der Nationalelf eine neue Rolle für sich einfordert: neue Wege gehen, etwas wagen, die Dinge selbst in die Hand nehmen, an alten Strukturen rütteln, Mitbestimmung einfordern.

Doch für Beckenbauer, das zeigt sich bald, sind die politischen Forderungen seiner Zeit vor allem Instrument, um selbst voranzukommen. Was für ihn zählt, ist der eigene Aufstieg. Die Steigerung seines Marktwerts. Alles andere ist zweitrangig. Und die, die ihm dabei wie Willi Schulz im Weg stehen, bekommen seinen Ehrgeiz und seine Ellbogen zu spüren.

Im Jahr 1969 produziert das ZDF mit Blick auf die Weltmeisterschaft 1970 eine Reportage über Beckenbauer. Der Beitrag entsteht während des polarisierenden Bundestagswahlkampfs 1969. Die Autoren wollen in ihrer Reportage nicht nur einen großartigen Fußballer zeigen, sondern einen Star als Repräsentanten einer neuen, jungen Generation im populärsten Profisport eines Landes, das sich im Umbruch befindet, das nach neuen politischen und gesellschaftspolitischen Wegen sucht. Die Dokumentation sorgt für Furore. Beckenbauer sehe im SPD-Kanzlerkandidaten Willy Brandt »ein nationales Unglück«, heißt es darin. Der Beitrag wird allerdings erst zu einem Zeitpunkt ausgestrahlt, als Brandt schon vor einigen Monaten gewählt worden ist. Der Angriff gilt nun dem neuen Bundeskanzler, einem Sozialdemokraten, der sich im Dritten Reich den Kampfnamen Willy Brandt zugelegt hat und ins Exil nach Norwegen ging. Eine Entscheidung, die ihm viele Deutsche auch Jahre und Jahrzehnte später nicht verzeihen können, weil sie darin Vaterlandsverrat sehen.

Schwan dementiert nach der Ausstrahlung der Reportage umgehend, dass Beckenbauer jenen Satz gesagt hat, von dem das ZDF sagt, dass er ihn gesagt hat – und den damals viele Menschen in Deutschland sagten. Oder zumindest so dachten. Beckenbauer selbst, ein Anhänger von Franz Josef Strauß, legte auch viele Jahre später Wert darauf, dass er sich so nie über Willy Brandt geäußert habe.

Wie auch immer: Beckenbauer muss sich bei der Weltmeisterschaft 1970 in mehrfacher Hinsicht beweisen. Sportlich, aber auch in seiner Rolle als neuer deutscher Star. Doch das Turnier steht zunächst nicht im Zeichen von Beckenbauer. Und auch nicht der deutschen Mannschaft. Es rumpelt in der Vorrunde. Doch mit dem Viertelfinale gegen Weltmeister England besteht für die Deutschen und Beckenbauer die Gelegenheit, dieser Weltmeisterschaft doch noch ihren Stempel aufzudrücken, bei der Revanche von Wembley.

Das Duell gegen England findet zur Mittagszeit in Léon statt. Gluthitze. In der Sonne steigt das Thermometer auf 55 Grad. Die Deutschen finden nicht ins Spiel, auch Beckenbauer nicht. Zur Halbzeit führt der Weltmeister verdient mit 1:0. Und kurz nach der Pause machen die Engländer das 2:0. Nach über einer Stunde liegen die Deutschen weiter mit zwei Toren im Rückstand, jeder Sprint wird nun zur Qual, jeder Schritt. Eine Wende scheint aussichtslos. Die Kräfte der Spieler schwinden von Minute zu Minute. Seeler und Beckenbauer reden auf dem Platz schon über den Rückflug.

Doch dann, in der 67. Minute: ein kurzer, scharfer Antritt von Beckenbauer in der englischen Hälfte. Ein harter, nicht sonderlich platzierter Schuss von der Strafraumgrenze. Eigentlich keine große Gefahr, aber der englische Torwart greift daneben. Tor für Deutschland. Ein Tor wie aus dem Nichts. Nur noch 1:2. Die Deutschen schöpfen neue Hoffnung, neue Kraft.

Unter der unbarmherzigen Sonne Mexikos entwickelt sich ein Fußballspiel von mythischer Kraft. Die Deutschen laufen dem Rückstand hinterher, aber ein Treffer will ihnen nicht gelingen. Immer wieder scheitern sie knapp. Und die Engländer kontern gut und geschickt. Ein paar Zentimeter fehlen zum dritten Tor. Es geht hin und her.

Es sind noch rund zehn Minuten zu spielen, als Uwe Seeler, rückwärtslaufend und mit dem Rücken zum Tor, den Ball nach einer weiten Flanke mit seinem Hinterkopf erreicht. Eigentlich eine unmögliche Position, um ein Tor zu erzielen. Doch mit einer kurzen, ruckartigen Kopfbewegung verändert Seeler auf geniale Weise die Flugbahn des Balls. Seeler kann das Tor nicht sehen, doch der Ball fliegt im hohen Bogen mit unglaublicher Präzision und perfektem Timing über den Torwart hinweg – und senkt sich unhaltbar hinter ihm ins Netz. Es ist das Tor seines Lebens. 2:2. Verlängerung. Und dann ist es Gerd Müller, der in artistischer und unnachahmlicher Torjägermanier den Ball in der zweiten Halbzeit der Verlängerung mit seinem emporgereckten muskelbepackten Bein aus kürzester Entfernung zum 3:2-Siegtreffer ins Netz jagt.

Es ist einer der größten Siege des deutschen Fußballs seit der WM 1954. Und ohne das Tor von Beckenbauer, bei scheinbar hoffnungslosem Rückstand, hätte es diesen Triumph und dieses große Spiel nicht gegeben. Nur drei Tage auf das Spektakel gegen England folgt das Halbfinale gegen Italien. Ein Jahrhundertspiel.

Diese drei Juni-Tage bei der Weltmeisterschaft in Mexiko sind so aufregend und begeisternd wie keine anderen bis dahin in der Geschichte der Nationalelf. Zwei Spiele, in denen der Fußball seine ganze emotionale Kraft entfaltet. Schönheit, Glück und Schmerz liegen so dicht beieinander, dass es die deutschen Fans im Stadion und vor dem Fernseher kaum fassen können.

Auch gegen Italien erleben sie ein Drama, aber diesmal ohne Happy End. Doch dieses Drama in Mexiko-Stadt ist so packend, dass es auch die Verlierer zu Gewinnern macht.

Italien geht früh mit 1:0 in Führung. Deutschland rennt an, erspielt sich Chance um Chance, aber ein Tor will nicht gelingen. Die reguläre Spielzeit ist schon abgelaufen, Italien liegt immer noch vorne. Die deutschen Hoffnungen gehen dahin, doch dann segelt noch eine letzte Flanke in den italienischen Strafraum, und Italien-Legionär Karl-Heinz Schnellinger streckt sein Bein dem Ball entgegen. Er drückt ihn aus wenigen Metern über die Linie, ausgerechnet Schnellinger. 1:1. Schlusspfiff.

Verlängerung. In einem irren, atemberaubenden Wechsel fallen innerhalb von einer guten Viertelstunde fünf Tore vor über 100 000 völlig faszinierten Zuschauern. Erst dem Treffer zum 4:3 der Italiener durch Gianni Rivera in der 111. Spielminute können die Deutschen nichts mehr entgegensetzen. »Ich ließ mich auf die Knie fallen und umarmen«, sagt Rivera später über diesen Moment. »Und glaubt mir, die Küsse von Riva und Boninsegna schmeckten in diesem Augenblick wie die von Gina Lollobrigida und Sophia Loren.« In seiner exzellenten Beckenbauer-Biografie lässt Torsten Körner den an diesem Tag vielleicht besten Spieler auf dem Platz, den Frankfurter Flügeldribbler Jürgen Grabowski, sich an dieses Spiel erinnern: »Ich werde nie vergessen, welche Kräfte das 1:1 von Karl-Heinz Schnellinger noch einmal freimachte, obwohl wir vor Erschöpfung kaum noch einen Fuß vor den anderen setzen konnten. Das 1:1 hatte uns aufgeputscht, das 2:1 war die ganz natürliche Folge unseres unbändigen Siegeswillens, das völlig unnötige 2:2 der lähmende Schock, der nach dem 3:3 noch einmal neuer Hoffnung wich. Dann das 4:3 der Italiener. Es war wirklich zum Heulen. Nach der unglücklichen Niederlage saßen in unserer Kabine erwachsene Männer, Millionäre, Superstars und schluchzten hemmungslos wie kleine Kinder, mich eingeschlossen.«

Beckenbauer liefert zu diesem Drama ikonische Bilder. Mit einem dynamischen und entschlossenen Vorstoß in der italienischen Spielhälfte lehnt er sich in der 65. Minute gegen den Rückstand und die drohende Niederlage auf. Er setzt sich in einem Zweikampf durch und hat nur noch Torwart Albertosi vor sich. »Ich holte zum Schuss aus, und in diesem Moment wurde mir schwarz vor Augen. Ein heftiger Schmerz in der Schulter. Cera hatte mich gelegt«, erinnert sich Beckenbauer. Ein stechender Schmerz durchzuckt seinen Körper. Die Schulter ist kaputt, doch Beckenbauer kann nicht ausgewechselt werden. Das deutsche Kontingent ist schon erschöpft. Beckenbauer geht nun jedem Zweikampf aus dem Weg, zu groß ist der Schmerz bei jeder körperlichen Berührung.

Die kurze Pause vor der Verlängerung nutzen der deutsche Mannschaftsarzt und der Masseur, um Beckenbauers rechten Arm notdürftig vor dem Körper zu fixieren. Es muss schnell gehen. Mit Klebestreifen binden sie seine rechte Hand fest über die linke Brust. Dann spielt er weiter, den Arm halb in der Schlinge. In der Verlängerung will Beckenbauer über das Tor von Müller zum 3:3 mitjubeln, doch als Grabowski ihn dabei nur ganz leicht an der Brust berührt, dreht er mit schmerzverzerrtem Gesicht sofort wieder ab. Weiter geht's, Beckenbauer beißt sich durch.

Nach diesem Spiel ist ihm weltweite Bewunderung gewiss. Seine Eleganz und Tapferkeit, eine unwiderstehliche

Mischung. »Der Münchner verließ das Feld wie ein verwundeter, besiegter, aber stolzer preußischer Offizier. Einer der größten Spieler dieser Weltmeisterschaft wurde bei jedem Schritt umjubelt«, schreibt der *Evening Standard* aus London über Beckenbauers Auftritt. Zu Ehren aller Spieler wird später eine Gedenktafel vor dem Aztekenstadion angebracht: *Partido del Siglo*. Jahrhundertspiel.

Es gibt in Beckenbauers Karriere einige große Spiele, aber keines, das sich mit ihm in besonderer Weise verbindet. Auch keine emblematische Szene, die für seine Karriere stünde. Beckenbauer hat kein Hand-Tor erzielt wie Maradona, kein unvergessliches Solo hingelegt. In den vielen Finalspielen, die er bestritten hat, hat er auch kein entscheidendes Tor erzielt, mit dem man ihn heute noch in Verbindung bringt, so wie die Weltmeister Helmut Rahn (1954), Gerd Müller (1974), Andreas Brehme (1990) und Mario Götze (2014).

Es gibt nicht einmal bei einem sportlich überschaubaren Ereignis ein Tor von Beckenbauer, das in bleibender Erinnerung geblieben wäre. So wie der Treffer von Günter Netzer beim Mönchengladbacher DFB-Pokalsieg gegen den FC Köln 1973, als er den Ball im Finale mit wehenden Haaren unter die Latte jagt, nachdem er sich in der Verlängerung selbst eingewechselt hat. Ein Akt und ein Symbol erfolgreicher Selbstermächtigung in den frühen 70er-Jahren, den Beckenbauer auf offener Bühne auch kaum gewagt hätte.

Der größte Fußballer, den Deutschland je hervorgebracht hat, lässt sich nicht durch eine einzige besondere Fähigkeit oder einen unvergesslichen Moment fassen. Beckenbauer fasziniert als ganzheitliche Erscheinung, mit einer bis heute unerreichten Klasse, das gesamte Spiel auf sich auszurichten. Es sich untertan zu machen. Dafür übernimmt Beckenbauer nach der WM 1970 auch in der Nationalmannschaft den Libero-Posten. Die Zeit von Seeler und Schulz – der knorrigen, kumpelhaften und heimatverbundenen Ikonen der 60er-Jahre – ist nun endgültig abgelaufen. Sie haben den Wandel, der die Gesellschaft und den Fußball erfasst hat, in ihren letzten Profijahren miterlebt und davon auch finanziell profitiert. Aber sie haben den Wandel passiv hingenommen. Motor der kommerziellen Entwicklung sind andere: Schnellinger, der sich ans Ausland verkauft hat, wie es damals heißt. Und Beckenbauer, der dank seines Managers über den Fußball hinauswächst.

Bundestrainer Schön, der die Veränderungen der Zeit sensibel und differenziert wahrnimmt, erkennt bereits während der WM 1970, dass sich der Wandel innerhalb der deutschen Fußballerelite kaum mit der Realität und den Protesten auf westdeutschen Straßen in Einklang bringen lässt. Selbst seine jungen Spieler, die anders tickten als die Generation »Uns Uwe«, seien trotzdem eher konservativ. »Nein«, sagt er, »zur Rebellion taugen sie alle nicht.« Für die Ideen der APO, der Außerparlamentarischen Opposition, oder anderer linker Bewegungen seien sie nicht wirklich empfänglich. Dafür seien sie schon zu sehr Geschäftsleute. Und noch zu sehr Sportsmänner. Schön sieht die Dinge in unruhigen Zeiten ziemlich klar: Die kapitalistische Leistungsgesellschaft gehorche den Gesetzen des Sports, stellt der Bundestrainer fest, wie andererseits der Sport den Regeln von Erfolg und Profit gehorche.

Nach der Weltmeisterschaft 1970 übernimmt Beckenbauer als neuer Libero eine zentrale Führungsrolle in der Nationalelf. Im Frühjahr 1971 steigt er zum Kapitän einer Mannschaft auf, die zu ihrem eigenen Mythos wird: das Team von 1972. Eine Mannschaft, die zur neuen Zeit passt, zur politischen Aufbruchstimmung.

Der 29. April 1972 im Londoner Wembley-Stadion ist der Tag, der sich ins kollektive deutsche Fußballgedächtnis einbrennt. Unter denkbar ungünstigen Bedingungen treten die Deutschen zum Hinspiel im Viertelfinale der Europameisterschaft gegen England an. Die Bayern-Spieler, von denen sechs in der Startelf stehen, sind in desolater Form. Drei der vergangenen vier Spiele haben die Bayern verloren, teilweise krachend. Sie sind ausgeschieden aus dem DFB-Pokal und dem Europapokal. Zudem sind Wolfgang Overath, Berti Vogts und Wolfgang Weber verletzt. Auch der Bundesliga-Skandal, der den deutschen Fußball im Sommer 1971 erschütterte, wirft noch Schatten. Reinhard »Stan« Libuda und Klaus Fichtel dürfen nicht mehr spielen, weil sie zu den über 50 Bundesligaprofis gehören, die über viele Monate, mehrere Jahre und teilweise auch auf Lebenszeit gesperrt worden sind.

An diesem Abend sitzen trotzdem rund 22 Millionen Deutsche vor dem Fernseher. An einen Sieg in Wembley wagt unter diesen Umständen kaum ein Fan zu denken. Außerdem haben die Deutschen noch nie in England gewonnen. Doch an diesem Tag ist alles anders. Die Deutschen zaubern Spielzüge auf den Platz, die man so noch nie von einer deutschen Mannschaft gesehen hat. Es sind vor allem Beckenbauer und Netzer, die so viel Schönheit, Eleganz und Leichtigkeit auf den Platz bringen, dass es den Zuschauern den Atem verschlägt. Mit hinreißenden

Doppelpässen fliegen sie durchs Mittelfeld und nehmen die Engländer auseinander. In der ersten Halbzeit ist es der gerade zwanzig Jahre alte Uli Hoeneß, der die Deutschen in Führung bringt.

Die englische Mannschaft, die in die Jahre gekommen ist, hat dem deutschen Kombinationswirbel spielerisch kaum etwas entgegenzusetzen. Aber ihren starken Willen hat sie nicht verloren. In der 78. Minute gelingt den Engländern der 1:1-Ausgleich. Doch die Deutschen schlagen im Stil einer Klassemannschaft zurück. In der Schlussphase trumpfen sie nochmals groß auf – und Netzer und Müller gelingen noch zwei Tore. Die Deutschen siegen 3:1. Eine Sternstunde des deutschen Fußballs. Der hinreißende Auftritt einer Mannschaft, die alle Fesseln sprengt, wird im deutschen Fußball zu einem Maßstab, an dem künftig jede Nationalmannschaft gemessen wird. An dieser begeisternden Mischung aus spielerischer Brillanz und Durchsetzungskraft. Es muss erst ein neues Jahrhundert anbrechen, ehe eine junge DFB-Auswahl bei der Weltmeisterschaft 2010 in Südafrika ihre Fans und die Fußballwelt wieder so fasziniert wie das Team von 1972.

In dieser legendären Fußballnacht von Wembley ist es jedoch nicht Beckenbauer, der noch ein bisschen größer ist als alle anderen. Es ist Netzer. Der Mönchengladbacher Mittelfeldspieler ist derjenige, der die Fantasie der Zeit stärker beflügelt als jeder andere. Netzer ist vielleicht der erste Fußballer in Deutschland, der den Fußball an diesem Abend zur Kunst öffnet. Selbst der Bundestrainer ist verliebt. »Ich werde es mein Leben lang nicht vergessen, dieses Bild: Wie er unter dem Flutlicht mit wehendem, langem Haar durch das Mittelfeld stürmte, den Ball am

Fuß – das war einfach ein herrlicher Anblick«, schreibt Schön in seinen Memoiren.

Knapp zwei Monate später führen die Deutschen, wieder angeführt von Beckenbauer und Netzer, die Sowjetunion im Finale nach allen Regeln der neuen deutschen Fußballkunst vor. Schon nach einer Stunde steht es in Brüssel 3:0 für die Männer mit den langen Haaren. Auf Gerd Müller ist wie immer Verlass. Der größte aller deutschen Torjäger macht mit zwei Toren die Kunst auch zu zählbarem Erfolg.

Obwohl die Deutschen zwei Jahre später bei der WM in Deutschland den Titel gewinnen, ist die größte Zeit dieses Teams da schon vorbei. Andere spielen nun schöner, wilder, begeisternder. Und diese Spieler kommen aus den Niederlanden. Und auch sie werden angeführt von einem Genie: von Johan Cruyff. Ein freier Geist, der sich als Spieler nicht von einem Manager steuern lässt, der raucht, der aneckt, der seinen eigenen Weg geht – und der den europäischen Fußball erst mit seinem Spiel inspiriert und ihn später als Trainer bei Ajax Amsterdam und dem FC Barcelona revolutioniert.

Cruyff ist 1974 schon so lässig, wie es Beckenbauer noch nicht ist. In jenem Sommer sieht es der deutsche Kapitän als seine Aufgabe an, den Erfolg wie ein Manager zu organisieren, nachdem die Mannschaft in den ersten Spielen nicht so funktioniert, wie es nötig ist, um Weltmeister zu werden, Prämien zu kassieren und den eigenen Marktwert zu steigern. Von seiner spielerischen Qualität her ist das WM-Team von 1974 in der Vorrunde nur ein Schatten der Wembley-Nacht von 1972. Der 1:0-Auftaktsieg gegen Chile ist schon äußerst mühselig. Nach einem 3:0-Pflichtsieg gegen Australien kommt es im dritten und letzten Gruppenspiel in Hamburg zum deutsch-deutschen Prestigeduell. Es ist die erste und wird die einzige Begegnung bleiben zwischen den Fußballern aus der Bundesrepublik und der DDR. Die »DDR« wird damals oft noch in Gänsefüßchen gesetzt, weil der sowjetische Satellitenstaat »weder deutsch noch demokratisch noch eine Republik« sei, wie es Willy Brandt ausdrückt. Also kein souveräner Staat.

Die Westdeutschen wollen es ihren Brüdern aus dem Osten zeigen. Dieses Gefühl, im besseren und stärkeren Land zu leben und dies an diesem Abend in Hamburg zu beweisen, geht weit über den Fußball hinaus. Der damalige Finanzminister Hans Apel gibt später zu, dass auch die Regierung in Bonn überzeugt ist, dass bei diesem Spiel im Kalten Krieg »klar wird, dass die Bundesrepublik in jeder Hinsicht die Nummer eins ist in Deutschland«.

Das deutsch-deutsche Prestigeduell gerät zu einem Desaster für den WM-Gastgeber. Die DDR gewinnt 1:0, durch ein Tor von Jürgen Sparwasser. Eine Sensation. Im Hamburger Volksparkstadion schwenken nur die 1500 handverlesenen und politisch zuverlässigen Zuschauer schwarz-rot-goldene Fahnen mit Hammer und Sichel. Die Westdeutschen können es nicht fassen. Eine Schmach, für die es kein Beispiel gibt.

Der Sozialismus feiert sein Kollektiv. Das Team von Auswahltrainer Georg Buschner erringt den größten Fußballsieg in der Geschichte der DDR. Die »Kampfgemeinschaft« hat ihren »Leistungsauftrag als Klassenauftrag« im sozialistischen Sinn erfüllt. Auf dieses Selbstverständnis, bei der WM und insbesondere gegen Westdeutschland als Kampfgemeinschaft aufzutreten, wurden die ostdeutschen Spieler in ideologischen Schulungen während des Trainingslagers eingeschworen.

Im westdeutschen Trainingslager in Malente steht vor der Weltmeisterschaft für die Profis aus dem kapitalistischen Teil des Landes ein anderes Thema im Mittelpunkt: die Prämien. Im Fußball bricht in den 70er-Jahren die Zeit des großen Geldes an. Der Fußball macht Spieler erstmals zu Millionären, zumindest im Westen. Vier Jahre zuvor in Mexiko wären den DFB-Spielern 30000 D-Mark als Prämie für den WM-Titel gezahlt worden, doch nun fordern die Profis um Kapitän und Verhandlungsführer Beckenbauer weit mehr als das Doppelte. Bei den mehrtägigen und äußerst emotionalen Verhandlungen drohen einige Spieler wenige Tage vor der Auftaktpartie gegen Chile mit Abreise. DFB-Funktionäre kündigen im Gegenzug die Nominierung von anderen Spielern an, falls man sich nicht einigt. Am Ende bekommen die Profis, was sie wollen: 75000 D-Mark, wovon 15000 D-Mark als Startprämie ausbezahlt werden. Nach dem Titelgewinn legt Sponsor Adidas noch 10000 D-Mark drauf.

Bundestrainer Schön, 1915 in Dresden geboren, ist entsetzt über den Prämienpoker seiner Spieler. Er schämt sich für ihre Geldgier. Torwart Sepp Maier klingen die Worte des Bundestrainers noch viele Jahre später in den Ohren: »Wenn die Leute auf der Straße das erfahren, spucken sie euch an.« Auch das ist eine Erfahrung, die Verhandlungsführer Beckenbauer in der Frühphase der Fußballkommerzialisierung macht: dass man sich die Taschen im Fußball am besten heimlich füllt.

Nach der 0:1-Niederlage gegen die DDR, bei der Beckenbauer wegen seines großen Einsatzes noch die besten Kritiken bekommt, übernimmt der Kapitän die Rolle, die nun eigentlich der Bundestrainer ausfüllen müsste. Beckenbauer knöpft sich die Spieler vor, er stellt seine Kollegen zur Rede. Er lässt ihnen die lasche Einstellung nicht durchgehen. Ausgerechnet der eleganteste Spieler, den Deutschland hervorgebracht hat, fordert leidenschaftlichen Kampf – nachdem er ihn auf dem Platz gegen die DDR selbst vorgelebt hat. Neue Zeiten sind angebrochen: Mit professioneller Einstellung und Zuverlässigkeit sollen nun die Ziele erreicht werden. Beckenbauer begräbt damit auch endgültig das Dreamteam von 1972, das Team Netzer, den deutschen Fußball mit dem besonderen Flair.

Im ersten Spiel der Zwischenrunde fliegen vier Spieler aus der Startelf. Beckenbauer hat durchgegriffen, zusammen mit dem Bundestrainer. Jetzt läuft es. Deutschland liefert. Die schwierige Partie gegen Jugoslawien gewinnen die Deutschen wenige Tage später verdient mit 2:0. An der Einstellung gibt es nichts zu mäkeln. Danach begeistern sie mit einem 4:2 gegen Schweden und erreichen durch ein 1:0 in der »Wasserschlacht« gegen Polen das Finale.

Die Niederlande sind der Favorit. Sie haben die besseren Spieler, sie spielen den besseren Fußball. Und sie haben Cruyff. Doch das reicht nicht mehr. Im Finale ist es die Widerstandskraft, die Beckenbauer in der Nationalelf mobilisiert hat, die Deutschland zum Weltmeister macht.

Die Niederländer nehmen die Deutschen nicht ernst. Sie feiern Poolpartys bei der WM, kümmern sich um künftige Verträge, den Titel glauben sie schon in der Tasche zu haben. Die frühe Führung durch einen Elfmeter, den Hoeneß durch ein Foul an Cruyff verursacht, bestärkt sie in ihrer Selbstgewissheit. Doch die Deutschen lassen sich nicht unterkriegen. Sie wehren sich und kämpfen sich zurück ins Spiel – und drehen die Partie zum Entsetzen der Niederländer noch vor der Pause. Bernd Hölzenbein sinkt nach rund 25 Minuten bei einem Zweikampf im Strafraum theatralisch zu Boden, den Elfmeter verwandelt der 22 Jahre alte Paul Breitner zum 1:1. Nervenstark und mit herunterhängenden Stutzen. Gerd Müller erzielt in seiner unnachahmlichen Torjägermanier das 2:1 mit einem Schuss aus der Drehung. »Tore, die Müller macht. Tore, die nur Müller macht«, wie Fernsehreporter Rudi Michel sagt.

Die Niederländer sind entsetzt. Mit jeder Minute, die in der zweiten Halbzeit verrinnt, steigt ihre Panik. Nun ist Beckenbauer, als die Holländer mit aller Macht den Ausgleich erzwingen wollen, der Souverän. In einem leidenschaftlichen Abwehrkampf behält der Libero den Überblick, brilliert und dirigiert mit herausragendem Stellungsspiel und Antizipationsschnelligkeit. Beckenbauer sorgt immer wieder für Entlastung mit Pässen, die er mit einer so beiläufigen Eleganz mit dem Außenrist spielt, als stünde er auf dem Trainingsplatz und nicht im Finale der Weltmeisterschaft. An ihrem Kapitän, der hoch konzentriert die Richtung vorgibt, kann sich die Nationalelf aufbauen. Und wenn Beckenbauer nicht mehr helfen kann, dann ist es Torwart Maier, der rettet, was zu retten ist. Beckenbauer spielt herausragend. Aber es ist vor allem der Torwart des FC Bayern, der mit spektakulären Paraden den WM-Titel festhält.

Kapitän Beckenbauer reckt wenig später auf der Tribüne des Olympiastadions den WM-Pokal in den Münchner Himmel. Er ist auf dem Höhepunkt seiner Karriere in der Nationalmannschaft. Wenige Wochen zuvor hatte er mit dem FC Bayern erstmals den Europapokal der Landesmeister gewonnen, den Vorgängerwettbewerb der Champions League. Die Bayern holen den Henkelpott mit Beckenbauer auch in den beiden folgenden Jahren. Eine bis heute unerreichte Leistung im deutschen Fußball.

Der Kaiser hat im Jahr 1976 alles erreicht, was in Deutschland zu erreichen ist: Weltmeister, Europameister, dreifacher Europapokal-Gewinner, Weltpokalsieger, vierfacher Deutscher Meister, vierfacher Pokalsieger. Dann bricht die große Bayern-Mannschaft der frühen 70er-Jahre auseinander. In der nächsten Saison landen die Münchner nur auf Platz sieben und kassieren 65 Gegentore.

Der Fußball-Kaiser kehrt Deutschland den Rücken. Im Sommer 1977 wechselt er nach New York, kurz zuvor wird er als bester Fußballer Europas ausgezeichnet. Es sind aber nicht nur sportliche Schwierigkeiten in München, die zu seinem Abschied führen. Beckenbauer hat auch mit Steuerproblemen zu kämpfen. Ein weiterer Grund für seinen Abschied ist die Art und Weise, wie in der deutschen Öffentlichkeit mit der Trennung von seiner Frau Brigitte umgegangen wird, wie die *Bild*-Zeitung das familiäre Drama – das Paar hat drei Söhne – rücksichtslos auswalzt.

Beckenbauer beginnt zusammen mit seiner neuen Lebensgefährtin, der Sportfotografin Diana Sandmann, einen neuen Lebensabschnitt in Amerika. Eine Scheidung von seiner Ehefrau kommt allerdings nicht infrage. Die Angst vor der öffentlichen Meinung ist zu groß. »Das hätte einen Riesenwirbel verursacht. Ein Nationalheld lässt sich nicht scheiden«, sagt Diana Sandmann später über die gesellschaftliche Stimmung jener Zeit. Auch der DFB will damals keine geschiedenen Nationalspieler in seinen Reihen, das verträgt sich für den Verband nicht mit seinen Vorstellungen von einem Vorbild.

Einer verheirateten Frau ist es in Westdeutschland bis zu jenem Sommer, in dem Beckenbauer seine Familie und sein Land verlässt, gesetzlich noch immer verboten, einen Beruf gegen den Willen ihres Ehemanns zu ergreifen. »Die Frau führt den Haushalt in eigener Verantwortung. Sie ist berechtigt, erwerbstätig zu sein, soweit dies mit ihren Pflichten in Ehe und Familie vereinbar ist«, heißt es bis zum 1. Juli 1977 im Bürgerlichen Gesetzbuch.

Der DFB verachtet Frauen ohnehin. Bis zum Herbst 1970 verbietet er ihnen den Fußball in seinem Geltungsbereich. »Körper und Seele«, so heißt es in dem in den 50er-Jahren einstimmig gefassten DFB-Beschluss, »erleiden unweigerlich Schaden, und das Zurschaustellen des Körpers verletzt Schicklichkeit und Anstand.« Der Sport, so der Verband weiter, habe für Frauen gesundheitsschädigende Wirkungen. Ihre Gebärfähigkeit werde beeinträchtigt.

In New York taucht Beckenbauer mit einer selbstbewussten und eigenständigen Partnerin in eine neue Welt ein. Cosmos bietet ihm sieben Millionen D-Mark für drei Jahre. Um ihn zu überzeugen, setzen sie ihn in einen Hubschrauber und fliegen ihn, wie Beckenbauer später erzählt, über den Hudson raus nach New Jersey zum Giants Stadium. »Das war damals das modernste Stadion der Welt, mit VIP-Logen. Das gab es in Europa ja alles nicht. Während wir übers Stadion flogen, habe ich ihnen zugebrüllt: Also gut, hört's auf, ich komme!«

Bei Cosmos spielt Beckenbauer zusammen mit Pelé, auf der Tribüne sitzt Mick Jagger. Beckenbauer geht in die Metropolitan Opera, ins Studio 54, in Künstlerateliers, in Ausstellungen. Er lernt in Amerika die Großen und Reichen der Zeit kennen: Rudolf Nurejew, Muhammad Ali, Luciano Pavarotti und viele andere. »Die Stadt hat den Franz geöffnet. Es war eine Befreiung für ihn, die engen Verhältnisse seiner Heimatstadt München hinter sich zu lassen«, so seine damalige Lebensgefährtin, mit der er zwölf Jahre zusammen ist. New York ist, wie Beckenbauer später sagt, die schönste Zeit seines Lebens.

Nach seiner Rückkehr erfindet sich Beckenbauer in Deutschland neu. Er ist jetzt 38 Jahre alt und voller Energie. Zusammen mit seinem Manager schließt er nach den unangenehmen Erfahrungen, die er mit der *Bild*-Zeitung vor seinem Abschied gemacht hat, ein strategisches Bündnis mit ihr. Es ist ein Grundstein für die größte Karriere eines deutschen Sportlers nach seiner aktiven Zeit.

Die *Bild*-Zeitung handelt in ihrer Beziehung zum deutschen Fußball-Kaiser nach einem Credo, das über viele Jahrzehnte gültig ist. Und das den deutschen Fußball prägt. Der Dreisatz lautet: Beckenbauer ist gut für den Fußball. Fußball ist gut für *Bild*. Beckenbauer ist gut für *Bild*.

Die Zeitung wird sein Freund und Helfer. Und wenn nötig auch sein Bodyguard. Sie fördert Beckenbauer, schützt ihn und wacht über sein Image. Das lohnt sich für beide. Nur ein Jahr nach seiner Rückkehr aus New York hievt die *Bild*-Zeitung ihren Kolumnisten auf den Posten des Teamchefs der Nationalelf.

Der Titelverteidiger ist bei der Europameisterschaft 1984 nach schwachen Leistungen schon in der Vorrunde ausgeschieden. Der öffentliche Druck auf den damaligen Bundestrainer Jupp Derwall ist enorm, verstärkt vor allem von *Bild*. Und schnell hat das Blatt einen Nachfolger parat, den sie den Fans präsentiert. In kleiner Runde erklärt sich Beckenbauer zur Hilfe bereit, wenn es nötig sei. »Derwall vorbei – Franz: Ich bin bereit«, titelt daraufhin die Zeitung. »Fußball ist ein einfaches, aber auch ein gnadenloses Spiel«, schreibt Derwall in seinen Memoiren.

Es gibt in Deutschland nicht viele Sportler, die ähnliche Voraussetzungen wie Beckenbauer mitbringen, um nach ihrer Karriere als Legenden ins kollektive Gedächtnis der Deutschen einzugehen. Aber einige gibt es schon. Boris Becker ist in den 80er-Jahren, als Beckenbauer seine Karriere als Teamchef startet, einer davon. Nicht der Kaiser ist damals der große Liebling der Deutschen, sondern ein 17-jähriger Leimener, der 1985 in Wimbledon ein Tennisturnier gewinnt.

Doch nach den Triumphen und dem Ende seiner Karriere werden Becker seine privaten Schwächen, die in der Öffentlichkeit breitgetreten werden, zum Verhängnis. Auch Lothar Matthäus, der Weltmeisterkapitän von 1990 und Deutschlands einziger Weltfußballer, bringt sportlich viel mit, um seine großen Siege auf dem Fußballplatz in unsterblichen Ruhm umzumünzen. Doch was zwei der größten Sportler, die das Land in den 80er- und 90er-Jahren hervorgebracht hat, vor allem fehlt, ist der öffentliche Schutz, der Beckenbauer bereitwillig geliefert wird. Sie bezahlen für ihre Fehler einen hohen Preis.

Beckenbauer indes wird als Teamchef in seinen sechs Jahren zur »Lichtgestalt«. Eine sportlich bruchlose Erfolgsgeschichte legt er dabei bis zum WM-Titelgewinn am 8. Juli 1990 allerdings nicht hin. Bis zu jener römischen Sommernacht, als er mit der WM-Medaille um den Hals alleine über den Rasen wandelt. Nach den üblichen Maßstäben, die ansonsten an Stars angelegt werden, hätte schon die Weltmeisterschaft 1986 das Ende von Beckenbauers Amtszeit bedeuten können.

Der Skandal beginnt harmlos. Im deutschen WM-Quartier in Querétaro wird Beckenbauer von einem argentinischen Journalisten einer mexikanischen Zeitung angesprochen, der ihm das Angebot macht, für das Blatt einige Kommentare während der Weltmeisterschaft zu verfassen. »Pelé war schon an Bord. 10000 Dollar pro Text sollte ich ihm anbieten«, sagt Miguel Hirsch dazu viele Jahre später in einem Interview mit dem Fußballmagazin *11 Freunde*. Doch ihr Gespräch wird von einem deutschen Journalisten unterbrochen, der Beckenbauer mit dem Gerücht konfrontiert, wonach einige Nationalspieler am Abend zuvor die Puppen hätten tanzen lassen. Prostituierte, reichlich Alkohol. Beckenbauer entgegnet, dass er dies nicht bestätigen könne, wohl aber, dass einige Spieler später als vereinbart ins Quartier zurückgekommen seien. In deutschen Zeitungen wird über den Vorfall nicht berichtet. Ein paar Stunden die Sperrstunde überziehen, das ist damals kein Thema.

Das Angebot, als Kolumnist für die mexikanische Zeitung zu schreiben, lehnt Beckenbauer schließlich ab. Der Journalist schreibt in seinem nächsten Beitrag, was er während seines Gesprächs mit Beckenbauer aufgeschnappt hat: dass einige deutsche Nationalspieler länger ausgegangen seien, nicht mehr.

Einige Tage später informieren ihn deutsche Journalisten darüber, dass sein spanischsprachiger Text als Grundlage für den Aufmacher einer Titelstory in der *Bild*-Zeitung verwendet wird. Es gehe um einen angeblichen Sex-Skandal. Hirsch ist entsetzt. Der Artikel sorgt für helle Aufregung unter den deutschen Spielern, nicht zuletzt bei ihren Frauen, die sich mittlerweile auch im Quartier befinden. Beckenbauer tobt. Auf einer Pressekonferenz beschimpft er den Journalisten als Störenfried und Spion. Die *Bild*-Zeitung kommt ungeschoren davon.

Wenige Tage später eskaliert die Lage. ZDF-Moderator Dieter Kürten interviewt den deutschen Teamchef in Mexiko für das »Aktuelle Sportstudio«. Die halbe Nation sitzt vor dem Fernseher. Man will wissen, was es mit der Sex-Geschichte im deutschen Quartier auf sich hat. Beckenbauer kocht das Thema runter. Er spricht von Übersetzungsfehlern, die es gegeben habe. Als Kürten ihn fragt, warum er sich dann nicht mit dem Journalisten ausgesprochen habe, explodiert der Teamchef. »Dann wäre er jetzt schon tot. Ich brauch bei dem kleinen Mexikaner nur kurz zudrücken, dann gibt es ihn nicht mehr.« Ein handfester Skandal. DFB-Präsident Egidius Braun verschlägt es die Sprache.

Hirsch verfolgt die Sendung live vor Ort. Er verlangt von Beckenbauer eine Entschuldigung, sonst werde er ihn in seiner Zeitung heftig attackieren. Mexikanische Medien solidarisieren sich mit ihrem Kollegen. Sie kündigen an, Beckenbauer bei der Weltmeisterschaft ansonsten die Hölle heiß zu machen. Hirsch setzt Beckenbauer eine

Frist bis zum Abend für eine Entschuldigung. Im DFB herrscht Alarmstimmung. Kurz bevor die Frist abläuft, bitten ihn Braun und der damalige DFB-Pressesprecher Rainer Holzschuh in eine Suite, in der sie sich zuvor mit Beckenbauer besprochen haben. »Alle waren sehr freundlich«, erinnert sich Hirsch. Beckenbauer habe so getan, als ob nichts wäre, und ihm ein Schreiben übergeben, in dem das Wort Entschuldigung jedoch nicht vorgekommen sei. Als Hirsch das moniert, habe ihm Beckenbauer entgegnet: »Ich bin doch der Kaiser, ich kann mich doch nicht entschuldigen. Das habe ich noch nie gemacht.«

Hirsch verlässt den Raum. Und Beckenbauer lässt sich schließlich am Ende vom DFB überzeugen. Er entschuldigt sich. Um die Einigkeit zu dokumentieren, wird ein Foto für die Nachrichtenagentur gestellt. Beckenbauer und Hirsch schauen sich nicht an.

Die Beleidigungen, Diskriminierungen und Drohungen, die Beckenbauer öffentlich ausspricht, stoßen in Deutschland bei vielen Fans auf Empörung. Zahlreiche Juristen bieten Hirsch ihre Dienste an, wenn er den deutschen Teamchef verklagen wolle.

In den deutschen Medien spielt der Fall jedoch keine große Rolle. Als der Ball bei der WM rollt, ist die Affäre vergessen. In den 80er-Jahren ist es in Deutschland vielen Journalisten wichtiger, mit den Fußballstars in einem Boot zu sitzen, als sich kritisch mit ihrem Verhalten zu beschäftigen. Bei der Weltmeisterschaft in Mexiko wohnen die Reporter mit der deutschen Mannschaft sogar unter einem Dach. Ein Zeichen für die Distanzlosigkeit, die im Fußball zwischen Presse und Stars herrscht. Die Währung, die für die meisten Medien damals zählt, ist Nähe. Nach dem

Motto: je größer der Star und je größer die Nähe, desto besser. Mit dem Kaiser will es sich niemand verderben. Vom damaligen Mediensystem profitiert im Fußball keiner so sehr wie Beckenbauer.

Vier Jahre später macht er sich mit dem WM-Triumph in Rom endgültig zum Unantastbaren. Nach Mário Zagallo ist Beckenbauer überhaupt erst der zweite Fußballer auf der Welt, der als Spieler und als Trainer die Weltmeisterschaft gewinnt. Doch keiner – der Franzose Didier Deschamps stößt später als dritter Doppel-Weltmeister in den illustren Kreis hinzu – hat die jeweiligen Titelgewinne in seinen Teams so stark geprägt wie der Kaiser. Und die absolute Krönung, nach diesen Karrieren auch noch als Bewerbungschef die Weltmeisterschaft ins eigene Land zu holen, ist ansonsten überhaupt niemandem gelungen: 1974, 1990, 2006. Kein anderer Fußballer auf dieser Welt hat über drei Jahrzehnte auf verschiedensten Posten mehr für sein Land getan als Beckenbauer.

Obwohl Fußball ein Mannschaftssport ist, wirken die drei Weltmeisterschaften am Ende fast so, als hätte er sie alleine gewonnen. Er wird zur Verkörperung der schönsten, erfolgreichsten und leichtesten Momente des deutschen Fußballs. Beckenbauer, die personifizierte Erfolgsgeschichte des Landes, das ewige deutsche Glückskind.

Selbst als sich die Zeiten wandeln und der Eiserne Vorhang und die Berliner Mauer fallen, findet Beckenbauer sofort Anschluss. Der Titelgewinn im Sommer 1990, wenige Monate bevor die deutsche Einheit in Berlin offiziell besiegelt wird, ist das erste deutsch-deutsche Gemeinschaftserlebnis in Freiheit. Der Osten feiert eine deutsche Mannschaft ohne Spieler aus dem Osten. Denn hinter Beckenbauer, den die Fans auch zu Zeiten von Mauer und Stacheldraht dort schon bewunderten, können sich alle versammeln. Im ganzen Land wehen schwarz-rot-goldene Fahnen, nun überall ohne Hammer und Sichel.

Die Weltmeisterschaft 2006 wird zum größten Ereignis des gesamten Landes, den vielleicht sonnigsten Wochen, die Deutschland seit dem Zweiten Weltkrieg erlebt. Beckenbauer schwebt während des Turniers mit dem Hubschrauber durch das ganze Land, alle Teilnehmer hat er vorher schon besucht, wie ein Bundespräsident. Und im Grunde ist das der mittlerweile ergraute und mit diplomatischem Geschick ausgestattete Beckenbauer auch. Wer erinnert sich noch an den eigentlichen Amtsträger jener Zeit, an Horst Köhler?

Beckenbauer gelingt in diesen sechs Wochen etwas, was Generationen von Politikern in vielen Jahrzehnten zuvor so nicht gelungen ist: Die Weltmeisterschaft verändert das Bild des Landes. Nun gelten auch die Deutschen auf einmal als fröhliches und freundliches Volk. Deutschland erscheint nach dieser WM im Ausland, wie Beckenbauer dort schon immer erschienen ist: sympathisch.

Beckenbauer hebt in dieser Zeit, auf dem Höhepunkt seines Lebenswerks, nicht ab. Das Gegenteil scheint sogar der Fall zu sein. Er wirkt immer zugewandter, gelassener, charmanter. Sein früher Jähzorn scheint verraucht, auch die herrische Ungeduld. Härte und Bissigkeit muss er nicht mehr zeigen. Im persönlichen Gespräch ist er zuvorkommend, einnehmend, großherzig. Ein Mensch, mit dem scheinbar jeder gerne zu tun hat, vom Bundeskanzler bis zum Bayern-Fan in der Kurve. Auch bei Frauen kommt er an, so wie kaum ein Fußballspieler zuvor in diesem Land.

Und all das, was er für Deutschland in dieser Zeit leistet, macht Beckenbauer »natürlich ehrenamtlich«. Zumindest sagt er das. Und die Menschen haben keine Zweifel und glauben es. Nachdem Deutschland im Jahr 2000 den WM-Zuschlag erhalten hat, erklärte Beckenbauer, die Aufgabe als Organisationschef ohne Bezahlung zu übernehmen. Als Dank für das, was ihm der Fußball gegeben hat.

Beckenbauers ohnehin enormes Ansehen steigt durch diese Entscheidung nochmals, gerade in Zeiten, in denen Manager- und Fußballergehälter durch die Decke gehen. Niemand hat von ihm erwartet, dass er diesen Job sechs Jahre lang ohne Bezahlung übernimmt. Und niemand hat es verlangt. Es ist aber genau das, was sich die Menschen wünschen. Und für Werbepartner wird er, wie nebenbei, nochmals attraktiver. Den Zeitgeist erfasst Beckenbauer mit traumwandlerischer Sicherheit.

Doch was niemand ahnt: Der WM-Organisationschef lässt sich bezahlen, aber indirekt. Und heimlich. Diese Konstruktion kommt aber erst viele Jahre später ans Licht. Die Dinge sind so eingefädelt, dass Beckenbauer im Jahr 2006 eine Zahlung über rund 5,5 Millionen Euro vom DFB erhält, deklariert als Leistung für seine tatsächliche Werbetätigkeit für die staatliche Lotterie Oddset. Einer von sechs WM-Sponsoren des DFB. Das exorbitante Honorar, das in keinem Verhältnis zu seiner Werbetätigkeit steht, wird als das wahrgenommen, was es nicht sein soll: eine verkappte WM-Vergütung des Organisationschefs. Als das Geld, das Beckenbauer angeblich gar nicht haben will. Als die Sache öffentlich wird, sagen seine Anwälte, dass Beckenbauer für seine werblichen Aktivitäten eine prozentuale Beteiligung an den Einnahmen des DFB aus diesem Geschäft erhalten habe. Doch diese Erklärung nimmt Beckenbauer im Jahr 2016 kaum jemand mehr ab.

Der Zeitgeist hat sich geändert. Der Wandel beginnt zunächst unmerklich. Schon während der WM, als Beckenbauer im Zenit steht, sind die ersten Zeichen zu spüren.

Ein Jahr vor der Weltmeisterschaft ist die Zeit seines Duzfreundes als Bundeskanzler abgelaufen. Schröder kündigt für das Jahr 2005 eine vorgezogene Bundestagswahl an. Er verliert gegen eine Frau, die er nicht ernst nimmt. Mit Angela Merkel sitzt nun bei der Weltmeisterschaft 2006 die erste weibliche Regierungschefin auf der Ehrentribüne, nicht »Acker«, wie Schröder einst von seinen Fußballkumpels genannt wurde.

Anders als ihr Vorgänger sucht die Kanzlerin nicht die Nähe zu Beckenbauer. Sie nimmt die Zukunft in den Blick. Merkel umgibt sich im Fußball mit denjenigen, die für eine neue Zeit in Deutschland stehen sollen, wie sie. Dazu gehören die beiden großen Lieblinge des Sommermärchens, die jungen Bastian Schweinsteiger und Lukas Podolski. Und die Bundeskanzlerin stellt sich an die Seite von Jürgen Klinsmann, dem Reformer, der den DFB umkrempelt und alte Seilschaften kappt.

Den neuen Bundestrainer bekämpft die *Bild*-Zeitung heftig. Das Blatt spürt, dass sich mit Klinsmann, der neue Wege geht, die Macht im deutschen Fußball verschiebt. Auch zu ihrem Nachteil. Beckenbauer indes arrangiert sich als Organisationschef mit »seinem« Weltmeister von 1990. Doch der Gedanke, dass Klinsmann nun ebenfalls Doppel-Weltmeister werden könnte wie er selbst – als Spieler und als Trainer –, löst bei Beckenbauer gemischte Gefühle aus. Ein deutscher Triumph bei »seiner« Weltmeisterschaft wäre zwar ein unvergessliches Fest für die deutschen Fans, aber auch eine Gefahr für seine Einzigartigkeit im deutschen Fußball. Die WM endet, wie sie für Beckenbauer nicht besser enden könnte: Klinsmann wird nicht Weltmeister, aber sein Team begeistert die Fans auch als Dritter – und der Status des Kaisers bleibt unangetastet.

Nach der WM 2006 bleibt Beckenbauer den alten Mächten treu. Im Jahr nach dem glanzvollen Sommermärchen zieht der Präsident des FC Bayern in das FIFA-Exekutivkomitee ein.

Einige Experten sehen ihn schon als künftigen Präsidenten des Weltverbandes. Michel Platini wird am gleichen Tag zum Präsidenten der Europäischen Fußball-Union gewählt. Beckenbauers Aufstieg erscheint geradezu folgerichtig.

Der wichtigste und folgenreichste Termin in Beckenbauers FIFA-Amtszeit findet im Dezember 2010 statt. Der Verband bestimmt in einer Doppelwahl die WM-Gastgeber für die Jahre 2018 und 2022. Es geht um Milliarden, Macht und Weltpolitik.

Neben Beckenbauer sitzen an diesem Tag, der den Weltfußball tiefgreifend verändert, 21 Männer im Exekutivkomitee. Dieser kleine Kreis von Umworbenen entscheidet über den künftigen Weg, niemand sonst. Ursprünglich sollen 24 Mitglieder über die Vergabe abstimmen, doch die Vertreter aus Haiti und Nigeria werden wenige Wochen zuvor wegen Korruptionsvorwürfen aus dem Verkehr gezogen. Sie sollen bereit gewesen sein, ihre Stimme zu verkaufen.

Beckenbauer gilt als unbestechlicher Kandidat, vor allem aus deutscher Sicht. Einem Mann, der jahrelang ehrenamtlich für die Weltmeisterschaft im eigenen Land gearbeitet hat, nimmt man sofort ab, sich auch in einem notorisch korrupten Umfeld nicht verführen zu lassen. Die Wahl der Ausrichterländer fällt für die WM 2018 auf Russland und für die WM 2022 auf Katar. Ein Aufschrei geht durch die Fußballwelt. Die Wahl ist eine Zäsur im Sport, ein Menetekel. Eine Unterwerfung vor schmutzigem Geld, vor Gewaltherrschern und Diktatoren.

Die Entscheidung für Russland ist an diesem Tag aber schon keine große Überraschung mehr. Auch wenn die Konkurrenz für das Prestigeprojekt von Ministerpräsident Wladimir Putin hochklassig ist: England und die Doppelbewerbung Spanien/Portugal. Doch außer China investiert in dieser Zeit kein anderes Land so viel Geld in den internationalen Sport wie Russland. Das WM-Finale wird in Sankt Petersburg stattfinden, in Putins Heimatstadt. In der Gazprom-Arena, in Sichtweite der Firmenzentrale des Energieunternehmens, aus dem Putin eine politische und geopolitische Waffe macht.

Es besteht schon zu dieser Zeit kein Zweifel daran, dass für Putin die Weltmeisterschaft ein wichtiger Baustein seiner Strategie ist, durch ein Mega-Sportevent das Image seines Landes zu verbessern und die Akzeptanz seines Regimes in der eigenen Bevölkerung zu erhöhen. Zuvor hat der russische Ministerpräsident schon die Olympischen Winterspiele 2014 nach Sotschi geholt, seinem Lieblingsort in Russland.

Im Jahr 2010 besteht in zahlreichen Ländern des Westens jedoch noch die Hoffnung, dass sportliche Großereignisse helfen könnten, Russland zu modernisieren und zu europäisieren. Zu dieser Zeit steht der frühere Bundeskanzler Schröder schon lange in Diensten von Gazprom, nur wenige Monate nach dem Ende seiner Kanzlerschaft steigt er im Dezember 2005 beim umstrittenen Pipelineprojekt Nord Stream ein. Ähnlich läuft es bei Beckenbauer. Im Mai 2012, rund eineinhalb Jahre nach der WM-Entscheidung für Russland und ein Jahr nach seinem Ausstieg aus dem FIFA-Exekutivkomitee, lässt er sich als »globaler Botschafter« von der Russian Gas Society engagieren, der Vereinigung aller Gas fördernden Unternehmen in Russland, allen voran Gazprom. Wie Schröder findet auch Beckenbauer unmittelbar nach der Entscheidung, die im Sinne Russlands ausgefallen ist und an der er mitgewirkt hat, nichts dabei, einen lukrativen Posten bei einem russischen Staatsunternehmen anzunehmen. »Franz wird der neue Sport-Zar von Russland«, schreibt die *Bild*-Zeitung, als sein neues Engagement bekannt gemacht wird. Und Beckenbauer sagt: »Für mich ist es eine Ehre, mit einem solchen Partner zusammenzuarbeiten.«

Russlands politischer Einfluss auf den europäischen Energiemarkt wird bei einigen aufmerksamen Beobachtern im Westen jedoch schon zu dieser Zeit kritisch gesehen. Russland hat da schon Preiserhöhungen und das Druckmittel Lieferboykott im Gasstreit mit der Ukraine angewendet, um das Land für die Annäherung an den Westen nach der Orangenen Revolution zu bestrafen. Doch wie die meisten in der deutschen Politik sieht auch Beckenbauer zu dieser Zeit im russischen Gas- und Energiegeschäft nur ein wirtschaftliches Projekt. Eines, das sich lohnt.

Kritik an Beckenbauer wird dennoch laut in der deutschen Öffentlichkeit. Der Vorwurf lautet: Beckenbauer habe bei der geheimen Wahl seine Stimme womöglich Russland gegeben und würde nun nachträglich mit einem lukrativen Deal über mehrere Jahre dafür belohnt. Der Wind dreht sich, allmählich.

Ein Jahr später erlebt der Kaiser, dass ihm die Deutschen seine provokanten Sprüche nicht mehr so wohlwollend durchgehen lassen wie früher. Nach dem Motto: Ach, der Franz. Während der politisch schwierigen Debatte in München um den geplanten Stadionneubau für die WM 2006 konnte Beckenbauer als Bayern-Präsident, weil ihm die politischen Entscheidungsprozesse als zu langsam erschienen, der Politik noch Druck machen, ohne dass ihm seine hemdsärmeligen Sprüche geschadet hätten. »Es wird sich schon noch ein Terrorist finden, der das Olympiastadion wegsprengt.« Beckenbauer hatte ohne ästhetisches und historisches Gespür über jenes architektonisch faszinierende Stadion gesprochen, das für die Olympischen Spiele 1972 errichtet wurde, bei denen elf israelische Sportler von palästinensischen Terroristen nach einer Geiselnahme ermordet wurden.

Als Beckenbauer in seiner Rolle als FIFA-Funktionär im Jahr 2013 Katar besucht, reagiert die deutsche Öffentlichkeit sensibler. Das Emirat steht seit seiner Wahl zum WM-Gastgeber in der westlichen Welt massiv in der Kritik wegen Korruptionsvorwürfen bei der Vergabe der Weltmeisterschaft, aber vor allem wegen schwerer Menschenrechtsverletzungen und ausbeuterischer Arbeitsbedingungen rund um die WM-Bauten. Nach seiner Reise wird Beckenbauer auf diese Problematik angesprochen. »Ich habe noch keinen einzigen Sklaven in Katar gesehen. Ich weiß nicht, woher diese Berichte kommen«, entgegnet Beckenbauer. »Ich war schon oft in Katar und habe deshalb ein anderes Bild, das, glaube ich, realistischer ist.« Die deutsche Öffentlichkeit reagiert verstört. Viele Fans verstehen ihren Fußball-Kaiser nicht mehr. Was ist bloß mit dem Franz los, hat er sich verändert – oder hat sich die Welt verändert?

Dass sich die Welt verändert hat, war nie ein Problem für Beckenbauer – das ist in den vierzig Jahren seiner Karriere immer wieder passiert. Doch nun scheint er erstmals das Gespür dafür verloren zu haben. Die neue Zeit ist nicht mehr Beckenbauers Zeit.

Im Juni 2014 nimmt das Beckenbauer-Bild weiteren Schaden. Die FIFA ermittelt im Zusammenhang mit Bestechungsvorwürfen wegen Russland und Katar. Die unabhängige Ethikkommission des Verbandes schickt ihm als früherem Mitglied des Exekutivkomitees einen Fragebogen, doch Beckenbauer kümmert sich nicht darum. Die FIFA sperrt ihn daraufhin neunzig Tage für sämtliche Aktivitäten im Weltfußball. Der Kaiser darf sich in Brasilien nun nicht einmal mehr die Fußball-Weltmeisterschaft 2014 im Stadion anschauen. Beckenbauer gerät in Erklärungsnot. Er behauptet, die schwierigen juristischen Fragen seien ihm nur auf Englisch zugestellt worden. Doch der Weltverband dementiert umgehend. Der Fragenkatalog sei auch auf Deutsch verschickt worden. Die Machtverhältnisse haben sich verschoben.

Beckenbauer lenkt ein. Er stellt sich den Ermittlungen. Nach rund zwei Wochen wird seine vorläufige Sperre aufgehoben. »Ich habe die Angelegenheit unterschätzt, was vor allem daran lag, dass mir solche umfangreichen administrativen Dinge für gewöhnlich von meinem Management abgenommen werden, das ich in diesem Fall aber nur in eingeschränktem Umfang einbeziehen durfte«, erklärt Beckenbauer daraufhin in einer Pressemitteilung. Ein Muster, auf das er in den kommenden Jahren gerne zurückgreift: Verantwortung für Entscheidungen, die ihn und sein Leben betreffen, delegiert Beckenbauer demnach an andere. Vor allem dann, wenn etwas schiefgeht.

Beckenbauer darf nun doch zur Weltmeisterschaft nach Brasilien. Es läuft die entscheidende Phase des Turniers, aber er geht nicht hin. Beckenbauer fühle sich gekränkt, schreibt die *Bild*-Zeitung. Der Stachel sitze tief. Deutschland wird in Brasilien dann auch ohne Beckenbauer Weltmeister. Es ist der erste WM-Titel seit 1954, mit dem der Kaiser nichts mehr zu tun hat. Eine neue Generation mit zahlreichen Migrantenkindern hat die Bühne erobert. Und die spielt auch noch schöneren Fußball, als es die Weltmeister-Teams von Beckenbauer je taten.

Ein Jahr später, im Herbst 2015, holt Beckenbauer endgültig die Vergangenheit ein. Eine vom DFB beauftragte Kanzlei findet heraus, dass Beckenbauer – in jenem Jahr, als Schwan stirbt – in ein dubioses Darlehen über zehn Millionen Schweizer Franken (6,7 Millionen Euro) an den verstorbenen französischen Geschäftsmann und früheren Adidas-Chef Robert Louis-Dreyfus verwickelt ist. Das Geld landet auf verschlungenen Wegen von einem Konto, das auf Beckenbauer und seinen Manager läuft, über die FIFA schließlich auf einem Konto einer Gesellschaft in Katar, deren einziger Gesellschafter Mohamed bin Hammam ist, eine Symbolfigur des korrupten Fußballs. Die *Spiegel*-Titelgeschichte vom angeblich gekauften Sommermärchen ist in der Welt.

Doch die Story, dass mit dieser Zahlung die WM für Deutschland tatsächlich gekauft wurde, ist bis heute unbewiesen. Den tatsächlichen Verwendungszweck der Überweisungen finden weder die Justizbehörden in Deutschland noch die der Schweiz heraus, auch nicht die Steuerbehörden und die Medien. Von denjenigen Menschen, die wissen müssten, was es mit den Zahlungen auf sich hat, sind zwei tot: Schwan und Louis-Dreyfus. Und die beiden, die noch leben, tragen nichts nur Aufklärung bei. Bin Hammam wird nie verhört. Und Beckenbauer verweist auf die FIFA.

Der internationale Fußball, käuflich und korrupt, verspielt im Jahr 2015 seinen letzten Kredit, zumindest in Deutschland. Die Unschuldsvermutung, die der Kaiser nie eingefordert hat, weil sie ihm von den Menschen und Medien geschenkt wurde, gilt nun in der deutschen Öffentlichkeit kaum mehr.

In zwei Verhaftungsaktionen werden reihenweise Funktionäre der FIFA festgesetzt. Geldwäsche. Betrug. Erpressung. Bestechung. Ungetreue Geschäftsbesorgung. So lauten die Vorwürfe. FIFA-Präsident Joseph Blatter wird suspendiert. Amerikanische Ermittler behandeln den Weltverband, für den Beckenbauer bei den WM-Vergaben an Russland und Katar im Epizentrum wirkte, wie die Mafia: als kriminelle Organisation. Nach einem entsprechenden Gesetz können einzelne Fußballfunktionäre schwer bestraft werden, selbst wenn sie Verbrechen bloß angeordnet, aber nicht ausgeführt haben. Einige Experten vermuten, dass die amerikanischen Ermittler es der FIFA auch im Sinne Washingtons heimzahlen. Spitzenpolitiker in den Vereinigten Staaten hätten nicht vergessen, dass es bei der skandalträchtigen Doppelvergabe klare Absprachen gegeben habe: Russland bekomme die WM 2018, die Vereinigten Staaten die WM 2022. Auf diesen Deal habe man sich eigentlich hinter den Kulissen verständigt, behauptet später auch der damalige FIFA-Präsident Blatter, so habe auch er sich das im Sinne der Machtverhältnisse gedacht. Doch die Wahl von Katar habe alles zunichte gemacht.

Auch die deutsche Justiz hat mittlerweile eine andere Perspektive, wenn sie auf Bestechung und Korruption schaut. Noch im Jahr 2000, als die Weltmeisterschaft nach Deutschland vergeben wird, ist es für deutsche Firmen kein Problem, unter bestimmen Voraussetzungen Schmiergelder an ausländische Geschäftspartner von der Steuer abzusetzen. Das ist bis zum Jahr 2002 möglich. Im Jahr 2015, als das Sommermärchen skandalisiert wird: vollkommen undenkbar.

Die Veröffentlichung fällt zudem in eine Zeit, in der es in Deutschland immer wichtiger geworden ist, in gesellschaftspolitischer Verantwortung zu handeln, moralisch sauber und sensibel zu sein. Die moralischen Koordinaten der Republik haben sich verschoben. Unternehmen und Institutionen distanzieren sich nun, anders als zu Beckenbauers Zeiten als WM-Bewerbungschef, unter dem gestiegenen Einfluss der sozialen Medien oft schnell und entschieden von zwielichtigem und anrüchigem Verhalten. Mitunter genügt schon der bloße Verdacht. Alte Verdienste zählen immer weniger. Die Maßstäbe der neuen Zeit werden umstandslos an die alten Zeiten angelegt. Beckenbauer bekommt das zu spüren.

Brandmauern werden schnell hochgezogen, wenn der eigene Ruf bedroht scheint, selbst vor einem altersschwachen Kaiser. Die neue DFB-Führung geht im Fall Beckenbauer schnell auf Abstand. Und des Kaisers Bollwerk, das ihn über Jahrzehnte geschützt hat, ist in der vielfältigen neuen medialen Welt nicht mehr stark genug, die Angriffe abzuwehren oder wenigstens zu marginalisieren.

Die juristischen Vorwürfe, die ihm rund um das Sommermärchen gemacht werden, lassen sich nie belegen. Doch das Jahr 2015 wird Beckenbauers *Annus horribilis*, sein Schreckensjahr. Im Sommer stirbt Beckenbauers jüngster Sohn Stefan nach langer Krankheit an einem Hirntumor im Alter von 46 Jahren. Und nur wenige Monate später gerät das Sommermärchen unter Beschuss, die Krönung seines Lebenswerks. Davon erholt sich Beckenbauer nicht mehr.

In den folgenden Jahren wird er zweimal am Herz operiert. Er bekommt eine künstliche Hüfte, die Achillessehnen machen Probleme, Langzeitfolgen seiner Karriere. Er erleidet einen Augeninfarkt, der die Sehkraft seines rechten Auges stark einschränkt. Beckenbauers Ärzte schicken der Schweizer Bundesanwaltschaft verschiedene Atteste ein, woraufhin das gegen ihn dort laufende Verfahren abgetrennt wird. Beckenbauer ist gesundheitlich derart angeschlagen, dass er als nicht mehr »einnahme- und verhandlungsfähig« eingestuft wird.

In Deutschland wird Beckenbauer nie als Beschuldigter geführt. In der Schweiz verjähren die Vorwürfe, die auch den drei anderen zunächst mit ihm zusammen angeklagten Fußballfunktionären gemacht werden. Der frühere DFB-Präsident Theo Zwanziger, der frühere DFB-Generalsekretär Horst R. Schmidt und der frühere FIFA-Generalsekretär Urs Linsi bekommen sogar eine Entschädigung von jeweils 15 000 Schweizer Franken zugesprochen.

In dem Beschluss des Schweizer Bundesstrafgerichts heißt es im Mai 2021: »Die Beschuldigten, die bis dahin einen tadellosen Ruf hatten, wurden jahrelang in der Öffentlichkeit unter voller Namensnennung mit schwerwiegenden Vorwürfen konfrontiert. Sie wurden dadurch in ihren persönlichen Verhältnissen besonders schwer beschädigt und haben daher Anspruch auf Genugtuung.«

Zu seinem 75. Geburtstag, im September 2020, als noch einige juristische Fragen offen sind, gibt Beckenbauer zwei größere Interviews. Dem FC Bayern und der *Bild*-Zeitung, den beiden Bastionen, auf die er immer zählen konnte. »Glück ist kein Dauerzustand. Aber es gibt glückliche Momente im Leben. Wenn man sie lange festhalten und sie wiederholen kann: Das ist großes Glück«, sagt Beckenbauer. Auf die Frage, wie es ihm gehe, entgegnet er: den Umständen entsprechend. »Was da alles war in den letzten Jahren. Mit den Operationen und auch mit der Geschichte 2006. Das hat mich schon sehr mitgenommen. Ich sehe zwar, dass mittlerweile akzeptiert wird, dass da nichts war, aber die letzten Jahre waren schon hart.«

Dass da nichts war. So sieht das Beckenbauer auch viele Jahre später, nach Täuschungen und Tricksereien, nach schmutzigen Deals und vielen Ungereimtheiten. So will er das am Ende seines Lebens sehen, so will er sich sehen. Den anderen Beckenbauer, den sieht er nicht.

Der einst Allgegenwärtige, der an seinem eigenen Bild nicht rütteln will, hat sich aus der Öffentlichkeit weitgehend zurückgezogen. Eine Ausnahme macht der Kaiser im April 2019, als die *Hall of Fame* des deutschen Fußballs eröffnet wird. Da will er dabei sein, in sein altes Reich zurückkehren.

Neben ihm sind über ein Dutzend Fußball-Legenden geladen: Seeler, Matthäus, Netzer, Breitner, Brehme, Maier, Sammer. In den Jahren zuvor wäre es selbstverständlich gewesen, dass Beckenbauer im Zentrum der Aufmerksamkeit steht, dass auf ihn das meiste Licht fällt, dass ihm die größte Ehre gewährt wird. Doch Beckenbauer ist zu dieser Zeit ein Angeklagter. Die Angst vor öffentlicher Kritik, wenn der Kaiser in der *Hall of Fame* für seine fußballerische Extraklasse so groß gefeiert wird, wie es dem größten deutschen Fußballspieler des vergangenen Jahrhunderts angemessen wäre, ist mit Händen zu greifen.

Beckenbauer spürt, dass es nicht mehr nur allein um seine sportliche Genialität geht. Sein Werk, sein Leben und sein Schweigen werden moralisch miteinander verrechnet. Der größte deutsche Fußballer darf nicht mehr der Größte sein. Der Kaiser zieht sich an diesem Abend immer weiter in sich selbst zurück. Er spürt die Kälte. Am Ende erscheint Beckenbauer fast unsichtbar.

In der Ruhmeshalle des deutschen Fußballs wird er nur noch als profaner Verteidiger geführt, auf eine Stufe gestellt mit Brehme und Breitner. Die Ausnahmestellung des Kaisers gibt es nicht mehr. Seine einzigartige Position, die ihn und den deutschen Fußball in den 70er-Jahren groß werden ließ, hat in der Erinnerung keinen Platz mehr: der Libero, aus der Erinnerung gestrichen. Der Kaiser passt nicht mehr ins deutsche Fußballmuseum. Sein Reich ist zerfallen.

Zur Erheiterung des Publikums soll an diesem Abend ein Filmausschnitt dienen. Das mittlerweile kultige Lied, das der junge Beckenbauer vor über einem halben Jahrhundert mit seinen Bayern-Kameraden gesungen hat:

»Gute Freunde kann niemand trennen.« Es heißt darin: »Gute Freunde sind nie allein. Weil sie eines im Leben können: füreinander da zu sein.« Der Moderator plaudert nun mit Beckenbauer über alte Zeiten, über Freundschaften, bloß nicht die dunklen Seiten streifen, die wie eine schwarze Wolke an diesem Abend über Beckenbauers Leben hängen. Als es um seine Freunde geht, wird der leise Kaiser bei der Fußball-Feierstunde, die seine Feierstunde sein müsste, aber immer leiser.

»Ja, ein paar sind geblieben«, sagt Beckenbauer.

Dann schweigt er. Und lässt den Satz alleine im Museum stehen.

2

George Best

Im Rausch

Wenn ich noch einmal entscheiden könnte, würde ich mein Leben anders leben, doch dann wäre ich nicht George Best: der erste Popstar des Fußballs, der fünfte Beatle. So hat man mich genannt, und vielleicht war ich das ja auch.

Aber vor allem war ich ein Mann, der nicht wusste, wer er war. Dafür will ich niemandem die Schuld geben, das muss schon jeder selbst herausfinden. Doch das hatte ich nicht begriffen. Ich würde lügen, wenn ich sage, dass der Fußball, die Presse, der Ruhm und das Geld damit nichts zu tun hatten.

Ins Grab gebracht hat mich der Alkohol, das hat sich herumgesprochen. Er war lange aber auch mein Freund, der Einzige, der mir meinen Schmerz genommen hat. Ein Schmerz, der mich immer gequält hat, selbst zu der Zeit, als mir die Fußballwelt zu Füßen lag.

Alkoholiker, das war ich. So viel ist sicher. Und wenn man Alkoholiker ist, dann ist man irgendwann nichts anderes mehr, so einfach ist das. Als mein Ende nah war, habe ich ein Foto von mir machen lassen und gesagt: »Sterbt nicht so wie ich.« Das war meine letzte Botschaft.

Hätte das jemand früher zu mir gesagt, hätte ich ihn ausgelacht. Und einen Drink genommen. Verdammt, ich wusste es nicht besser. Oder es war mir egal, könnt ihr euch aussuchen. Aber eins weiß ich mit Gewissheit: Ihr könnt euch nicht vorstellen, wie es ist, George Best zu sein. Ich konnte es mir ja selbst nicht vorstellen. Doch als ich es war, wollte ich für immer dieser George Best sein. So und nicht anders, selbst als sich mein Körper auflöste.

Aufgewachsen bin ich an einem Ort, an dem es nicht vorgesehen war, aus der Reihe zu tanzen und das zu werden, was man einen Superstar nennt. Aber verflucht noch mal, das war ich: ein Superstar.

Selbst als ich zu Manchester United kam und zusammen mit Bobby Charlton in einem Team spielte, war da noch immer der kleine, unsichere Junge in mir, der ich einmal gewesen war. Er wollte einfach nicht verschwinden, nie. *Obwohl ich später gelernt hatte, etwas kontaktfreudiger zu sein, glaube ich nicht, dass ich mich wirklich geändert habe.*[*] Er war immer da, mein ewiger kleiner Schatten, bis zuletzt.

Ich hasste es, auf die Highschool zu gehen, weil die Schule in einer katholischen Gegend von Belfast lag und die Jungs dort an meiner Schuluniform erkannten, dass ich zur anderen Seite gehörte, zu den verhassten Protestanten. Sie wollten mir immer wieder meinen Schal und meine Mütze klauen und beschimpften mich als »proddy bastard«, als protestantischen Bastard. Und meine Kumpels aus der Grundschule waren nicht mehr da, um mir zu hel-

* Die kursiv gedruckten Sätze stammen vornehmlich aus George Bests Autobiografie *Blessed*, Ebury Press, Random House, 2001. Die literarische Ich-Erzählung orientiert sich eng an biografischen Fakten, an Bests Autobiografie und an seinen Interviews.

fen, die hatten es nicht auf die Highschool geschafft. Ich war der Einzige aus meiner Klasse, der die Prüfung bestanden hatte. Irgendwann habe ich dann nur noch in sicherer Entfernung unten an der Straße gewartet, um dann den Bus genau in dem Moment abzupassen, wenn er von der Haltestelle losfuhr. Ich bin gerannt wie der Teufel. Dieses Spießrutenlaufen hat sich in mir eingebrannt, doch mehr war nicht zu meiner Zeit in Belfast, noch nicht. Ich hab's trotzdem gehasst. Erst ein paar Jahre später haben sich beide Seiten dann gegenseitig umgebracht, und in der Gegend, in der meine Schule lag, machte sich die IRA breit.

Ich konnte auch nicht vergessen, dass meine Mutter, wenn ich zu Hause meinen eigenen Kopf hatte, mir regelmäßig ein paar gescheuert hat. Sie nannte das eine »gute Klatsche«. In Wahrheit war es nichts anderes als Schläge auf meine Beine. Wenn es mal wieder so weit war, rannte ich die Treppe hoch, krabbelte unter das Bett, rollte mich zusammen und machte mich so klein, dass sie mich nicht erwischte.

Das alles, und noch viel mehr, habe ich in meiner Autobiografie erzählt. Die kam 2001 auf den Markt, vier Jahre, bevor es mit mir zu Ende ging. Da hatte ich noch geglaubt, dass ich die Kurve kriege, aber vielleicht habe ich das auch nur so gesagt.

Ich habe in meinem Buch eine Menge erzählt aus meinem Leben, denn es gab eine Menge zu erzählen. Über meine Gefühle habe ich jedoch kaum ein Wort verloren. Ihr könnt euch euren eigenen Reim darauf machen. Es geht euch einen Scheiß an. Es ist mein Scheiß. Wenn ihr glaubt, dass ich irgendwann vielleicht gar nichts mehr gefühlt habe, ist das eure Sache.

Meine Mutter war Alkoholikerin. Daraus habe ich nie einen Hehl gemacht. Sie war eine gute Mutter, das habe ich auch immer gesagt. Und auch, dass all das nichts damit zu tun hatte, dass ich selbst zur Flasche gegriffen habe. *Ihre Alkoholprobleme begannen später, lange nachdem ich von zu Hause weg war. Ein Alkoholiker braucht keinen Grund, um zu trinken.* Vielleicht habe ich das tatsächlich geglaubt. *Aber natürlich spielten viele Faktoren eine Rolle, die mit dem Trinken meiner Mutter zu tun hatten. Und mit meinem eigenen.*

Über die Gründe, warum wir beide Trinker wurden, habe ich nie viel erzählt. Meine Mutter musste in der Nachkriegszeit neben ihrem Job noch sechs Kinder durchbringen. Das war eine harte Sache, kann man sich heute kaum vorstellen, aber das mussten damals viele bei uns. Als ich zur Welt kam, ziemlich genau ein Jahr nach dem verfluchten Krieg, versuchten alle wieder auf die Beine zu kommen, irgendwie, doch selbst das Essen war knapp. Und viel zu verdienen gab es in Nordirland auch nicht, weniger als im Rest des Vereinigten Königreichs.

Meine Eltern habe ich fast nur abends gesehen. Sie haben den ganzen Tag geschuftet, damit wir über die Runden kamen, meine Mutter in einer Tabakfabrik, später in einer Eiscremefabrik, mein Vater als Dreher im Hafen bei Harland & Wolff. Damals mussten viele Mütter mit anpacken, damit genug Geld reinkam. Ich war deswegen meistens bei meinen Großeltern, keine große Sache, war bei vielen so.

Meine Eltern waren ziemlich religiös, sie gehörten zu den Free Presbyterians, aber ich habe immer gesagt, dass sie unpolitisch waren, dass sie keinen Unterschied gemacht haben zwischen den Protestanten und den Katholiken bei uns, in diesem verdrehten Nordirland. Doch was weiß ich schon, hat mich irgendwann auch nicht mehr so interessiert. Ich bin schon früh nach Manchester, und da hatte ich mit mir selbst genug zu tun.

Beim ersten Mal habe ich es dort nur zwei Tage ausgehalten. Heimweh, Unsicherheit, Fremdheit, alles kam zusammen. Ich hatte zusammen mit einem anderen Jungen aus Belfast die Fähre nach Liverpool genommen, irgendwie mussten wir dann von dort weiter nach Manchester, zu Old Trafford. Niemand hat uns abgeholt, war alles zu viel für mich, ich war erst 15. Und vorher war ich eigentlich nie rausgekommen aus Belfast.

Zwei Wochen später habe ich noch mal übergesetzt nach Manchester, allein. Sie wollten mich dort unbedingt haben. Und Manchester United war mein Traum, ich habe es dann irgendwie ausgehalten.

In Manchester war vieles anders, das habe ich bald gespürt. Wenn ich früher in Belfast sonntags mit meinen Geschwistern bei Opa war, mussten wir alle in die Kirche, und dann auch noch in die Sonntagsschule. Fußballspielen war an diesem Tag verboten, zumindest bei uns, die Katholiken durften. Und bei uns gab es auch keinen Alkohol, streng verboten, wie das Tanzen, das muss man sich mal vorstellen, in Irland. Am Sonntag durften wir nicht mal den Fernseher anschalten, mehr als ein Spaziergang durchs Viertel war nicht erlaubt. Gehorsam gegenüber der Kirche war das Gesetz, unter dem ich groß wurde. Und das mich einschloss wie einen Wurm in einer Flasche mit Tequila, aber an das Zeug durfte ich damals nicht mal denken.

Meine beiden ersten Jahre in Manchester waren kein Zuckerschlecken. Ich durfte sogar nur zweimal in der Woche trainieren, musste dafür jedoch einen erbärmlichen Job in der Stadt annehmen. So waren die Regeln, die irgendwelche Idioten in den Fußballverbänden gemacht hatten, weil sie nicht wollten, dass immer mehr Jungs aus Irland und Schottland nach England kamen und den englischen Jungs die Plätze wegnahmen. Die Regeln sollten es uns so schwer wie möglich machen, und das taten sie. In meinem Job war ich so was wie das Mädchen für alles. Ein Tea-Boy, wie man sagte, einer, der alle möglichen Besorgungen für andere Leute erledigen muss.

Ich hasste diesen Job, ich wollte kein Handlanger sein und für Leute springen, die einen springen lassen, bloß weil sie es können. Ich war für die Schönheit gemacht, das spürte ich, ich brauchte die Freiheit, um diese Dinge auf dem Platz zu erschaffen, die einem den Atem rauben. Doch von meiner Kunst hatten die Leute, die die Regeln aufstellten und mich springen ließen, keine Ahnung. Sie wussten nichts davon, und auch nicht von den Träumen, die in mir steckten. Sie wussten nichts, gar nichts. Ich gehörte auf den Platz und sonst nirgendwo hin.

Über meine Kindheit und Jugend in Belfast habe ich fast nur Anekdoten erzählt, oberflächliches Zeug. Das habe ich auch später so gehalten, als ich ein Star war und die Leute von mir alles Mögliche wissen wollten. Ich kapierte schnell, dass Anekdoten und lockere Sprüche gut ankommen, mehr wollten die meisten auch gar nicht von mir hören. Und die Jungs von der Presse haben mich dafür geliebt, wenn ich einen Spruch rausgehauen habe. Ansonsten haben sie sowieso geschrieben, was sie wollten.

Was tatsächlich in mir vorging, konnte ich so für mich behalten. Und wollen wir ehrlich sein: Es hat vermutlich auch keinen interessiert, alle wollten irgendwann immer nur George-Best-Storys hören. Und die habe ich ihnen gegeben.

Irgendwann gab es dann den George Best, der in den Zeitungen stand. Und es gab mich. Das waren zwei verschiedene Personen, manchmal wusste ich selbst kaum mehr, wer ich war, das ging sogar Mum und Dad so. Die sahen in mir irgendwann auch nur noch den Typen, der Schlagzeilen machte. *Obwohl das meiste nicht der Wahrheit entsprach, glaubten Mama und Papa an das, was sie in den Zeitungen lasen. Man konnte sich den Mund fusselig reden, aber wenn sie eine Story schwarz auf weiß gelesen hatten, dann waren sie überzeugt, dass daran etwas Wahres sein musste. Einmal erhielten sie einen Anruf, dass ich bei einem Autounfall ums Leben gekommen bin, was angesichts meiner Fahrweise durchaus wahr hätte sein können. Sie saßen stundenlang verängstigt da, bis sie dann endlich Kontakt mit mir aufnahmen.*

Gesoffen habe ich schon als Jugendlicher, das war normal, wenn man auf der Insel lebte und Fußball spielte. Da wird immer gesoffen. Der Fußball bringt dich als Jugendlicher immer zum Alkohol, da führt kein Weg dran vorbei. Ich habe die Geschichte von meinem ersten Rausch so erzählt, dass wir auf einem Turnier in der Schweiz waren und ich mit zwei Jungs aus Manchester in die Kneipe bin und die sich das Zeug reingeschüttet haben, als gäbe es kein Morgen mehr. Und ich dann auch ein paar Bier genommen habe. Ich war 16. Schmeckte scheußlich, das erste Bier, weiß jeder, habe ich nie wirklich gemocht.

Ich habe danach angefangen, regelmäßiger zu trinken. Nach den Spielen am Samstag Radler oder Bier mit Zitrone. Vor den Spielen habe ich bestimmt nicht getrunken, und ich musste lachen, wenn ich Storys von Leuten hörte, die erzählten, wie sie sich am Freitagabend mehrere Flaschen Champagner reingeschüttet haben und am nächsten Tag raus sind und ein paar Tore gemacht haben.

Ich habe dann noch gesagt, dass ich zu dieser Zeit niemals in der Nacht vor einem Spiel um die Häuser gezogen bin. Und nur selten am Donnerstag. Sollte ein Witz sein, das mit dem Donnerstag, so ein Zwinker-Smiley-Spruch, wie man heute sagt, sodass man eigentlich schon kapiert: Okay, so hat's angefangen, ohne dass man es ausspricht. Ich wollte immer, dass alles, was ich sage, cool klingt, nicht so ernst, streng, protestantisch. So war ich nicht, so wollte ich nicht sein. So war auch nicht mein Spiel, das war anders, ganz anders, nicht von dieser Welt, haben manche gesagt, und sie hatten recht.

Ich war ein Spieler, der nie dazu vorgesehen war, ein großer Spieler zu werden. Dafür war ich zu klein und zu dünn in meiner Jugend. Zumindest hatte man das zu meiner Zeit so gesehen. Bei uns in Nordirland und in England stand das Spielfeld voller Schränke, und einer hat den anderen umgehauen, wenn er an ihm vorbei wollte. Ohne mit der Wimper zu zucken. Ich war so schmächtig, dass die Schränke glaubten, sie könnten mich einfach umpusten, dass ich eigentlich nur existiere, um von ihnen umgepustet zu werden, ein Blatt im Wind.

Den Schiedsrichtern war das damals völlig egal. Wenn die Verteidiger die Sense auspackten, um mich an der Kniescheibe zu rasieren oder um mir die Beine zu brechen, ließen sie es laufen, war ja nicht ihr Problem. Doch ich war schneller, ich war schlauer, ich bewegte mich, wie sich damals bei uns niemand bewegt hat, geschmeidig, wendig, den Ball immer am Fuß, bei höchstem Tempo, Haken schlagend und tanzend, tanzend und Haken schlagend. Ich war einfach nicht zu fassen.

Als mich mein Entdecker das erste Mal in Nordirland ein paar Jahre zuvor spielen sah, schrieb er Manchester United, dass er ein echtes »Genie« für sie gefunden habe. Das muss man nicht so ernst nehmen, so reden alle Scouts, aber er hatte recht: Ich war ein Genie. Auf dem Fußballplatz war ich derjenige, der ich sein wollte, aber nur dort. Größer hätte die Welt für mich nicht sein müssen. *Wenn sie mich gelassen hätten, dann hätte ich sieben Tage die Woche gespielt. Wenn ich auf dem Platz stand, wollte ich nie, dass der Schlusspfiff kommt.*

Als ich mit 17, 18 Jahren in der ersten Liga aufgetaucht bin, galt ich bald als Sensation. Und wie gesagt: Nur ein paar Jahre später, da war ich gerade 22, 23 Jahre alt, war ich der Beste in England, in Europa, auf der ganzen Welt. Ich spielte nach meinen eigenen Regeln, ich vertraute nur meinem Instinkt, meiner Eingebung, meinem Esprit, oder wie auch immer man das nennen mag, was tief in einem drinnen ist. Das, was man gar nicht so genau benennen kann, obwohl es den eigenen Kern ausmacht. Eine Kraft, die keine Grenze kennt, die einfach irgendwann da ist und gegen die man selbst nichts machen kann.

Selbst Pelé hat irgendwann gesagt, dass ich der Beste war, besser sogar als er selbst. Und dass ich für ihn nie ein europäischer Spieler gewesen bin, immer ein brasilianischer. Und soll ich Pelé widersprechen? Nicht in diesem Fall.

Ich war so gut und so außergewöhnlich, dass ein Regisseur mir ein eigenes Fernsehspiel gewidmet hat. Die Kamera war neunzig Minuten allein auf mich gerichtet, das hatte es zuvor noch nicht gegeben in meinem Sport. Doch was hätte ich dafür gegeben, wenn es dabei geblieben wäre, wenn die Kameras nur auf dem Rasen ständig auf mich gerichtet gewesen wären. Doch auch wenn ich das Spielfeld verließ, gingen die Kameras nicht aus, sie liefen immer weiter, mein ganzes Leben.

Ich bin aufgefallen, weil ich anders war. Fußballer trugen in jenen Tagen keine langen Haare. Doch Regeln sind dazu da, um gebrochen zu werden – und ich brach sie alle. Aber nicht, weil ich ein Rebell gewesen wäre oder irgendein Statement abgeben wollte. Der Grund war einfach, dass ich so war, wie ich war.

Ich habe Frauen gesammelt wie andere Pokale. Ich wollte das nicht anders. Einfach heiraten, und dann hängt die Frau zu Hause mit ein paar Kindern fest, wie das damals fast alle gemacht haben, die es sich leisten konnten, dass ihre Frauen nicht arbeiten müssen, das wollte ich nicht. So hatte ich mir mein Leben nicht vorgestellt. Aber ich hatte auch keine Ahnung, wie das Leben anders aussehen konnte, mit Frauen, die mir ebenbürtig gewesen wären. Die habe ich damals nicht gefunden, vielleicht habe ich auch keine gewollt.

Ich wundere mich selbst, dass ich in dem Alter, als fast alle Profis schon Familie hatten, keine Kinder in die Welt gesetzt habe. Dass nicht irgendwo eine Frau aufgetaucht ist, die sagte, sie sei schwanger von mir nach einer Nacht, von der ich nichts mehr wusste. Erst mit 35 wurde ich das erste und einzige Mal Vater, da war meine große Karriere längst vorbei, und ich tingelte nur noch ein bisschen durch die Welt.

Ohne Kinder konnte ich mein Leben in meiner besten Zeit einfach weiterleben, nur verantwortlich für mich selbst und niemanden sonst. Ich ließ mich weiter umschwärmen, von den Fans und von den Frauen. Ich kann es nicht anders sagen: Ich liebte dieses Leben, und ich glaubte, das Leben liebte mich. Ringo Starr trank in der gleichen Kneipe wie ich, und als ich einmal die McCartneys traf, flüsterte mir Linda ins Ohr: »Wir lieben dich.«

Als die Sixties begannen, veränderten sich all die alten Werte, angeführt von Popgruppen wie den Beatles und den Rolling Stones. Es war der Beginn einer faszinierenden Zeit: Peace, Free Love – und bei Letzterem wollte ich meinen Teil abbekommen. Ich war ein Teil dieser neuen Generation. In Manchester ging alles, da hatten sich die Dinge in zehn Jahren stärker verändert als in Belfast in hundert.

Ihr habt keine Ahnung, wie sich das auf dem Platz angefühlt hat, ihr habt das nie erlebt. Und ihr werdet das nie erleben: diese Momente, diese Kostbarkeiten, die besser sind als jeder Rausch – dafür lohnt sich ein Leben, mein Leben, dafür allein. Und glaubt mir, ihr würdet alles dafür tun, das zu erleben, was ich erlebt habe auf dem Platz. Und wenn ihr das einmal erlebt habt, würdet ihr alles dafür tun, es noch mal zu erleben. Und noch mal. Und noch mal. Und noch mal.

Das Spiel ist meine Sonne. Sie dreht sich immer weiter, bleibt nie stehen, und so lange sie sich dreht und strahlt, sieht man die anderen Dinge nicht. Diese Sonne macht blind für alles, was hässlich ist, düster, und davon gab es genug in meinem Leben. In der Sonne siehst du nur die Schönheit dieser Welt, den Ball, der vor dir liegt, und dann liegt es an dir, was du daraus machst, dass er sich immer weiterdreht, dass du die verborgene Schönheit erkennst, die in ihm liegt, dass du sie zum Vorschein bringst, dass er sich ewig weiterdreht und nie stehen bleibt, der Ball, meine strahlende Sonne.

Viele Leute glaubten schon zu meiner Zeit, dass ein Fußballer den Ball und das Spiel lieben muss, um der Beste zu sein, so richtig lieben, meine ich, aber das ist nicht so. Natürlich habe ich den Ball und das Spiel geliebt, doch ehrlich gesagt war das nicht so wichtig. Denn dieses Spiel lieben auch die, die es niemals so spielen werden wie ich, die jedes Wochenende ins Stadion gehen und sich die Seele aus dem Leib schreien, die mit Tränen in den Augen ihre Lieder singen, wenn ihr Team ein Tor schießt und gewinnt. Es gibt viele Menschen, die den Fußball genauso lieben, wie ich ihn geliebt habe, und manche bestimmt noch viel mehr. Aber es gibt nicht viele, die ihn so gebraucht haben wie ich. Doch das habe ich niemandem gesagt.

Auf dem Platz konnte ich machen, was ich wollte, und nichts hatte eine Konsequenz. Deswegen wollte ich nie, dass das Spiel aufhört. Ich konnte dort tun und lassen, was ich wollte, ich fand immer einen Ausweg, hatte für alles eine Idee, konnte alles riskieren, und nichts hatte Bedeutung, alles war ein Spiel. Ich täuschte an, ließ die Verteidiger ins Leere laufen, sah Räume, die niemand sah, sah Chancen, die niemand ahnte, schoss Tore, die niemand schoss. Einfach so, weil ich es konnte. Manchmal hatte ich das Gefühl, das bin gar nicht ich, der diese Schönheit hervorbringt, so unerträglich schön erschien es mir selbst, wenn ich im Fernsehen sah, was ich da tat. Manchmal konnte ich es selbst kaum glauben. Ich war doch bloß ein Spieler. Einer, der immer alles auf eine Karte setzte.

Es war wie eine außerkörperliche Erfahrung, eine Traumsequenz, als würde ich über das Spielfeld schweben und jemand anderem dabei zusehen. Wenn ich die Szenen in Gedanken wiederhole, geschieht das immer in Zeitlupe. Alkohol und Mädchen waren damals keine Ablenkung, ich habe für das Spiel gelebt. Wenn du am Samstagnachmittag um drei in deiner Kluft durch den Tunnel gingst, dann war es, als würdest du eine andere Welt betreten. Ich habe mir nie Sorgen um das Spiel gemacht, nie darüber nachgedacht, gegen wen wir spielen und wer gegen mich spielt. Ich bin einfach rausgegangen und habe es getan. Jedes Spiel war ein neues Abenteuer, ein neuer Traum.

In Wirklichkeit war ich mein einziger Gegner, also kämpfte ich nur mit mir selbst. Durch die Autos, die Frauen und den Alkohol wurde alles besser, doch nichts war so gut wie der Fußball, nicht annähernd so gut, aber es war trotzdem gut. Ihr wisst vielleicht nicht, wie es ist, wenn du in einem Jaguar E-Type das Gaspedal durchdrückst und dich diese unbändige Kraft ins schwarze Leder drückt, wenn du an allen vorbeiziehst, wenn du nie warten musst, wenn alles an dir vorbeirauscht, wenn du das Tempo bestimmst und sonst niemand. Ich habe mir mehrere von den Dingern zugelegt, konnte auch davon nicht genug bekommen.

Und du weißt vermutlich auch nicht, wie es ist, wenn du Frauen bekommst, die andere nie bekommen, weil du gut aussiehst, weil du lässig bist, weil du berühmt bist. Und wenn sich dann dein Körper auflöst, und der andere auch, diese unerträglich schönen Körper, die irgendwann vergehen werden, die in animalischer Hitze ineinanderwachsen und zu einem neuen Körper werden, zu einem einzigen Körper, der nicht von dieser Welt ist, wenn es kein Anfang und kein Ende mehr gibt, wenn dein Herzschlag aufhört, wenn du nichts mehr siehst und nichts mehr hörst, wenn die Ewigkeit beginnt.

Doch dann knallt die Tür ins Schloss, im Schlafzimmer und im Jaguar. Und jeden Samstag in der Kabine nach dem Spiel, grausam und unabwendbar, das war das Schlimmste. Dann musst du wieder mit dir selbst klarkommen, alleine, in dieser anderen Welt, von der es heißt, es sei die echte Welt. Das habe ich nie geglaubt. In der Bar wartete dann wenigstens ein Drink auf mich, der war immer da.

Ihr wisst vielleicht noch, dass ich ein paar Titel gewonnen habe und dass 1968 mein Jahr war. Da haben wir den Europapokal der Landesmeister geholt, und in dem Jahr war ich so gut, so gut wie kein anderer. Sie haben mich zum besten Spieler in England gewählt und zum besten in Europa. Im Europapokal-Endspiel haben wir Benfica Lissabon geschlagen, 4:1. Und ich habe uns in der Verlängerung in Führung gebracht, das war die Entscheidung, das war der Sieg. Aber ihr wisst vielleicht nicht, was das bedeutet hat, dieses Spiel, dieser Sieg. Ich habe es damals selbst kaum begriffen, auch wenn jedes Kind unsere Geschichte kannte. Und ihr könnt mir glauben: Als wir es geschafft hatten, standen den Leuten die Tränen in den Augen, und damals hat man wirklich nicht wegen jeder Sache geheult, viele kannten noch den Krieg.

Auch unser Spiel war ein Spiel, bei dem es um Leben und Tod ging, um unfassbaren Schmerz, aber auch um die

Kraft, ihn zu überwinden. Ich wünschte, ich hätte das damals schon so klar sehen können, doch ich hatte mit mir selbst genug zu tun. Eine Woche vor dem Finale wurde ich 23, doch ich spürte schon tief in mir, dass ich den Zenit erreicht hatte, ich erahnte das Ende meiner Karriere, früher als alle anderen, auch wenn ich es selbst nicht wahrhaben wollte. Man sagt, dass man sich nicht selbst belügen kann, aber das kann man.

Bobby Charlton war unser Kapitän in diesem Wahnsinnsjahr. Er hatte wie unser Trainer Matt Busby und Bill Foulkes in diesem Flugzeug gesessen, das elf Jahre zuvor in München explodiert war. Die Mannschaft kam vom Rückspiel aus Belgrad und hatte gerade das Halbfinale im Europapokal der Landesmeister erreicht. Doch auf dem Weg zurück nach Manchester mussten sie in München nachtanken. Die Jungs saßen in der Maschine, und draußen tobte ein Schneesturm. Zwei Starts brach der Pilot ab, den dritten zog er durch, doch die Maschine hatte nicht genug Speed, sie hob nicht ab. Sie schoss über die Startbahn hinaus, streifte ein Wohnhaus, knallte gegen einen Baum und krachte schließlich gegen eine Garage. In der stand ein Lastwagen, und Benzin war darin gelagert. Das Flugzeug ging in Flammen auf, und während es brannte, holte Harry Gregg eine schwangere Frau und ihren Jungen aus der Maschine. Dann sah er Bobby, der regungslos vor ihm im Schneematsch lag, und er zog ihn von der Maschine weg. Er dachte, Bobby sei tot, doch er tat es trotzdem. Ich weiß nicht, wie vielen Menschen Harry in dieser Nacht das Leben gerettet hat, er wusste es selbst nicht, aber es waren einige. Er rettete einfach einen nach dem anderen. Und dann explodierte die Maschine. 23 Menschen kamen um, davon acht Spieler von uns. Unser Trainer überlebte schwer verletzt, zwei Monate lag Busby im Krankenhaus, und zweimal erhielt er die Krankensalbung, die heilige Ölung.

Harry war der Torhüter des Teams, Nordire wie ich, und es gab niemals einen Torwart, der ein größerer Hüter seiner Mannschaft gewesen wäre. Als er mir gleich an meinem ersten Tag auf dem Trainingsplatz in Manchester vorgestellt wurde, bin ich vor Ehrfurcht fast erstarrt. Das war wirklich ein Held, das habe ich kaum ausgehalten. Und als ich an jenem Tag zum ersten Mal Matt Busby die Hand geben durfte, dem Mann, der dem Tod die Stirn geboten hatte und der trotz all der Toten und all des Schmerzes weitermachte, weil er spürte, dass er das den Überlebenden schuldig war, da dachte ich, ich gebe Gott die Hand.

Busby sagte später über mich, dass es manchmal schien, als hätte ich sechs Füße. Und dass niemand je mit einem zusammengespielt hat, der so war wie ich, und dass es niemals mehr einen geben werde, der es tun könne.

Er war der Einzige, von dem ich mir was sagen ließ. Als er zehn Jahre nach der Tragödie den Pokal in den Händen hielt, hatte er seine letzte Aufgabe erfüllt, das spürte ich, und mir wurde auch klar: Wir hatten die ganzen Jahre immer nur für die Toten gespielt.

Ein Jahr später hörte Busby als Trainer auf, und das war auch mein Ende. Nun gab es niemanden mehr, auf den ich hörte. Und es gab niemanden mehr, der mich schützte, wie er es getan hatte, vor den anderen, doch vor allem vor mir selbst. Aber vermutlich hatten mich auch die Toten immer beschützt. Bis zu jener Nacht im Mai in Wembley, als wir den Pokal holten und sie dann endlich sterben durften.

Wenn ich ehrlich bin, muss ich rückblickend sagen, dass ich zu dieser Zeit ein Alkoholproblem entwickelt habe. Ich habe gespürt, dass die Dinge nicht mehr so waren, wie sie einmal waren. Das konnten sie auch nicht, denn 1968 war eine Wasserscheide für Manchester. So sehr ich es genoss, wie sich die Dinge in der Welt da draußen änderten, so sehr wollte ich, dass Dinge auf dem Platz blieben, wie sie immer gewesen waren.

Das Schlimmste war, dass es in dieser Zeit mit den Blackouts anfing, wenn ich tagelang getrunken hatte. Wie die meisten Leute begriff ich nicht, was Blackouts waren. Ich verstand nicht, dass sie ein Zeichen waren, dass meine Trinkerei über das normale soziale Level hinausgegangen war.

In der Saison 1967/68, in der ich alles gewonnen habe, was es zu gewinnen gab, gehörte ich schon fünf Jahre zum Profiteam. Aber ich war immer noch 22, gerade 23. Mit den Pokalen in der Hand war ich jedoch nicht mehr das vielversprechende Talent, dem die Zukunft gehört. Nach diesem Sommer 68 war ich ein Topspieler in Europa. Der Topspieler. Der Typ, der im Europapokal-Finale getroffen hat. Jetzt erwarteten alle von mir, dass ich fliege, Woche für Woche, Spiel für Spiel. Den Druck, den ich spürte, könnt ihr euch nicht vorstellen.

Als ich die Auszeichnung zum besten Spieler Europas bekam, ging ich nachts los, und ich wachte erst auf, als mich Polizisten weckten. Da lag ich auf der Straße und hatte noch den Pokal im Arm.

Ich kassierte Kohle ohne Ende. Doch das bedeutete mir nichts. Was reinkam, haute ich wieder raus. In der Woche bekam ich rund 2000 Pfund, das klingt heute nach nicht viel, war es aber. Normale Leute mussten dafür zwei Jahre arbeiten. Ich machte Werbung, war überall, Fernsehen, Radio, Partys. Ich kaufte mir, was ich wollte, machte Kneipen und Boutiquen auf, ließ mir von einem Designer ein Haus bauen, das die Welt noch nicht gesehen hatte. Heute wirkt es fast bescheiden, wenn man sich die Paläste der Stars anschaut, aber damals war das Haus echt der »heiße Scheiß«, wie man heute sagen würde.

Ich habe die Hütte »Que Sera« genannt. Was sein wird, wird sein. Humor hatte ich. Ich wollte, dass sich mein Haus um zwei Dinge dreht: um eine riesige eingelassene Badewanne und einen großen Snookertisch. Habe ich bekommen, und noch viel mehr, hat aber nichts genutzt.

Das ganze Zeug um mich herum war austauschbar, nicht wichtig. Wichtig war mir in Wahrheit zu dieser Zeit etwas anderes: In Belfast ging meine alte Welt unter.

Was sich damals im Jahr 1969 in Nordirland abgespielt hat, haben wir die »Troubles« genannt. Man kann das als typisches britisches Understatement bezeichnen, doch für mich war es bloß die Unfähigkeit zu sagen, was Sache ist. Bei uns herrschte Krieg. Bürgerkrieg. Nicht bloß irgendwelcher Ärger, irgendwelche »Troubles«. Was der Krieg, den wir so nicht nennen konnten, in meiner Heimat anrichtete, war furchtbar. Eine einzige Tragödie. Doch über Gefühle zu sprechen war nie unsere Stärke, schon gar nicht in jener Zeit. Und ich weiß sehr genau, wovon ich rede: Ich habe es ja auch nicht getan.

Als ich nach dem Ausbruch des Kriegs das erste Mal wieder nach Belfast kam, war das ein echter Schock. Ich hatte mir das nicht vorstellen können. Wo ich früher auf der Straße kickte, waren nun Soldaten und Panzer. Es war ein Schock, der nicht aufhörte, sondern einer, der immer größer wurde. Ich sagte das aber nie so, nicht einmal, als ich selbst irgendwann Morddrohungen erhielt. Das war vor unserem Spiel bei Newcastle. Ein Typ rief bei der Polizei an und sagte, er sei von der IRA. Und dass sie mich abknallen, wenn ich dort spiele. Das wäre kein großes Ding gewesen, wenn sie es wirklich gewollt hätten. Rund um das Stadion standen genug Hochhäuser, von denen man eine perfekte Sicht auf den Rasen hatte, das habe ich genau gesehen, als ich dort stand. Denn ich bin aufgelaufen. Was sollte ich machen, ich hatte nichts anderes als den Fußball.

Ich habe später angedeutet, dass ich in dieser Zeit darüber nachgedacht habe, meine Karriere zu beenden. Das wäre tatsächlich eine Möglichkeit gewesen, bei all dem Wahnsinn, der um mich herum tobte, um meine Familie, um uns alle in und aus Nordirland. Ein Wahnsinn, den viele aber normal fanden, weil er jetzt immer da war.

Doch mit dem Fußball Schluss zu machen, weil mich jemand auf dem Platz erschießen wollte, das wäre nur ein anderer Tod für mich gewesen. Und von einem Irrsinnigen wollte ich mir nicht sagen lassen, was ich zu tun habe. Zumindest nicht von einem Irrsinnigen, der nur zerstören will und der keinen Sinn hat für die Schönheit, die ich den Leuten schenkte.

Der andere Tod, das war mir schon klar, würde von alleine kommen, mein Abschied vom Fußball. Da spielte ich lieber auf Zeit, und vielleicht konnte ich die Zeit ja auch ausspielen. War zumindest einen Versuch wert.

Als ich ein paar Jahre später meinen Abschied von Manchester United verkündete, war der Teufel los. Ich war ja erst 27. Kein Alter, sagten viele. Ist es ja auch nicht. Doch wenn du so am Arsch bist, wie ich es in dem Alter gewesen bin, dann ist es ziemlich egal, welches Geburtsjahr in deinem Pass steht. Die Jahre, die ich damals als Profi gelebt habe, waren keine Menschenjahre, meine Popstarjahre waren Hundejahre.

Mit jedem Jahr, das ich älter wurde, hatten meine Fans gehofft, dass es besser würde, aber nichts wurde besser. Wenn ich mich einer Sache verschrieben hatte, dann hatte ich mich ihr verschrieben, mit Haut und Haaren. Schon kurz bevor Busby als Trainer aufhörte, hatte die Polizei meinen Führerschein kassiert. Ich war mal wieder in mein Auto gestiegen, obwohl ich voll war, und hatte einen Unfall gebaut. Die Sache wurde öffentlich, nun ja, musste irgendwann so kommen.

Alles, was ich tat, tat ich wie ein Süchtiger. Wenn ich Fußball spielte, wollte ich der Beste der Welt sein, und dann spielte ich so intensiv, so obsessiv, bis ich es war. Wenn ich trank, trank ich so lange, bis es nicht mehr ging, bis gar nichts mehr ging, länger als alle anderen. Und was Frauen anging, da wollte ich die, die keiner bekam, die Schönheitsköniginnen, die Schauspielerinnen – und auch von denen wollte ich mehr als alle anderen. *1969 habe ich das mit den Frauen und dem Alkohol aufgegeben. Das waren die schlimmsten zwanzig Minuten meines Lebens.*

Ich wollte, wenn ich solche Sachen sagte, dass die Leute glauben, dass ich mich genauso locker durchs Leben dribble wie um meine Gegner auf dem Rasen. Ich tat das, weil ich ein Idol geworden war, ein George Best, der den Leuten gefiel. Und ich wusste genau: Diesen George Best würde man nicht vergessen, niemals. Doch an anderen Tagen, wenn es dunkel wurde um mich und ich der Wahrheit ins Auge blickte, sagte ich zu mir: »Wenn ich tot bin, dann vergessen die Leute den ganzen Mist, und man erinnert sich nur noch an den Fußball. Das würde schon reichen.« Zumindest hoffte ich das.

Ich musste mir viele Sprüche in der Presse von Leuten anhören, die mir vorwarfen, eine aufregende Karriere wegzuwerfen. Aber die mussten nicht mit der Realität leben, 24 Stunden am Tag George Best zu sein. Ich konnte nicht die Straße runter, um mir eine Zeitung zu holen, ohne dass mir ein Dutzend Leute gefolgt wären. Und sie erlebten auch nicht all die anderen ermüdenden Dinge, die mit dem Superstarstatus einhergehen. Die einzigen Gelegenheiten, diesem Wahnsinn zu entkommen und mich wie ein normaler Mensch zu fühlen, waren die, wenn ich mit Freunden in einer Bar saß und trank.

Mir war früh klar, dass es mit mir bergab geht. Von dort, wo ich gewesen bin und wo kaum jemand war, geht's irgendwann nur noch in eine Richtung, nach unten. Aber mit Alkohol geht es schneller und gründlicher.

Und dann spielte ich in einem Team, das keine Schönheit mehr hatte. Die besten Leute waren weg, wir waren nur noch Mittelklasse. Ich hatte keine Ahnung, wofür ich noch spielen sollte. Den neuen Trainer, der nach Busby kam, habe ich nicht ernst genommen. Busby war ein zweiter Vater für mich gewesen, das habe ich viele Jahre später auch der Presse gesagt. Doch vielleicht war Busby sogar noch mehr für mich: der Vater, den ich mir gewünscht hätte. Dann wäre manches vielleicht wirklich anders gekommen.

Dass ich dem neuen Trainer keine Chance gab, hat er natürlich gespürt. Und ich habe es ihn spüren lassen.

Dass ich irgendwann meinen Frust auch beim Spiel rausgelassen habe, war nur eine Frage der Zeit. Wenn man spürt, dass man das verliert, was man liebt, wird man wütend, ich zumindest. Erst hatte ich Busby verloren, und dann verlor ich den Fußball, mein Spiel. Und damit alles, was mich hielt.

Jetzt war das Spiel für mich eher Strafe als Belohnung. Ich wusste nicht mehr, warum ich dafür hundert Prozent fit sein sollte. Das Spiel war für mich immer das Sahnehäubchen auf dem Kuchen gewesen, aber jetzt konnte ich schon mit dem Kuchen nichts mehr anfangen.

Einmal wurde ich für vier Wochen gesperrt, weil ich dem Schiedsrichter den Ball aus dem Arm geschnickt habe, als wir vom Platz gingen. Okay, ich hatte mich vorher über eine gelbe Karte geärgert, doch die Strafe war absurd. Viele Leute hatten mich da schon auf dem Kicker.

Nichts wurde besser durch Strafen. Ich fehlte beim Training, immer wieder. Ich schaffte es mitunter einfach nicht mehr, aus dem Bett zu kommen. Ich weiß noch, dass wir an irgendeinem der Weihnachtstage trainieren mussten, weil wir am nächsten Tag ein Spiel hatten, doch es ging nicht mehr. Am nächsten Tag habe ich trotzdem gespielt, weil sie auf mich nicht verzichten wollten, aber das hat auch nichts geholfen.

Es war nicht so, dass ich abends los bin, um mich abzuschießen. Ich redete mir ein, dass ich nur deswegen in den Pubs hängen blieb, weil aus uns ein mittelmäßiges Team geworden war, weil wir keine Titel mehr gewannen. Doch in Wahrheit habe ich es noch viel weniger ertragen, die

Schönheit in unserem Spiel sterben zu sehen, und damit auch in meinem. Diesen Gedanken habe ich einfach nicht ausgehalten, und wenn er mir an der Bar durch den Kopf schoss, habe ich mir einen Drink bestellt. Und noch einen. Und noch einen.

Alles, was ich tat, musste extrem sein. Das war mein Weg. Einen anderen kannte ich nicht. *Ich bin damit durchgekommen, weil ich der war, der ich war. Oder weil ich der war, der mein Alter Ego war.*

Der Klub brummte mir Strafen auf, wenn ich nicht zum Training kam. Und die Jungs im Team waren sauer, wenn ich nicht trainierte und trotzdem spielen durfte. Die Strafen, die ich zahlte, und die Predigten, die sie mir hielten, waren mir egal.

Ich sagte in dieser Zeit zu mir, dass ich mit dem Trinken aufhören könnte, wenn ich nur wollte, aber dass ich einfach nur nicht wollte. Im Grunde wusste ich es natürlich besser: Ich konnte nicht. Doch das gestand ich mir nicht ein. Ich machte lieber Sprüche: *Ich habe viel von meinem Geld für Alkohol, Weiber und schnelle Autos ausgegeben. Den Rest habe ich einfach verprasst.*

Wir lagen damals alle in Fesseln. Unsere Körper und Seelen waren eingeschnürt, viele von uns wurden diese Fesseln ihr Leben lang nicht los. Und da spreche ich noch gar nicht von den Älteren, von denen, die den Krieg noch erlebt hatten und diesen Schmerz immer in sich trugen. Auf einen Drink, so viel ist sicher, konnten wir uns alle einigen. Da wurde jeder seine Fesseln los, zumindest für einen Abend. Doch mir war das nicht genug, ich wollte diese Fesseln nie mehr spüren.

Ich war ein Verführer. Und ein Verführbarer.

Einmal stand in den Zeitungen, dass ich heirate. Als ich das las, haute es sogar mich um. Doch was soll ich sagen: Die Story stimmte. Meine Eltern waren wirklich geschockt, ich hatte ihnen nichts davon erzählt. Nun ja, die Sache hatte sich einfach ein bisschen schnell entwickelt.

Bei einer unserer Fußballtouren nach Kopenhagen war mir eine Schönheit ins Auge gestochen, von der die meisten Männer nicht einmal zu träumen wagen. Sie hatte einen Freund, und es lief nicht so, wie ich mir das vorgestellt hatte. Ich habe nicht mal ihre Telefonnummer bekommen, aber wenn ich etwas wollte, dann wollte ich es. Als ich zurück in Manchester war, setzte ich Himmel und Hölle in Bewegung, um mit ihr in Kontakt zu kommen. Ich spannte dafür sogar die Jungs von der Presse ein, und das waren nun wirklich nicht meine besten Freunde. Sie starteten für mich in Kopenhagen einen Suchaufruf nach der schönen unbekannten Dänin. Ich bekam daraufhin säckeweise Post aus Dänemark, und was soll ich sagen: Die Frau, die ich suchte, war dabei.

Ich holte sie nach Manchester, und kurz nachdem sie ankam, sagte sie den Leuten von der Presse, dass wir heiraten wollen. Ich dachte zunächst, was das denn jetzt soll, doch dann gefiel mir irgendwie diese Idee. Und ich sagte: Okay, machen wir so. Die Sache ging natürlich schief, nach ein paar Monaten war Schluss. Und als wir auseinander waren, verklagte sie mich, weil ich mein Eheversprechen gebrochen hatte. Ich musste 500 Pfund Strafe zahlen, so war das damals.

Ich trank weiter. Und so ziemlich alles in meinem Leben wurde mir egal, irgendwann sogar der Fußball. Ich wollte jetzt nicht mal mehr die Spiele spielen, die ich immer am liebsten gespielt hatte. Das waren die Spiele gegen Chelsea an der Stamford Bridge in London. Den Klub mochte ich wirklich, auch seine Spieler, sein Stadion, alles hatte Flair.

Ich fuhr einfach nicht zum Spiel. Ich ließ mich an diesem Tag lieber in die Arme einer Schauspielerin fallen. Das Dumme war nur, dass die Presse und die Fernsehsender davon Wind bekamen, sie belagerten am nächsten Morgen ihre Wohnung. Sie hatte sich ein schönes Wochenende mit mir erhofft, aber wir wurden zu Gefangenen in ihrem eigenen Haus, vier Tage lang. Ich zuckte bloß mit den Schultern, ich hatte doch nur ein Spiel versäumt, mehr nicht, wozu also die Aufregung? Sie heiratete dann Jeremy Irons, kann man auch gut machen.

Ich trank und spielte, spielte und trank. Ich konnte manchmal selbst nicht glauben, wie gut ich trotzdem noch war. Ich erzielte Hattricks und machte Tore, die so schön waren, dass mir noch immer warm ums Herz wird, wenn ich an sie denke. Nach einer mehrwöchigen Sperre schoss ich im ersten Spiel sechs Tore, darüber haben die Zeitungen in England noch fünfzig Jahre später geschrieben.

Tore waren immer mein Trost, das waren sie schon in meiner Kindheit. Aber auch wenn ich sechs Tore geschossen hatte, fehlte ich danach bald wieder beim Training. Ich bekam wieder Geldstrafen. Worüber ich mich nur wunderte, war, was sie bewirken sollten. Als ob ein paar tausend Pfund mich vom Tresen fernhalten konnten – wenn es doch bloß so einfach gewesen wäre.

Im Sommer 1972 waren wir mit United nur auf Platz acht gelandet, die dritte Saison nacheinander, in der es nicht lief. Und obwohl ich immer mehr getrunken habe war ich trotzdem der Spieler, der mehr Spiele gespielt hat als alle anderen. Und mehr Tore als alle anderen hatte ich natürlich auch geschossen. Aber richtig gut, so gut, wie ich hätte sein können, war ich nur noch selten. Denn nun spielte allmählich auch mein Körper immer weniger mit; das Saufen raubte mir auch die Fitness.

Ich hatte die Lust am Spielen verloren, und wenn du an diesem Punkt bist, ist es Zeit, deine Sachen zusammenzupacken.

Nach Saisonende ließ ich einen Auslandstrip von United sausen und haute ab nach Marbella. Ich war ein Wrack. Ich sagte nun ganz offen, dass ich ein Problem mit dem Alkohol habe, dass ich eine Flasche Wodka am Tag brauche. In Spanien trank ich den halben Tag und die ganze Nacht, trainieren musste ich ja nicht mehr. Dann erklärte ich meinen Rücktritt. Es war der 20. Mai. Zwei Tage später hatte ich Geburtstag. Ich wurde 26.

Als der Fußball weg war, hatte ich nichts mehr, das merkte ich schnell. Man kann ja nicht 24 Stunden am Tag trinken, um alles andere zu vergessen, zumindest nicht jeden Tag. Und mit 26 ist das Leben noch lang, selbst für einen Trinker.

Nach meinem ersten Rücktritt habe ich nicht nur massenhaft Alkohol in mich reingeschüttet. Jetzt stopfte ich mir auch gnadenlos Essen rein, wie ein Verhungernder, fünf, sechs, sieben Mahlzeiten am Tag. Doch nichts machte mich satt.

Nach zwei Monaten war mir klar, was ich eigentlich schon immer wusste: dass ich ohne Fußball nicht leben kann, nicht leben will. Ich kündigte meinen Rücktritt vom

Rücktritt an und kehrte zurück zum Fußball, nach Manchester.

Ich kam einfach nicht mehr in die Spur. Ich spielte zwar fast jedes Spiel, aber eine gute Mannschaft wurden wir nicht mehr. Irgendwann gab es dann auch mal Stress in einer Bar mit einer jungen Frau. Ich kann mich noch erinnern, dass sie einen Drink über mich schüttete, weil ich nichts von ihr wissen wollte, aber sie kam wieder, und dann stieß ich sie weg, so habe ich es zumindest erzählt. Der Knochen in ihrer Nase hatte dann einen feinen Riss, so hat sie es dann erzählt. Es kam zum Prozess, und ich musste zahlen.

Dann fehlte ich wieder beim Training, hing in Bars ab, flog nach London, ohne es dem Klub zu sagen, tauchte ab, fehlte wieder beim Training, wir verloren das nächste Spiel, ich ließ das nächste Training sausen und hing wieder in Bars ab. So ging es immer weiter.

Ich trat jetzt ständig irgendwie zurück, kam jedoch immer wieder. Am Ende blieb ich bis 1974 bei Manchester, insgesamt war ich zwölf Jahre dort, fast mein halbes Leben. 466 Spiele habe ich für den Klub gemacht. Das muss man sich mal vorstellen: 466 Spiele, das sind 15 Monate nacheinander, an dem ich jeden Tag ein Spiel gemacht habe.

Im Grunde war ich ein treuer Typ. Was ich anfing und was mir wichtig war, zog ich bis zum Ende durch.

Am Ende hatte ich mit meinem letzten Trainer in Manchester ausgemacht, dass ich nur nachmittags zum Training kommen muss, wenn es vormittags partout nicht geht. Aber dann durfte ich trotzdem in einem lächerlichen Pokalspiel nicht spielen, weil ich gefehlt hatte. Ich erfuhr davon erst kurz vor dem Spiel. Da habe ich einen Schlussstrich gezogen. Ich habe geheult wie ein Kind.

Als das Spiel, bei dem ich nicht mehr mitgespielt habe vorbei war, bin ich auf der Tribüne sitzen geblieben. Ich saß da bestimmt eine Stunde, bis das Stadion leer war. Und dann lief mein Leben an mir vorbei, ich konnte nichts dagegen tun.

Die Tribünen waren leer, es war still, aber in meinem Kopf konnte ich wieder den Lärm der 50 000 hören, als ich das erste Mal den Tunnel zum Spielfeld hinaufging. Ich erinnerte mich an die großen Nächte in Europa unter Flutlicht, an das Theater, das diese Ereignisse waren. Mir kamen all die großen Erinnerungen in den Sinn, die Tränen liefen mir über das Gesicht, und in meine Tränen mischte sich Wut. Ich konnte einfach nicht glauben, dass alles vorbei war.

Nach meiner Zeit in Manchester schlug ich dann nur noch die Zeit tot zwischen den Drinks, egal wo. Ich wusste bald, dass es ein Fehler war, den Klub zu verlassen. Dort hatte ich, trotz allem, die beste Zeit meines Lebens. Und ich merkte: Ich hatte nichts anderes. Nichts anderes als die Schönheit meines Spiels hatte mich lebendig gehalten.

Nun spielte ich für Dunstable Town, Stockport County, Cork Celtic, Los Angeles Aztecs, FC Fulham, wieder für die Los Angeles Aztecs, Fort Lauderdale Strikers, Hibernian Edinburgh, San José Earthquakes, AFC Bournemouth und die Brisbane Lions in Australien. Das waren die Klubs, bei denen ich länger war, aber ich kickte auch für FC Motherwell und Arbroath Victoria, für den Tobermore United, Nuneaton Borough und Glentoran FC Belfast. Irgendwie musste es ja weitergehen, fast zehn Jahre war ich unterwegs.

Selbst in dieser Zeit gab es noch Momente, von denen ich wollte, dass sie immer wiederkehren und niemals vergehen. Wie jene Szene in einem Länderspiel gegen die Niederlande, als vor dem Spiel ein Reporter wissen wollte, was ich von Johan Cruyff halte, und ich sagte: »Außergewöhnlich, absolut außergewöhnlich.« Als er mich dann fragte, ob Cruyff besser sei als ich, musste ich lachen. Wie konnte man, bloß weil ich schon 32 war, nur so eine Frage stellen. Ich sagte, dass ich Cruyff den Ball durch die Beine spielen werde, bei der ersten Gelegenheit, die sich im Spiel bietet. Aber ich wartete nicht auf die erste Gelegenheit, ich schuf sie selbst. Nach ein paar Minuten bekam ich den Ball auf der linken Seite, doch anstatt mit ihm in Richtung Tor zu ziehen, nahm ich ihn mit auf meiner Suche nach Cruyff. Ein paar Holländer standen im Weg, die spielte ich aus, und als ich dann endlich vor ihm stand, täuschte ich kurz an und schob ihm den Ball durch die Beine. Als ich den Ball dann wieder am Fuß hatte, reckte ich meine Faust in den Himmel. Jeder sollte sehen, wer der Beste ist: George Best.

Ach ja, und den Johan Neeskens habe ich in dem Spiel auch getunnelt. Und das 1976, so viele Jahre nach meiner Glanzzeit. Als ich den Fußball in den frühen 80er-Jahren dann gar nicht mehr hatte, bin ich zugrunde gegangen. Da hat nichts geholfen. Auch keine Frauen.

Das erste Mal hatte ich geheiratet, als ich noch Fußball spielte. Das war 1978, in Las Vegas, ein früheres *Playboy*-Model. Drei Jahre später kam mein einziges Kind zur Welt, ein Sohn. Meine Ehe hat das natürlich trotzdem nicht zusammengehalten. Nur dem Alkohol und meinen Dämonen bin ich treu geblieben. Daran änderte sich auch in meiner zweiten Ehe nichts. Als ich das zweite Mal geheiratet habe, war ich schon fast fünfzig, wieder ein Model. Den ersten Hochzeitstermin habe ich verpasst. Sie sagte später, dass ich auf einer zweiwöchigen Sauftour gewesen sei. Und als Monster zurückgekommen sei. Sie hat mich fast bis zuletzt begleitet. Als alles vorbei war, sagte sie, dass ich sie in der Ehe geschlagen und getreten habe.

Im Jahr 2000 spürte ich den Tod, oder besser gesagt, ich spürte einen solchen Schmerz, dass ich mir den Tod wünschte. Meine Leber war dabei, sich aufzulösen. Ich wurde gelb.

Aber es war immer etwas in mir, meine kleine innere Stimme, die sagte, dass es egal war, ob mein Zustand durch Alkohol oder etwas anderes verursacht wurde. Ich würde sterben, sagte ich mir, und ich hielt das eindeutig für eine Möglichkeit. Irgendetwas musste es sein, aber warum sollte ich dem Alkohol die Schuld geben?

Irgendwann lag ich gekrümmt in meinem Bett, hilflos wie ein Baby. Das war der Moment, in dem der Schmerz stärker war als ich. Meine Frau rief den Krankenwagen. Mein Körper konnte nicht mehr. Ich gab auf, aber nicht meine Dämonen.

Wenn du Alkoholiker bist, ist Trinken dein ganzes Leben.

Die Vorstellung, dass George Best ein hilfloser Mann sein sollte, der nicht mehr laufen kann, und die Welt davon erfährt, war noch schlimmer als die Schmerzen, die meinen Körper quälten.

Sie brachten mich ins Chelsea and Westminster, das direkt um die Ecke war, und sie mussten mich praktisch hineintragen. Denn trotz meiner Schmerzen und meines suspekten rechten Knies, das seit meiner Spielzeit nie wieder ganz in Ordnung war, hätte ich es nicht zugelassen, dass sie mich in einen Rollstuhl setzen. Ich wollte nicht das Risiko eingehen, dass am nächsten Morgen die Zeitungen mit diesem Bild zugepflastert sind.

Als ich aus der Klinik kam, änderte sich nichts. Ich machte zwar eine Entziehungskur, doch im Hintergrund lief mein unsichtbares Selbstzerstörungsprogramm weiter wie gewohnt. In den Zeitungen hieß es bald, dass ich einen Rückfall erlitten hätte, doch die Wahrheit ist, dass nur die Zeit, in der ich nicht getrunken habe, eine Ausnahme in meinem Leben war.

Der Alkohol hatte mich schon in den Jahren zuvor in sämtliche dunkle Ecken geführt, die ein Leben bereithält. Ich trat sturzbetrunken im Fernsehen auf. Ich musste ins Gefängnis einrücken. Ich hatte tatsächlich kaum etwas ausgelassen, um dorthin zu kommen. Ich hatte mich wie so oft besoffen hinters Steuer gesetzt und wurde erwischt. Ich bin dann den Polizisten angegangen und nicht vor Gericht erschienen. Das hat mich ein paar Wochen hinter Gitter gebracht, aber als ich rauskam, war ich immer noch der Gefangene meiner selbst.

Ein paar Jahre vor meinem Tod bekam ich eine neue Leber, doch dass ein neues Organ mein altes Leben ändern würde, daran habe ich selbst nicht geglaubt. Ich trank weiter, gleich zur Begrüßung meines neuen Helfers machte ich Party. Warum auch nicht? Ich hatte ja nun eine neue Leber, und für mich zu arbeiten, das war ja schließlich ihre Aufgabe.

Viele Leute, die erfuhren, dass ich nach dem Eingriff gleich wieder einen Drink in der Hand hatte, konnten mich nicht verstehen. Manche haben mich verachtet, andere beschimpft. Im ganzen Land sollen Leute ihre Organspenderausweise zerrissen haben, als sie davon hörten. So sind die Menschen, jeder kennt nur sein eigenes Leben, und manche nicht einmal das.

Ich jedenfalls wusste, was auf mich zukam. Meine neue Leber wurde nur drei Jahre alt. Es waren Jahre voller Schmerz, aber so war es, ich konnte es nicht ändern. Entzündete Nieren, Atembeschwerden, Infektionen, innere Blutungen. Dann schlug mein Herz ein letztes Mal. Das war am 25. November 2005. Es war ein Freitag. Das passte ganz gut. Ich wollte nicht an einem Spieltag sterben.

3
Diego Maradona

Die Heiligsprechung

Ho visto Maradona!
Oh Mamma Mamma Mamma,
Oh Mamma Mamma Mamma,
Sai perché mi batte il corazon?
Ho visto Maradona, ho visto Maradona,
Hey mammà, innamorato so'!!!

Ich hab' Maradona gesehen!
O Mama, Mama, Mama
O Mama, Mama, Mama
Weißt du, warum mein Herz so schlägt?
Ich hab' Maradona gesehen, ich hab' Maradona gesehen
Hey Mama, ich bin verliebt!

HYMNE DER MARADONA-FANS IN NEAPEL

Diego Maradona ist viele Tode gestorben. Einer davon wurde live im Fernsehen übertragen, im Sommer 2018 bei der Fußball-Weltmeisterschaft zwischen Argentinien und Nigeria. Die Kameras richten sich auf einen Mann auf der Tribüne, der sich im Zustand seiner Auflösung befindet: ein wild zuckender Körper, weit aufgerissene Augen, wirres Zeug schreiend. Die Kontrolle über sein Leben hat Maradona da schon lange verloren.

An diesem Tag kann er kaum noch laufen. Doch die Drogen in seinem Körper und in seinem Kopf lassen ihn glauben, noch immer ein umwerfender Tänzer zu sein. Ein Supermann, dem niemand widerstehen kann. Er vollführt ein paar hölzerne Drehungen mit einer Besucherin auf der Tribüne, dann ist auch dieser letzte traurige Tango vorbei.

Als kurz vor Schluss unten auf dem Platz das Siegtor für Argentinien fällt, tobt Maradona wild gestikulierend mit ausgestreckten Mittelfingern über die Tribüne. Er droht über die Brüstung zu stürzen.

Der Wahnsinn steht ihm ins Gesicht geschrieben.

Als das Spiel vorbei ist, schafft es Maradona nur mit zwei Helfern, die ihn stützen, ins Innere des Stadions zurück. Einige Zuschauer in seiner Nähe zücken ihre Handykameras und verfolgen ihn so lange, bis sein Körper wie leblos auf einem Sessel in sich zusammensackt. Die Bilder rasen um die Welt. Jetzt kann es jeder sehen: Das große Drama des Fußballs geht seinem Ende entgegen.

Wenn Legenden sterben, werden auch die schönsten Momente des Fußballs wieder lebendig. An jenem Tag in Sankt Petersburg, als eine verrückt gewordene Maradona-Hülle auf den Bildschirmen der Welt herumhüpft, tauchen in den Köpfen unzähliger Menschen gleichzeitig die faszinierendsten Bilder auf, die der Fußball vermutlich je hervorgebracht hat: die Hand Gottes, das Tor des Jahrhunderts, die Magie Maradonas.

Als sich bei der Weltmeisterschaft in Russland die deprimierenden und die glanzvollen Bilder aus Maradonas Leben übereinanderlegen, ist alles zu sehen: die Schönheit seines Spiels und sein Schmerz. Der spielende und der sterbende Mensch. Sein Himmel und seine Hölle. Und im Stadionsessel ein zerfallender Mensch, der das alles nicht aushält. Zwei Jahre später stirbt Diego Maradona an einem Herzinfarkt in Buenos Aires.

Angefangen hat der Wahnsinn in den 80er-Jahren, in Barcelona und in Neapel. Heute kann man sich beim besten Willen nicht mehr vorstellen, dass ein Leben, wie es Maradona lebte, in unserer Zeit, die schon kleinste Verfehlungen hart bestraft, überhaupt noch möglich wäre. Schon nach wenigen Wochen oder Monaten wäre vermutlich jede Karriere vernichtet. Doch genauso wenig, wie unsere Zeit keine Maradonas mehr ertragen kann, waren solche Exzesse, denen er sich hingab, in den 60er- oder 70er-Jahren denkbar. Maradona konnte nur in den 80er-Jahren existieren. In den Zeiten, als faszinierender Glamour und schreckliche Abgründe dicht beieinanderliegen – und beieinanderliegen dürfen.

Die Zeiten sind wie geschaffen für Maradona, und Maradona ist wie geschaffen für sie. Die 80er-Jahre: In den Vereinigten Staaten wird Ronald Reagan zum Präsidenten gewählt, in England regiert Margaret Thatcher. Gemeinsam bereiten sie den Boden für einen angelsächsischen Neoliberalismus, der die Welt erobern und verändern wird. Der unaufhaltsame Siegeszug des großen Geldes nimmt seinen Lauf. In dieser Zeit macht in Italien auch Silvio Berlusconi glänzende Geschäfte und bereitet seine politische Karriere vor. Er wird der erste Ministerpräsident in einer europäischen Demokratie sein, der im Zeichen des Populismus regiert, auch wenn der Begriff für dieses politische System damals noch nicht gebräuchlich ist.

Die Umwälzungen sind grundlegend. Selbst im katholischen Italien verliert in den 80er-Jahren die Gier ihre Sündhaftigkeit, nahezu im gesamten Westen üben demonstrativ zelebrierte Lust und Genuss eine bis dahin nicht gekannte Anziehungskraft aus. Alles geht, nichts ist unmöglich. Nun sind es nicht mehr nur exaltierte Künstler und gesellschaftliche Randexistenzen, die sich Grenzerfahrungen hingeben, sondern auch Menschen, die zur Elite zählen. In der Politik, in der Wirtschaft, in der Kultur. Und im Fußball, der neuen großen Bühne der Zeit. Er zieht Mächtige und Machos an, Größenwahnsinnige und Grenzgänger.

Startschuss für Berlusconis sagenhaften Aufstieg ist ein internationales Fußballturnier in Südamerika, an dem im Jahr 1980 neben Italien auch Argentinien, Deutschland und Brasilien teilnehmen. Die Mini-Weltmeisterschaft will der staatliche Sender RAI in Italien allerdings nicht übertragen, ein verheerender Fehler. Der Medienunternehmer erkennt seine Chance und nutzt die landesweiten Proteste, bis die RAI unter dem öffentlichen Druck einknickt und Berlusconi erstmals die Nutzung von Satelliten für Übertragungen im ganzen Land erlaubt. Die Zeit des Privatfernsehens in Europa hat begonnen.

Berlusconi übernimmt Mitte der 80er-Jahre den AC Mailand. Er leitet damit endgültig die goldene Zeit der Serie A ein. Aber vor allem führt Berlusconi zusammen, was seitdem untrennbar zusammengehört: Fernsehen und Fußball, die beiden Emotionsmaschinen.

Während in Nordamerika unter dem Einfluss von Reagan und Thatcher das Investmentbanking boomt und die weltweite Wirtschaftsordnung einschneidend verändert, entsteht in Südamerika ein Wirtschaftszweig, der den Stoff für diese Zeit liefert: Kokain. Die Drogenkartelle mit dem legendären Kolumbianer Pablo Escobar befeuern unaufhörlich den Rausch derjenigen in Amerika und Europa, die es sich leisten können. Und die sich noch größer, cleverer und potenter fühlen, wenn sie sich das Zeug reinziehen. Die Zeit, die nach immer neuen Exzessen giert, macht einen brutalen Kriminellen zu einem der reichsten Männer der Welt.

Für all das Schillernde, das plötzlich möglich ist und im Übermaß zur Verfügung steht, ist Maradona empfänglich: für das große Geld, für Kokain, für Prostitution, für teure Autos, für Luxus jeglicher Art. Auch für mediale und gesellschaftliche Aufmerksamkeit.

Doch dem kleinen Jungen aus dem Armenviertel, der er einmal war, bleibt Maradona treu. Villa Fiorito, das Elendsquartier am Stadtrand von Buenos Aires, verlässt er bis zu seinem Lebensende nicht. Die frühen Jahre haben sich ihm eingebrannt, wie ein Brandzeichen auf der Haut, das lebenslang seine Zugehörigkeit zu den Armen markiert. »Wenn zu Hause etwas zu essen da war, dann wurde gegessen. Und wenn nicht, dann nicht«, erinnert Maradona im Jahr 2000 in seiner Autobiografie.

Fließendes Wasser gab es nicht, und wenn, dann nur, weil der Regen durch das Dach tropfte. Auch ins Kinderzimmer. Viel mehr als zwei auf zwei Meter sind das nicht, aber es muss reichen für ihn und seine sieben Geschwister. Damit die Mutter kochen und Wäsche machen kann, schleppt er Blechkanister vom einzigen Wasserhahn in der Straße nach Hause. Aber auch, damit sich alle waschen können: »Mit der Hand schöpftest du Wasser aus dem Behälter und fuhrst dir damit übers Gesicht, unter die Achseln, über die Eier, über die Knöchel und zwischen die Zehen. Haare waschen war komplizierter, und im Winter war es besser, sich davor zu drücken.«

Ein Jahr nach Maradonas Tod wird sein Geburtshaus, die elende Baracke, zu einer nationalen Gedenkstätte erklärt. Auf der Hauswand steht: »La casa de D10s«. Das Haus Gottes. Im Begriff »D10s« verschmilzt der Gott, Dios, mit seiner Rückennummer 10.

Schon als Maradona im Alter von 23 Jahren zum SSC Neapel kommt, ist er ein Fußballgott. Der Transfer vom FC Barcelona hat ihn zum wertvollsten Spieler der Welt gemacht. In Wahrheit ist er am Tag seines großen Empfangs in Neapel fix und fertig. Aber das ahnt niemand.

Maradona ist im Sommer 1984 pleite und zieht sich Kokain rein. Er hat eine frustrierende Weltmeisterschaft in Spanien hinter sich sowie zwei enttäuschende Jahre beim FC Barcelona. Er weiß nicht, wie es mit ihm und seiner Karriere weitergehen soll. Sein Berater hat sein Geld verzockt, einige Millionen. Erdöl, Immobilien, Bingo-Lokale in Paraguay. Nichts hat funktioniert. Maradona muss in Barcelona sein Haus verkaufen, um seine Schulden zu begleichen. »Ich hatte keinen einzigen Peso mehr«, schreibt Maradona. »Ich habe das nie jemandem erzählt, auch meiner Frau nicht.«

Als er Neapel acht Jahre später verlässt, ist er in den Fängen der Mafia und von Drogen abhängig. Er wird zu einer weltweiten Dopingsperre von 15 Monaten verurteilt. Maradona verlässt Neapel als Wrack, aber er geht als Unsterblicher.

Schon seine Ankunft im Stadion San Paolo, das heute seinen Namen trägt, gerät zu einem unvergleichlichen

Triumph. Und zu einem unerhörten Skandal. Die kleine Turnhalle in den Katakomben der Arena, notdürftig für die Pressekonferenz hergerichtet, platzt an jenem Tag im Juli 1984 aus allen Nähten. Maradona betritt den Raum, eine undurchdringliche Wand aus Fotografen baut sich vor ihm auf. Die Kameras drängen an ihn heran, so dicht, dass es aussieht, als wollten sie den Jungen mit den schwarzen Locken fressen. Die Verantwortlichen des SSC Neapel drohen, die Pressekonferenz abzubrechen, bevor sie begonnen hat, wenn sich die Medienleute noch einen Schritt weiter vorwagen. Dann erfüllen »Diego, Diego«-Rufe den Raum. Sie scheinen direkt aus dem Himmel zu kommen. In der hohen Decke sind drei rechteckige Kassetten eingelassen, aus denen Luft und Licht nach unten strömt. Seine Fans hängen daran wie an einem gigantischen Fliegengitter: einen Blick auf Maradona erhaschen. Seine Stimme hören. Seinen Namen rufen.

Maradona schaut nach oben. Lächelt wie ein Kind, das ein Geschenk bekommt.

In der Pressekonferenz löst die erste Frage einen Eklat aus. Ein Reporter fragt, ob Maradona die Camorra kenne. Ob er wisse, dass in der Stadt überall ihr Geld stecke, auch im Fußball. Maradona ist unvorbereitet auf die Frage, sie raubt ihm den Atem. Stille. Maradona dreht sich Hilfe suchend nach allen Seiten um, aber er findet keine. Die Wahrheit steht weiter im Raum, ungeschminkt und unwidersprochen. Maradona senkt den Kopf und starrt stumm auf den Tisch, auf dem ein überflüssiges Mikrofon steht. Nun greift der Präsident des SSC Neapel ein. Corrado Ferlaino schnaubt: »Diese Frage ist eine Beleidigung. Wie kann ein Journalist nur so eine Frage stellen? Ich werde sie nicht beantworten.« Beifall brandet auf, die Spannung löst sich. Erleichterung macht sich breit. Ferlaino erhebt sich von seinem Stuhl, verweist den Reporter mit ausgestrecktem Arm aus dem Saal. Neapel dürfe nicht mit Schmutz beworfen werden. Nach all den Opfern, die Neapel für diesen Transfer erbracht habe, werde man sich nicht beleidigen lassen durch die haltlose Anschuldigung, die Camorra habe überall ihre Finger im Spiel. Der Saal jubelt.

Die Maradona-Show geht weiter.

Es sind nur wenige Meter von dem Raum, in dem die Pressekonferenz aus den Fugen geraten ist, zu der Treppe, die aus dem Inneren des Stadions nach oben führt, auf den Rasen von San Paolo. Als Maradona die ersten Stufen nimmt, hält er kurz inne. Am Ende des Aufgangs türmt sich die nächste Kamerawand vor ihm auf. Doch dahinter brodelt das Leben, das hört er, das spürt er.

Und dann sieht er es auch: 80 000 Menschen sind zu seiner Vorstellung gekommen, 80 000 Neapolitaner. Maradona steht in der Mitte des Platzes. Am Anstoßkreis hält er den Ball abwechselnd mit seinen beiden Füßen hoch, dann jagt er ihn in den blauen Himmel. Und sagt den einen Satz auf Italienisch, den man ihm für die Begrüßung beigebracht hat: »Guten Abend, Neapolitaner, ich freue mich sehr, bei euch zu sein.«

Als Maradona die Treppe wieder hinuntergeht, trifft er in den Katakomben auf seine Frau. Er schließt sie fest in seine Arme, ihm kommen die Tränen. »Wir wussten, dass es um unser Leben geht«, sagt Maradona später. Seine Frau stammt aus einfachen, aber nicht wie er selbst aus bitterarmen Verhältnissen. Als Tochter eines Taxifahrers lebt sie mit ihrer Familie schon in einer Wohnung in jenem

Haus, in das Maradona erst dank seiner ersten Einnahmen mit seiner Familie einziehen kann. Er ist noch keine 16 Jahre alt, als er seine Familie von der Armut befreit. Den Reportern, die im Stadion von Neapel – das damals noch nach dem Apostel Paulus benannt ist – in diesem Augenblick neben ihm stehen, verkündet er seine Botschaft: »Ich will zum Idol der armen Jungs von Neapel werden. Denn sie sind, wie ich mal war, als ich noch in Buenos Aires gelebt habe.«

Dass Maradona nicht bei Juventus Turin oder den beiden großen Mailänder Klubs spielt, wo der wertvollste Fußballer der Welt nach dem Selbstverständnis der Reichen und Mächtigen hingehört, sondern in Neapel zum Helden der Habenichtse wird, ist für viele aus dem italienischen Establishment eine unerhörte Provokation. Über Jahre hat sich dort die Haltung verfestigt, den Süden als ein Entwicklungsland innerhalb der eigenen Grenzen zu betrachten. Aber nicht mit dem Ziel, die soziale, wirtschaftliche und kulturelle Kluft zwischen den beiden Teilen durch besondere Anstrengungen zu schließen. Vielmehr dienen die Unterschiede der bewussten Abgrenzung, der sozialen Deklassierung des Mezzogiorno und seiner Menschen. Eine, die als unüberbrückbar und unverrückbar erscheinen soll.

In den Fußballstadien des Nordens, wo für die armen Schlucker aus dem Süden immer nur eine Abreibung vorgesehen ist, wird die Herablassung regelmäßig auf Plakaten und Spruchbändern in den Kurven sichtbar. Nicht zuletzt die rund zehn Jahre zurückliegende Cholera-Epidemie, in der sich zeigt, unter welch erbärmlichen hygienischen Bedingungen viele Menschen in Neapel leben müssen, trägt dazu bei, die Stadt und ihre Bewohner als Unterentwickelte im eigenen Land zu betrachten.

Schon die Folgen des Erdbebens im November 1980, bei dem in Neapel und der Region rund 3000 Menschen ums Leben kommen und Hunderttausende ihr Obdach verlieren, wird zum Menetekel eines abgehängten Südens, das nicht vergeht. Bei der Bewältigung der schlimmsten Naturkatastrophe in Italien seit dem Zweiten Weltkrieg ist die erschütternde Hilflosigkeit des Staates mit Händen zu greifen. Noch Tage nach dem Beben sterben in Trümmern verschüttete Menschen einen qualvollen Tod, weil sie keine Hilfe bekommen.

Viele Überlebende, deren Wohnungen und Häuser in Schutt und Asche liegen, werden nach dem Unglück aufs Land umgesiedelt. Nutznießer sind jedoch vor allem die Organisationen der Camorra, die sich am Bauboom bereichern und in der Peripherie soziale Elendsviertel aus dem Boden stampfen, in der es für die Menschen kaum eine Perspektive gibt.

Der Präsident des SSC Neapel bewegt sich wiederum als Bauunternehmer und Immobilienhändler im Macht- und Wirkungsbereich der Camorra und korrupter Politiker. Im Jahr 1993 beantragt die Staatsanwaltschaft einen Haftbefehl gegen ihn. Ferlaino soll einen Politiker mit 500 Millionen Lire (damals rund 300 000 D-Mark) bestochen haben, um an Bauaufträge zu kommen, doch die Sache verläuft im Sand.

Maradona gibt sein Debüt für die gedemütigte Stadt im September 1984. Neapel spielt in Verona, dem wirtschaftlichen Zentrum der Region Venetien. Die Stadt der Künste und Kultur, die Heimat von Romeo und Julia. Aber auch die Verachtung des Südens hat hier eine Heimat. Ein Jahr vor Maradonas Auftritt werden die ersten Abgeordneten der Liga Veneta, einem Vorläufer der rechtspopulistischen und nationalistischen Lega Nord, in den italienischen Senat und ins Abgeordnetenhaus gewählt.

Zu dieser Zeit ist es in Norditalien üblich, dass auf den Rängen unverhohlen Lieder angestimmt werden, die Neapel mit Tod und Verderben gleichsetzen. Und in denen ihre Bewohner aufgefordert werden, sich zu waschen. Damit sie die Cholera nicht verbreiten: »Lavatevi! Lavatevi!« Wascht euch! Wascht euch!

Am Tag seiner Premiere in der Serie A werden Maradona und der SSC Neapel mit einem Plakat empfangen, auf dem steht: »Willkommen in Italien.« Maradona, dem Jungen aus Villa Fiorito, einer der ungezählten »villas miserias« dieser Welt, muss man nicht erklären, welche Verachtung armen Menschen entgegenschlägt. Vor allem, wenn sie es wagen, sich an die schön gedeckten Tische der Reichen zu setzen. Maradona begreift sofort, dass diese Begegnung in Verona über den Fußball hinausgeht: »Es spielte der Norden gegen den Süden. Die Rassisten traten gegen die Armen an.«

Klassismus und Rassismus zeigen sich in den 80er-Jahren in Italien ganz offen. Doch nicht nur dort. Auch in Deutschland sind zu dieser Zeit schwarze Spieler wie Anthony Yeboah rassistischen Beschimpfungen im Stadion schutzlos ausgesetzt. Auch in den 90er-Jahren können zahlreiche Anhänger von Bayern München bei einem Spiel gegen Beşiktaş Istanbul türkische und türkischstämmige Zuschauer im Olympiastadion ungestraft verhöhnen. Sie halten Plastiktüten hoch und singen: »Ihr könnt zum Aldi fahren.« Auf einem Transparent steht: »Aldi grüßt Kunden.« Das Spiel auf dem Rasen läuft weiter, als wäre nichts geschehen.

In seinem ersten Jahr in Italien führt Maradona – der in Neapel bestenfalls auf eine Mittelklassemannschaft stößt, eher auf einen Abstiegskandidaten – den SSC Neapel kurzzeitig an einen Europapokalplatz heran. Doch zu mehr als Rang acht reicht es am Ende nicht. Neapel ist keine Gefahr für die Großen, für das Establishment. Maradona ist in den Augen der Mächtigen daher nur ein harmloses Maskottchen der Unterschicht, dessen Name und Nummer sie sich auf die Trikots drucken lassen. Ein Maskottchen wohlgemerkt, das sich die »Terroni«, die Erdfresser, eigentlich gar nicht leisten können. Solange die Gewinne und die Titel in den Norden wandern, ist Maradona kein größeres Problem.

Die Meisterschaft 1985 gewinnt wie so oft Juventus Turin, der italienische Rekordmeister. Gegründet vor über hundert Jahren, bis heute mehrheitlich im Besitz der Unternehmerfamilie Agnelli. Zehntausende emigrieren in den 80er-Jahren aus dem italienischen Süden in stiller Verzweiflung zu deren Automobilwerken und zu anderen Fabriken des Nordens, bis nach Deutschland. Ein Exodus innerhalb des eigenen Landes, aber auch über dessen Grenzen hinaus.

In Maradona tobt zu dieser Zeit eine unbändige Wut. Die Armut und die Demütigungen seiner Kindheit bleiben offene Wunden, selbst als in Neapel unzählige Millionen auf sein Konto fließen und Zehntausende im Stadion ihn bei jedem Heimspiel wie einen Erlöser preisen. Der Schmerz der frühen Jahre wird zum Treibstoff seiner Karriere: »Wut ist mein Benzin«, sagt er.

In seinen besten Zeiten verwandelt Maradona seine Wut in unbändige Energie. Die befeuert seinen Kampfgeist, seinen Siegeswillen, seinen Überlebenswillen. »Es ist schrecklich, sich in die Vergangenheit zurückzuversetzen, wenn du von ganz unten kommst und weißt, dass alles, was du warst, bist oder sein wirst, nichts als Kampf ist.«

Auch auf dem Fußballplatz herrscht in den 80er-Jahren das Gesetz des Stärkeren. Rohe Gewalt wird achselzuckend hingenommen. Der hässliche Kampf auf dem Rasen wird mit dem Ziel geführt, die Kunst und die Schönheit zu vernichten, die Maradona dem Fußball schenkt. Die Jagd auf den Begnadeten ist gnadenlos. Er wird gestoßen, getreten, geschlagen, in jedem Spiel. Wenn sich Maradona auf dem Platz vor Schmerzen windet, schauen seine Gegner auf ihn herab, ohne Erbarmen, ohne Empathie.

Auf dem Rasen spielen sich Jagdszenen ab, die man sich heute kaum mehr vorstellen kann. Maradona soll zur Strecke gebracht werden, dafür sind alle Mittel recht, an jedem Wochenende. Und fast jedes Mittel ist zu dieser Zeit erlaubt.

Brutalität und Rücksichtslosigkeit sind Alltag in den 80er-Jahren, gegenüber sich selbst und anderen. Der Zeitgeist spiegelt sich auch im Fußballstadion. Nicht einmal die Schiedsrichter wissen, warum sie die Spieler schützen sollen. Die Lust am Spiel ist nicht viel wert, die Lust an der Zerstörung hat freie Bahn.

Maradona fliegen auf dem Platz gestreckte Beine auf Kniehöhe entgegen, Ellbogen rammen sein Gesicht, sein Körper wird gecheckt, als wäre er ein Eishockeyspieler, allerdings einer ohne Rüstung. Am schlimmsten sind die brutalen Grätschen. Die von hinten, die heimtückischen. Mit katzenhafter Gewandtheit und untrüglichem Instinkt vor dieser unsichtbaren Gefahr, die überall auf dem Platz lauert, kann sich Maradona der allgegenwärtigen Vernichtungswut immer wieder entziehen. Doch irgendwann erwischt es ihn.

Das Spiel von Maradona mit Argentinien bei der Weltmeisterschaft 1982 gegen Italien ist symptomatisch für den fehlgeleiteten Weg, den der Fußball in jenem Jahrzehnt einschlägt. Maradona spielt gegen Claudio Gentile, den wohl härtesten Verteidiger seiner Zeit. Es ist das Auftaktspiel zur zweiten WM-Finalrunde, und als es vorbei ist, vermerkt die Statistik einen 2:1-Sieg für den künftigen Weltmeister Italien – und 23 Fouls von Gentile an Maradona, gleichmäßig verteilt auf beide Halbzeiten. Elf Fouls in der ersten, zwölf in der zweiten. Nach heutigen Regeln wäre Gentile in diesem Spiel schon früh vom Platz geflogen, doch bevor das Raubein in der Realität der damaligen Zeit für eine seiner brutalen Attacken verwarnt wird, ist es Maradona, der bestraft wird. Er beschwert sich über ein Foul von Gentile beim Schiedsrichter. Und sieht dafür die gelbe Karte. Aus Opfern macht der Fußball zu dieser Zeit Täter: Gewalt wird toleriert, Proteste dagegen nicht.

Gentile sieht in diesem Spiel auch eine gelbe Karte: für einen Faustschlag gegen Maradona. Alle anderen Gemeinheiten, die fiesen Tritte gegen seinen Knöchel und die hinterhältigen auf seine Achillessehne, ziehen keine weiteren persönlichen Strafen nach sich. Im Gegenteil: Gentile, der in seiner Karriere manche Knochen gebrochen hat, erhält für seine Spielweise am Rande der vorsätzlichen Körperverletzung bei jener Weltmeisterschaft höchste Anerkennung. Der italienische Meister der dunklen Verteidigungskünste wird in das All-Star-Team gewählt.

Der Verteidiger muss sich nie einer Schuld bewusst sein: In 71 Länderspielen und in rund 400 Pflichtspielen vor allem für Juventus Turin, davon über 350 in der italienischen Serie A, wird einer der größten Zerstörer des Fußballs nur ein einziges Mal vom Platz gestellt.

Seine Attacken nimmt ihm niemand wirklich krumm, auch nicht Maradona. Seinen Zeitgenossen erscheinen sie selbstverständlich. »So was ist nicht die Schuld von Leuten wie Gentile, es ist die Schuld der Schiedsrichter«, schreibt Maradona in seinen Erinnerungen. »Das ist es, was ich nicht glauben kann.« Er klagt erstmals die Macher des Fußballs an, die Mächtigen.

Es wird noch Jahre dauern, bis der Internationale Fußballverband die Regel ändert und seine besten Spieler vor den Attacken schützt, die ihre Karrieren von einer auf die andere Sekunde beenden können. Erst im Frühjahr 1998 greift die FIFA durch und weist ihre Schiedsrichter an, entschlossen gegen Tacklings von hinten vorzugehen. »Wenn wir sehen, wie die Karrieren großer Fußballspieler durch Angriffe von hinten zerstört wurden, hat uns die Sportethik gezwungen, dem entgegenzuwirken«, sagt der damalige Chef der medizinischen Kommission der FIFA. Michel D'Hooghe weist an diesem Tag auch darauf hin, dass Angriffe von hinten selbst im Boxen verboten sind, im Fußball bisher aber nicht.

Für Maradona jedoch kommt die segensreiche Entscheidung zu spät. Die Revolution von oben, die nun die Kunst und seine Künstler schützt, greift erst bei der Weltmeisterschaft in Frankreich, der ersten nach Maradonas Karriere. Sein legitimer Nachfolger ist damals gerade elf Jahre alt, als jene Entscheidung fällt, die den Fußball nachhaltig verändern wird, doch Lionel Messi kann nicht wissen, was für ein Geschenk diese Veränderung für ihn, sein Spiel und seine Karriere sein wird.

Diego Maradona, der das Leben und die Lebendigkeit liebt, das Spielerische und das Sinnliche, passt mit seinem gottgegebenen Talent nicht in seine Fußballzeit. Und die Zeit lässt ihn das spüren. Die Art und Weise, wie er spielt und lebt, können selbst erfolgreiche Trainer kaum ertragen. Und viele seiner Gegner auf dem Platz sind ohnehin zu allem bereit. »Beim Training hauten sie dir in die Fresse, das war kein Fußball mehr. Sie rannten, und ich spielte. Und ich konnte mich nicht daran gewöhnen zu rennen, rennen und rennen. Beim Cooper-Test, einem Ausdauertest, machte ich 2700 Punkte, während die anderen auf 5000 oder 6000 kamen. Sie übertrafen den Test noch. Es ging darum, schneller zu laufen als alle anderen oder aufzugeben. Und ich wurde stark, sehr stark«, erinnert sich Maradona im Rückblick auf die frühen 80er-Jahre beim FC Barcelona. »Ich habe also beim harten Einsatz nicht mitgemacht, aber ich wurde körperlich stärker und fing an, sie zu bremsen, mit dem Ball. Und sie begannen, mich zu verstehen.«

Für die Schönheit und Sinnlichkeit des Spiels fehlt dem Fußball zu dieser Zeit oft der Sinn. Es gibt kaum einen Raum dafür, nicht einmal für Maradona, auch nicht für den hinreißenden Bernd Schuster, dem Verkannten aus Deutschland, der ihm in der gemeinsamen Zeit in Barcelona zum Freund wird.

Das Ziel der Zeit ist es, Körper in Maschinen umzufunktionieren. Sie sollen effektiv und effizient sein. Ihre Kraft soll nie enden. Im Training wird Kraft gebolzt. Es wird geschuftet, bis die Spieler kotzen. Der Medizinball erobert den Fußball. Und es stehen diejenigen Trainer hoch im Kurs, die als harte Hunde gelten. Doch von einem systematischen, wissenschaftlichen Trainingsaufbau in einem modernen Sinn haben die meisten keine Ahnung. Das Motto lautet ganz einfach: Viel hilft viel.

In dieser Zeit verlangt auch der Sport nach seinem Stoff. In den 80er-Jahren werden Anabolika und Aufputschmittel zu den großen Rennern, dank ihnen lässt sich das neue Idealbild des Fußballers wie im Handumdrehen formen: muskulöse und aggressive Männer, die nie müde werden, auch nicht in der Verlängerung. Es wird geschluckt ohne Ende. Und Skrupellosigkeit wird mitgeliefert.

Die Funktionalisierung der schönsten und stärksten Körper kennt in dieser Zeit kaum Grenzen. Im totalitären Ostblock läuft die staatliche Dopingmaschinerie auf Hochtouren. Der Medaillenspiegel wird zu einem Ersatz für fehlende Freiheit und Leichtigkeit, für Esprit und Eleganz. Der Westen wiederum erschafft sich seine eigenen Sportmonster, aber selbst die größten und populärsten unter ihnen zerbrechen daran oder gehen elend zugrunde, wie die nordamerikanischen Supersprinter Ben Johnson und Florence Griffith-Joyner. In Deutschland stirbt im Jahr 1987 die weit weniger glamouröse Siebenkämpferin Birgit Dressel im Alter von 26 Jahren an einem Multiorganversagen, das durch verschiedene Dopingsubstanzen ausgelöst und lange verschleiert wird.

In einer Zeit auch der körperlichen Exzesse wird der eigene Körper wenig geachtet, noch weniger die Körper der anderen. Sie werden benutzt wie Werkzeuge, die funktionieren sollen, um ein Ziel zu erreichen. Oder die man kaputt macht, damit andere es nicht erreichen.

An einem Septembertag des Jahres 1983 besucht Maradona in Barcelona einen Jungen im Krankenhaus, den ein Auto angefahren hat und dessen Beine in einem üblen Zustand sind. Maradona gibt ihm einen Kuss auf die Wange und verabschiedet sich schnell, weil er in ein paar Stunden mit dem FC Barcelona gegen Athletic Bilbao spielt. Als Maradona das Krankenzimmer verlässt, sagt der Junge zu ihm: »Diego, pass bitte auf dich auf, sie wollen dir an den Kragen.«

Einen Tag später liegt Maradona selbst mit gebrochenen Knochen im Krankenhaus.

Er habe die Gefahr nicht kommen sehen, sonst wäre er dem Tritt ausgewichen, sagt er später. Als ihn der gestreckte Fuß von Andoni Goikoetxea von hinten trifft, auf Höhe der Wade, steht es schon 3:0 für Barcelona. In diesem Augenblick gibt es für Bilbao nichts mehr zu gewinnen, doch die zerstörerische Aggression braucht zu dieser Zeit keinen Grund, um sich auszutoben.

Maradona hat unmittelbar vor dem Foul einen Zweikampf weit in der eigenen Hälfte gewonnen. Er dreht sich mit dem Ball, legt ihn sich ein paar Meter vor, um in den freien Raum zu starten, der nun vor ihm liegt. Goikoetxea hat in diesem Moment keine Chance, den Ball zu spielen. Doch für das, was er vorhat, spielt das keine Rolle. Er fliegt im hohen Tempo in seinen Gegner hinein. Die Wucht des Tritts schleudert Maradona mehrere Meter über den

Platz. »Zack, da kam die Sense von hinten«, schreibt Maradona. »Ich spürte den Schlag, hörte das Geräusch, wie Holz, das splittert, und da war mir sofort alles klar. Ich spürte, dass ich mein Bein nicht mehr bewegen konnte, dass alles kaputt war.«

Als ein Betreuer von Barcelona auf den Platz kommt, um zu helfen, sagt Maradona unter Tränen: »Er hat mir alle Knochen gebrochen, er hat mir alle Knochen gebrochen.«

Als Goikoetxea nach seiner Attacke aufsteht, blickt er für einen Moment zu seinem Opfer hinüber, das er zur Strecke gebracht hat und das sich vor Schmerzen windet. Doch wie es Maradona geht, interessiert ihn nicht. Der Verteidiger, der zwei Jahre zuvor mit einem fürchterlichen Foul schon Bernd Schuster so schwer verletzt hatte, dass der für ein Jahr ausfiel, dreht ungerührt ab. Ähnlich hat sich ein Jahr zuvor auch Toni Schumacher verhalten, nachdem er im WM-Halbfinale von Sevilla mit seiner Hüfte den Kopf von Patrick Battiston gerammt hat. Der Franzose liegt mit angebrochenem Halswirbel, Gehirnerschütterung und herausgebrochenen Zähnen vor ihm auf dem Rasen, doch den deutschen Torwart kümmert das nicht. Später sagt Schumacher, er zahle Battiston die Jacketkronen. Goikoetxea stellt den Schuh, mit dem er Maradonas Fuß fast zertrümmert hat, in einer Vitrine aus.

In seinem letzten Spiel für Barcelona im spanischen Pokalfinale verliert Maradona die Nerven. Es ist das erste gegen Goikoetxea nach seiner Verletzung. Acht Monate nachdem ihm das Bein durchgetreten wurde, ist die Wunde in seinem Inneren noch nicht verheilt. Es kommt zu einer wüsten Massenschlägerei. Im Mittelpunkt: Maradona.

»Ich teilte nach allen Seiten Tritte aus. Zum Glück kamen mir die anderen Jungs zu Hilfe, sonst hätten sie mich fertiggemacht.« Das Spiel geht als Skandalfinale von Bernabéu in die spanische Fußballgeschichte ein. Barcelona verliert das Endspiel 0:1. Maradona geht als großer Verlierer. Er zieht weiter nach Neapel.

In der italienischen Serie A geht es ebenfalls schlimm zu, auch dort brauchen die besten Spieler vier Augen, um auf dem Platz zu überleben. Maradona erhält dort jedoch zumindest einen minimalen Schutz durch eine Entwicklung, die nun auch die dunklen Seiten auf dem Fußballplatz immer häufiger ans Licht holt: das Fernsehen, das den Fußball zu einer Show macht. Auch in dieser Beziehung ist das Italien des Medienunternehmers Berlusconi ein Vorreiter in Europa.

In den Stadien des Landes werden immer mehr Kameras aufgestellt, um aus dem Fußball ein Spektakel für die Zuschauer auf dem Sofa zu machen. Sie fangen nun nebenbei auch immer häufiger ein, wie es auf dem Platz zugeht, wenn sich Spieler vom Schiedsrichter unbeobachtet fühlen. »In Spanien versetzen sie dir Ellbogenstöße und Fußtritte, mir haben sie sogar in die Fresse gehauen, aber in Italien nicht, denn das Fernsehen hätte ihnen die Hölle heiß gemacht.«

Maradona muss aber auch in Neapel über die vielen Jahre hart kämpfen, um sich und seine Kunst zu schützen. Denn die Mentalität – zu zerstören, was dem Erfolg im Weg steht – ist auch auf den Fußballplätzen der Serie A weit verbreitet. In Neapel stählt er seinen Körper mithilfe eines Spezialtrainers so intensiv und gezielt, wie er das zuvor noch nicht gemacht hat. Ob Maradona dafür schon

Mittel verwendet hat, die verboten sind, ist Spekulation, doch man kann sich das leicht vorstellen, denn in den 80er-Jahren ist Dopingmissbrauch auch unter Fußballprofis üblich. Niemand muss damals fürchten, dass er auffliegt. Es gibt noch keine Dopingtests, weder nach den Spielen noch während der Trainingsphasen. Es gilt die Regel: Alles, was nutzt, wird genutzt.

Um seinen Körper zu stärken, trainiert Maradona wie besessen. Seine Gesichtszüge sind in den ersten Jahren in Italien noch weich, geradezu kindlich. Die vollen Wangen lassen ihn fast ein wenig pummelig erscheinen. Doch unter seiner Haut wachsen nun steinharte Muskeln zu einem unsichtbaren Panzer heran, die seinen Körper schützen, der trotz des harten Krafttrainings biegsam und beweglich bleibt wie der eines Balletttänzers. Eine unwiderstehliche Mischung.

Die Angriffe auf Maradonas wunderbaren Körper enden nie. Bei der Weltmeisterschaft 1986 ist schon das erste Spiel ein Signal zur Jagd auf die Nummer zehn. Argentinien trifft zum Auftakt auf Südkorea und gewinnt 3:1. Doch in Erinnerung bleibt für Maradona vor allem das Gefühl, dass seine Gegner bloß auf dem Platz sind, um ihm die Knochen zu brechen. »Wie die mich zusammengetreten haben, Mensch! Wie die mich zusammengetreten haben! Sie haben mich elfmal gefoult, das waren fast alle Fouls im gesamten Spiel.« Elf Fouls in einem Spiel erschienen auf den ersten Blick vielleicht als nicht viel, sagt Maradona, doch über die Heftigkeit der Tritte sage eine Zahl allein nichts aus. Auch nicht über die Schmerzen, die sie verursachen. Maradona windet sich nach brutalen Fouls immer wieder auf dem Rasen, rappelt sich unverdrossen auf, dehnt und streckt seinen Körper, bloß um ein paar Minuten später erneut niedergestreckt auf dem Rasen zu liegen. So geht das über eineinhalb Stunden, niemand stoppt die Jäger. Erst kurz vor der Pause zeigt der Schiedsrichter einem Südkoreaner die erste von insgesamt zwei gelben Karten. »So ein Pech, dass ich nicht mehr weiß, wie er hieß. Aber ich hätte ihn Kung Fu getauft.«

Ein anderer Gegner grätscht Maradona so hart in den Unterschenkel, dass die Stollen auch die Bandage unter dem Stutzen durchbohren. »Und wisst ihr, ich benutze Bandagen hart wie Gips.« An diesem Tag, so sagt Maradona später, beginnt sein Kampf gegen den Internationalen Fußballverband. Er kann die Ignoranz der FIFA nicht mehr ertragen. Dass sie tatenlos zuschaut, wie die besten Spieler zu Opfern von Rohheit, Stumpfheit und Heimtücke werden. Maradona klagt die Macher des Fußballs an, die Mächtigen.

Auf dem Platz herrscht Krieg. So sagt man damals. Ein paar Jahre zuvor bricht in Argentinien tatsächlich Krieg aus. Er geht um ein paar Felsen im Südatlantik, auf denen unzählige Pinguine und Schafe leben, aber auch rund 2000 Menschen, die einen britischen Pass in der Tasche haben und stolz darauf sind, dem Vereinigten Königreich anzugehören. Die versprengten Inseln liegen rund 13 000 Kilometer entfernt von London, aber nur rund 400 Kilometer vor der argentinischen Küste. Daher wird ihr Besitz zu diesem Zeitpunkt schon seit 150 Jahren von Argentinien beansprucht, es geht um die sogenannten »Islas Malvinas«. Die Falklandinseln.

Das Jubiläum der von Argentinien als widerrechtlich angesehenen Besatzung durch die Briten dient General

Galtieri, der wenige Monate zuvor das Amt des Staatspräsidenten übernommen hat, als Vorwand, um im April 1982 eine Invasion zu starten. Die argentinische Armee holt am britischen Gouverneurssitz in Port Stanley den Union Jack ein und hisst die eigene Flagge. Der Chef der Junta bricht den Kampf um die Rückholung der Falklands (»Las Malvinas son Argentinas«) in Wahrheit jedoch vom Zaun, um von der düsteren wirtschaftlichen Lage abzulenken, von der katastrophalen Menschenrechtssituation und dem großen Leid, das die rechte Junta dort seit Jahren anrichtet. Die Militärs hatten 1976 die Regierung von Isabel Perón entmachtet und ihr brutales Regime installiert, das das Land mit Terror überzieht. Zehntausende Oppositionelle werden verschleppt, gefoltert, getötet.

Der Plan der Militärs im Südatlantik geht zunächst auf. Mit der Eroberung der Falklands geht ein patriotischer Ruck durch das zerrissene und gepeinigte Land. Die heimkehrenden Soldaten werden als Helden gefeiert. Doch die britische Premierministerin, die in London ebenfalls unter innenpolitischem Druck steht, gibt nicht klein bei. Margaret Thatcher setzt ihre Streitkräfte in Marsch, die Argentinien eine verheerende Niederlage beibringen. Innerhalb von zehn Wochen erobern die Briten die Falklands zurück. Der Sieg auf dem Schlachtfeld macht Margaret Thatcher endgültig zur Eisernen Lady. Die Kapitulation der miserabel organisierten argentinischen Armee wiederum leitet das Ende der dortigen Militärdiktatur ein. Nach wenigen Tagen muss Galtieri nach Protesten im ganzen Land zurücktreten, ein halbes Jahr später, im Dezember 1983, kehrt die Demokratie nach Argentinien zurück.

Der Krieg um die Falklands kostet rund eintausend Menschen das Leben. Unter den Opfern sind über 650 argentinische Soldaten, die Engländer verlieren rund 250 meist junge Männer. Knapp 2000 Soldaten werden in diesem irrwitzigen Kampf verletzt, Tausende traumatisiert.

Vier Jahre nach diesem Krieg kommt es im Viertelfinale der Fußball-Weltmeisterschaft von Mexiko zum Duell zwischen Argentinien und England. Die Erinnerungen an den verlustreichen Kampf sind in der argentinischen Mannschaft vor dem K.-o.-Spiel allgegenwärtig, sportliche Fragen treten völlig in den Hintergrund. Maradona hat nach der körperlich aufreibenden Vorrunde das Gefühl, mit seinen Kameraden in eine echte Schlacht zu ziehen, in einen Stellvertreterkrieg, der auf dem Rasen des Aztekenstadions von Mexiko-Stadt stattfindet. »Es ging vor allem darum, gegen ein Land zu gewinnen und nicht nur gegen eine Fußballmannschaft. Auch wenn wir vor dem Spiel sagten, dass Fußball nichts mit dem Falkland-Krieg zu tun hätte, so wussten wir doch, dass dort viele junge Argentinier gestorben waren, die von ihnen abgeknallt worden waren wie Hasen. Und das war die Revanche, das bedeutete, etwas von den Malvinas wieder zurückzuholen.«

Während der Weltmeisterschaft wird über diese Gefühle nicht gesprochen, der Krieg ist vor der Partie gegen England ein Tabu. »Wir alle sagten in den Interviews vor dem Spiel, dass man die Dinge nicht miteinander in Verbindung bringen dürfe, aber das war gelogen, eine Lüge. Wir haben eigentlich an nichts anderes gedacht. Da ging es um mehr, als nur ein Spiel zu gewinnen, um mehr, als nur die Engländer aus dem Turnier zu werfen. Irgendwie machten wir die englischen Spieler für alles verantwortlich, was vorgefallen war, für all das, was das argentinische Volk erlitten hatte. Ich weiß, dass das einem verrückt vorkommt, ziemlich blöde, aber wir haben das wirklich so empfunden, es war stärker als wir. Wir verteidigten unsere Fahne, die toten jungen Männer, die Überlebenden.«

Es läuft die 51. Minute im Viertelfinale gegen England, als Maradona in der gegnerischen Hälfte auf Höhe des Mittelkreises den Ball annimmt und einen leichten Sprint anzieht. Nun brechen die wohl magischsten fünf Minuten des Fußballs an. Die Minuten, in denen sich Maradona zum größten Spieler seiner Zeit macht. Er läuft auf den englischen Strafraum zu, dabei hat er die gesamte Szene im Blick, die Abstände zu seinen Gegnern und Mitspielern, als ob er einem inneren Navigationsgerät folgt, das ihn jede Lücke erkennen lässt. Drei Engländer kreuzen nacheinander seinen Weg, doch keiner wagt, einen Zweikampf zu führen. Sie wollen Maradona bloß in die Enge treiben, aber in zentraler Position keinen Freistoß riskieren. Dann spielt Maradona wenige Meter vor dem Strafraum in zentraler Position aus dem Fußgelenk einen Pass mit dem linken Außenrist auf Jorge Valdano, der wenige Meter neben ihm steht. Valdano lupft den Ball mit dem Fuß in die Luft, um sich dann mit einer Drehung um seinen Gegenspieler herum freie Bahn zu verschaffen, doch Steve Hodge hat die Finte erkannt und kommt ihm zuvor. Er schlägt den Ball im Strafraum weg – allerdings in die falsche Richtung, nicht nach vorne, sondern hoch in den eigenen Strafraum. Der Ball fällt auf Höhe des Fünfmeterraums scharf herab und scheint sichere Beute für Torwart Peter Shilton zu sein. Doch Maradona erspürt eine Gelegenheit, die eigentlich keine Gelegenheit ist. Seinen nur 165 Zentimeter großen Körper hebt er kraftvoll vom Boden ab – und bevor der zwanzig Zentimeter größere Torwart mit seiner rechten Faust die Situation klären kann, ist Maradona mit einer blitzartigen Bewegung schneller am Ball. Mit seiner Hand lupft er den Ball über den Torwart hinweg. Er vollführt dabei in der Luft eine perfekte Kopfballbewegung, die die Illusion erzeugt, als würde er den Ball in Wirklichkeit mit dem Kopf spielen. Rund 115 000 Zuschauer verfolgen im Aztekenstadion gebannt diese Szene, und die meisten geben sich dieser Illusion und dem Illusionskünstler hin. Sie halten sein Tor für ein korrekt erzieltes Tor, Zehntausende jubeln, niemand pfeift. Auch der Schiedsrichter und sein Assistent an der Seitenlinie lassen sich, weil sie sich den Betrug nicht vorstellen können, bereitwillig täuschen von Maradonas perfektem Bewegungsablauf.

Terry Fenwick jedoch, der englische Verteidiger, der in diesem Moment nur vier, fünf Meter von Maradona entfernt steht, hat freien Blick auf die Szene. Er hebt den Arm zum Protest, da ist der Ball noch nicht einmal im Tor. Fenwick sieht die Wirklichkeit, wie sie ist. Aber die Wirklichkeit hat keine Chance gegen die Illusion, die Maradona erzeugt. Der englische Verteidiger versucht den Schiedsrichter verzweifelt vom großen Schwindel zu überzeugen, der gerade vor aller Augen geschieht. Doch er läuft bei diesem Versuch genauso ins Leere wie Torwart Shilton, der wenige Sekunden zuvor vergeblich hochsprang und versuchte, vor Maradona an den Ball zu kommen. Das Tor, das Maradona nach dem Abpfiff der Hand Gottes zuschreibt, behält seine Gültigkeit. Auf ewig.

Dieses Tor war der vielleicht größte Raub in der Fußballgeschichte. Ein schamloser Betrug, wie man ihn im Fußball bei keiner Weltmeisterschaft erlebt hat, weder davor noch danach. Viele Engländer verzeihen Maradona diese Täuschung nie, auch sein Tod ändert daran nichts. Viele Fans aus dem Land, von dem es heißt, es habe das Fair Play erfunden, sehen den Sportsgeist durch Maradona bis heute mit Füßen getreten, die Ethik des Sports, seine Werte, seine Moral.

Tatsächlich bleibt in diesem Moment von sportlichen Idealen nicht viel übrig – weder der Respekt vor dem Gegner noch derjenige vor der Einhaltung der Regeln. Ganz zu schweigen von einem Fair-Play-Begriff, der über die formale Achtung der Spielregeln hinausgeht. Dass Maradona seine Gaunerei in genialer und größenwahnsinniger Weise auch noch als Werk Gottes bezeichnet und damit alle Maßstäbe, die im Sport gelten, auf den Kopf stellt, macht selbst dreißig Jahre später noch viele Fußballfans in England wütend. Als sich das letzte große Jubiläum zu Maradonas Lebzeiten im Jahr 2016 jährt, sind die britischen Zeitungen voll mit Artikeln über den WM-Schwindel des Jahrhunderts.

Maradonas Wahrheit ist eine andere. »Fußball«, sagt er, »ist das Spiel der Täuschung.«

In zahlreichen Vorwürfen gegenüber dem Fußballgenie, das seine eigenen Regeln aufstellt, schwingt unterschwellig auch eine Verachtung mit, die mit Maradonas Herkunft zu tun hat. Mit der sozialen Realität einer Biografie, deren Folgen man in den 80er-Jahren nahezu vollständig ignoriert. Es gibt damals kaum ein Bewusstsein dafür, was es für Menschen heißt, sich aus einem Elendsviertel nach oben zu kämpfen. Welche ungezählten Demütigungen und Diskriminierungen sie auf diesem Weg erleben, welche Hürden und Ungerechtigkeiten sie überwinden müssen, mit denen Leute aus besseren Verhältnissen niemals etwas zu tun haben.

Anders als heutzutage standen in der englischen Nationalmannschaft damals keine Migranten aus prekären Verhältnissen im Kader. Das Team bestand ausschließlich aus weißen Spielern. Im Vergleich zu Maradona kamen selbst diejenigen englischen Nationalspieler, die aus der Arbeiterklasse stammten, aus vergleichsweise privilegierten Verhältnissen. Die Profis, die es aus der *working class* in die Nationalelf geschafft haben, sind noch Teil einer gesellschaftlichen Klasse mit einem starken, über viele Jahrzehnte gewachsenen Selbstbewusstsein. Dass ausgerechnet der unter Margaret Thatcher gewonnene Falkland-Krieg ihr die innenpolitische Kraft gibt, die Macht der Gewerkschaften in Großbritannien in einem erbitterten Kampf zu brechen, von dem sich die Arbeiterklasse nie wieder erholt, ist eine Niederlage, von der das Land an diesem Tag allerdings noch nichts ahnt.

Weit von der Lebensrealität des jungen Maradona sind 1986 während der Weltmeisterschaft die englischen und europäischen Reporter entfernt, die im Fernsehen und in den Zeitungen über das Spiel und die »Hand Gottes« berichten. Die meisten Reporter, die in dieser Zeit das kostspielige Privileg genießen, von Medienunternehmen nach Mexiko entsandt zu werden, sind Teil einer Medienelite, die aus eigener Erfahrung kaum nachvollziehen kann, was es heißt, aus der Gosse zu kommen. Die meisten Medienleute entstammen der Mittelschicht und schreiben für die

Mittelschicht, entsprechend fällt in der Regel ihr Urteil aus. Sie haben kein Gefühl für den Weg, den Maradona zurücklegen musste.

Selbst rund vierzig Jahre später, bei der Weltmeisterschaft 2018, wird der in Jamaika geborene und erst im Alter von fünf Jahren bettelarm nach England gekommene Fußballstar Raheem Sterling in britischen Medien wegen seines Faibles für Diamanten, die er im Ohr trägt, und seines glamourösen Lebensstils in den Medien verächtlich gemacht. Vielen Fußballfans wird er in einer Mischung aus Klassismus und Rassismus zum Feindbild. Selbst der Kauf eines prachtvollen Hauses für seine Mutter, der er nach vielen schweren Jahren endlich etwas Gutes tun will, trägt ihm öffentlich vor allem Missbilligung und Hohn ein. Sterling sagt zur Ablehnung, die ihm entgegenschlägt, was auch Maradona hätte sagen können: »Die Leute hassen etwas, was sie nicht einmal kennen.«

An jenem 22. Juni 1986 in Mexiko-Stadt betritt Maradona den Rasen des Aztekenstadions mit der Erfahrung, dass kein anderer Spieler auf dieser Welt seit Jahren so gejagt wird wie er. Und dass jeder Tritt das Ende seiner Karriere bedeuten kann. Was Maradona geworden ist, kann innerhalb von Sekunden dahingehen. Selbst einem Gott des Fußballs droht in jedem Spiel die Auslöschung.

Mit voller Härte beginnt für ihn auch die Begegnung gegen England. Bevor Maradona sein Tor klaut, schlägt ihm genau derjenige Spieler mit dem Unterarm brutal ins Gesicht, der später den Schwindel erkennt und am heftigsten dagegen protestiert: Terry Fenwick. Der Engländer, der fordert, dass sich Maradona an die Regeln hält, sieht bei dieser Weltmeisterschaft in vier Spielen selbst insgesamt drei gelbe Karten. Ein negativer Rekord, der in der englischen Nationalmannschaft noch immer gilt. Auch gegen Argentinien wird Fenwick verwarnt: schon nach neun Minuten, nach einem Foul an Maradona. »Ich habe ihn zwei-, dreimal hart rangenommen. Nachdem ich ihn einmal verprügelt habe, war er viereinhalb Minuten nicht auf dem Platz«, sagt er später. Fenwick denkt, so gibt er später zu, Maradona sei fertig in diesem Moment. Nach dessen Tod wird Fenwick nochmals zu Maradona und zu diesem Spiel befragt. »Er ruinierte meine internationale Karriere über neunzig Minuten«, sagt er ohne Bitterkeit. »Aber es dauerte ungefähr zwanzig Jahre, bis mir klar wurde, dass ich gegen den besten Spieler gespielt habe, den es je gab.«

Keine fünf Minuten nach seinem Hand-Tor schenkt Maradona dem Fußball eines der schönsten Tore, das jemals erzielt worden ist. Das Solo von ewiger Schönheit nimmt in der 55. Minute seinen Lauf, als Maradona in der eigenen Hälfte angespielt wird, rund zehn Meter vor der Mittellinie, auf der halbrechten Seite. Die Sonne steht in diesem Moment am 22. Juni zur Mittagszeit so hoch über dem Stadion, dass Maradona keinen Schatten wirft. Es ist, als stünden in diesem Augenblick beide im Zenit: der strahlende Planet am Himmel. Und der auf dem Rasen. elf Sekunden, 37 Schritte, elf Ballberührungen, die Zeit steht still.

Maradona zieht sich nach der Ballannahme noch ein wenig weiter zurück in die eigene Hälfte, er spürt, dass zwei Gegner auf ihn lauern. Einer, Peter Beardsley, steht direkt in seinem Rücken, der andere, Peter Reid, greift ihn ein, zwei Meter entfernt von der Seite an. Maradona zieht den Ball blitzschnell mit der linken Sohle auf den rechten Fuß, dabei dreht er seinen Körper mit einer Pirouette um 180 Grad um die eigene Achse. Diesen Trick wird man später den Zidane-Trick nennen, aber eigentlich ist es der Maradona-Trick. Durch diese geschmeidige Bewegung entsteht auf der rechten Seite ein Freiraum, den es vorher nicht gegeben hat. Maradona sticht hinein und befreit sich aus der doppelten Bewachung. Er legt sich den Ball mit einer leichten Berührung einige Meter in den freien Raum vor, dann ziehen seine herrlich muskulösen Beine einen unwiderstehlichen Sprint an. Als der Ball und Maradona die Mittellinie passieren, sind noch drei englische Gegner eng an ihm dran. Reid heftet sich direkt an seine Fersen, doch Beardsley hat schon begriffen, dass er nicht mehr hinterherkommt, ebenso Gary Lineker. Die beiden Engländer brechen ihren Sprint ab, traben nur noch zurück in der sicheren Annahme, dass ihre Abwehrkollegen die Sache richten werden. Es sind noch über fünfzig Meter bis zum Tor für Maradona.

Er treibt den Ball auf der halbrechten Seite nach vorne, weit in die englische Hälfte hinein. Beardsley verfolgt ihn noch immer. Rund dreißig Meter vor dem Tor stellt sich Terry Butcher in den Weg, ein Hüne, kantig und breitschultrig. Er vermutet, dass Maradona über die Außenseite an ihm vorbei will, weil dort mehr Platz ist. So würden es die meisten Angreifer machen. Doch Maradona zieht, den Ball ganz eng am Fuß führend, plötzlich nach innen, ins Zentrum. Butcher erwischt das Manöver auf dem falschen Fuß. Seinen Körperschwerpunkt hat er schon auf seine linke Seite verlagert, um für das Duell auf der Außenbahn schnell Tempo aufnehmen zu können. Als

Maradona ihn rechts umkurvt, kann er darauf nicht mehr reagieren. Butcher läuft plump ins Leere.

Maradona sprintet im hohen Tempo weiter auf den Strafraum zu. Er hat auf der halbrechten Seite nun die Möglichkeit, den zentral positionierten Valdano kurz vor dem Strafraum anzuspielen oder selbst ins Dribbling mit Verteidiger Fenwick zu gehen. Maradona und Valdano laufen parallel in Richtung Strafraum, vier, fünf Meter versetzt. Der Verteidiger, der zwischen ihnen steht, weiß nicht, was er machen soll. Er muss sich entscheiden: Maradona attackieren. Oder den Passweg zustellen. Fenwick sucht das Duell gegen Maradona, aber er greift ihn nur halbherzig an. Maradona ist im höchsten Tempo, er legt sich den Ball spielend leicht mit einem Touch in den Strafraum vor und zieht am englischen Verteidiger vorbei, der sein linkes Bein kurz vor dem Strafraum ausfährt, um ihn doch noch auf Kosten eines Freistoßes zu stoppen. Maradona weicht der Attacke im vollen Lauf aus, mit einem kurzen, fast unmerklichen Sprung. Er verliert bei diesem Dribbling minimal an Tempo, den Ball hat er weiter vollständig unter Kontrolle. Torwart Shilton wittert dennoch seine Chance, weil sich Maradona den Ball bei der Umkurvung von Fenwick einige Meter weit vorgelegt hat. Um den Einschusswinkel zu verkleinern, läuft ihm Shilton einige Schritte entgegen. Aber Maradona ist schneller. Shilton verharrt vor seinem Fünfmeterraum für einen Moment auf der Stelle, zwei, drei Meter trennen Torwart und Angreifer. Von hinten kommt der schon ausgespielte Butcher im Vollsprint zu Hilfe. Maradona hat nun auch nicht mehr die Möglichkeit, den Ball zum mitgelaufenen Valdano zu spielen. Der

Passweg ist durch Gary Stevens versperrt. Maradona ist auf sich allein gestellt.

Auge in Auge mit Maradona, hält Shilton für den Bruchteil einer Sekunde inne. Er will seine nächste Bewegung antizipieren, aber Maradonas Körper gibt seine Gedanken nicht preis. Shilton bleibt nichts anderes übrig, als zu spekulieren, auf seine Erfahrung zu vertrauen. Er rechnet damit, dass Maradona den Ball nun links an ihm vorbei in die lange Ecke schieben wird, so würden es die meisten machen. Sein Körper ist zum Sprung bereit. Doch Maradona zieht den Ball im letzten Moment mit der Innenseite seines linken Fußes rechts an Shilton vorbei. Den Torwart bringt das Manöver aus dem Gleichgewicht. Er will nun irgendwie doch noch auf Maradonas Seite abtauchen, aber die Physik ist stärker als sein Wille. Die Schwerkraft zwingt Shilton auf halbem Weg auf den Hosenboden. Der Torwart liegt abwehrunfähig am Boden, als Maradona an ihm vorbeizieht. Shilton versucht verzweifelt noch sein linkes Bein in den Weg zu stellen und im Rückwärtsfallen den Ball irgendwie doch noch abzuwehren. Doch es ist hoffnungslos. Maradona und der Ball sind außer Reichweite. Doch durch die beiden Dribblings von Maradona gegen Fenwick und Shilton hat Butcher weiter an Boden gutgemacht. Als sein Torwart schon geschlagen ist, setzt er am Fünfmeterraum zu einer Grätsche an. Eine perfekte Grätsche. Die Rettung ist nur eine Fußspitze entfernt. Maradona, hart bedrängt an der Kante des Fünfmeterraums, gerät ins Straucheln. Er ist trotzdem schneller – und schießt den Ball im Fallen scharf ins leere Tor. Auch der Rettungsversuch des auf die Torlinie zurücksprintenden Stevens kommt zu spät. Das Solo des Jahrhunderts ist vollendet.

Valdano hat die beste Position im Stadion bei Maradonas Solo für die Ewigkeit, bei dem die ganze Fußballwelt zum Zuschauer wird, selbst die eigenen Mitspieler. »Zunächst lief ich verantwortungsbewusst noch mit. Aber dann bemerkte ich, dass ich nur ein weiterer Zuschauer war. Es gab nichts, was ich hätte tun können. Es war sein Tor. Und damit hatte die Mannschaft nichts zu tun. Es war Diegos persönliches Abenteuer.« Und der englische Stürmer Gary Lineker steht auf dem Platz und denkt sich: »Zum ersten Mal in meinem Leben hatte ich das Gefühl, dass ich dem Gegner für ein Tor applaudieren sollte.«

Jeder Held braucht seinen Dichter. Während Maradonas Laufs ist es der Radioreporter Víctor Hugo Morales, der die Worte findet, die sich einbrennen ins kollektive Gedächtnis eines zerrissenen Landes. Ganz ähnlich wie das hierzulande dem Kommentator Herbert Zimmermann beim Finale der Weltmeisterschaft 1954 gelungen ist (»Aus dem Hintergrund müsste Rahn schießen. Rahn schießt. Tor. Tor. Tor … Aus! Aus! Das Spiel ist aus! Deutschland ist Weltmeister!«), als die Deutschen neun Jahre nach dem Zusammenbruch und unermesslicher Schuld an diesem Tag spüren, dass sie in die Weltgemeinschaft zurückkehren dürfen. Argentinien hat eine traumatische Zeit der Militärdiktatur hinter sich und befindet sich nach der Rückkehr zur Demokratie auf der Suche nach sich selbst. In Argentinien sind es dieses Tor und der Gewinn der Weltmeisterschaft kurz darauf, die die Menschen in der neuen Zeit emotional miteinander verbinden. Und das ist der Soundtrack, den sie dazu hören: »Jetzt ist Maradona am Ball. Zwei nehmen ihn in die Zange. Maradona rollt seinen Fuß über den Ball und bricht nach rechts aus. Das Genie des Weltfußballs. Er lässt einen Dritten stehen, hält nach Burruchaga Ausschau. Maradona für die Ewigkeit! Er ist immer noch am Ball. Genial! Genial! Genial! Ta-ta-ta-ta-ta-ta! Gooool! Gooool! Ich möchte weinen. Lieber Gott, lang lebe der Fußball! Traumtor! Diegooo! Maradona! Da kann man nur in Tränen ausbrechen, verzeihen Sie mir. Maradona mit einem unvergesslichen Lauf, dem genialsten Spielzug aller Zeiten. Du kosmischer Drache, von welchem Planeten bist du zu uns gekommen, um so viele Engländer einfach stehen zu lassen? Das ganze Land hat die Faust geballt und jubelt für Argentinien. Argentinien: 2. England: 0. Diego! Diego! Diego Armando Maradona! Danke, Gott! Für den Fußball, für Maradona – für diese Tränen.«

In den beiden Toren gegen England, dem größten Diebstahl und dem größten Kunstwerk des Fußballs, steckt alles, was Maradonas Mythos auf dem Rasen ausmacht. In jenen Tagen im Juni 1986 verdichtet sich sein Werk. Nach dem Jahrhundertspiel gegen England besiegt er drei Tage später im Halbfinale die Belgier beim 2:0-Sieg mit zwei Toren wieder fast im Alleingang – und im Finale gegen Deutschland ist es beim Stand von 2:2 kurz vor Schluss sein genialer Pass, der ein taumelndes Argentinien zum Triumph führt.

Es ist eine unübersichtliche Situation in jener 86. Minute, als Maradona das WM-Finale gegen alle Erwartung doch noch wendet. Argentinien hat kurz zuvor seinen 2:0-Vorsprung eingebüßt, Karl-Heinz Rummenigge und Rudi Völler gleichen mit ihren Toren nach Eckbällen in der 74. und 83. Minute zum 2:2 aus. Alles spricht nun für einen deutschen Sieg. Das psychologische Moment ist eindeutig auf der deutschen Seite, sie wollen den Sieg nun noch in der regulären Spielzeit erzwingen. Argentinien wankt. Nie hat eine Mannschaft ein WM-Finale gewonnen, nachdem sie einen Vorsprung von zwei Toren verspielt hat. Das ist in den fünfzig Jahren vor dieser WM keinem Team gelungen – und auch danach wird es bis heute keinem mehr gelingen.

Argentinien versucht im Augenblick der Verzweiflung mit einem weit aus der Abwehr geschlagenen Ball einen Angriff über Maradona aufzubauen, der am Mittelkreis steht und auf ein Anspiel wartet. Der deutsche Vorstopper Karl-Heinz Förster setzt sich im Kopfballduell gegen ihn durch. Der Ball fällt vor die Füße von Enrique, den Lothar Matthäus nach schlechter Ballannahme unter Druck setzt. Matthäus schießt seinem Gegenspieler den Ball gegen das Schienbein. Der Ball fliegt unkontrolliert und im hohen Bogen in Richtung des frei stehenden Maradona, der pure Zufall. Geistesgegenwärtig bringt Maradona mit einem Kopfball auf der rechten Seite Giusti ins Spiel, der den Ball sofort in dessen Richtung zurückköpft. Maradona steht auf der Linie des Mittelkreises und erwartet den Ball. Sein Körper und sein Blick richten sich nach ihm aus. Als der Ball einen Meter vor ihm aufspringt, dreht er sich blitzartig um 45 Grad. Maradona ist in diesem Moment von Rummenigge, Matthäus, Förster, Brehme und Jakobs umstellt, doch trotz der fünf Gegner erkennt er mit seinem Röntgenblick den freien Raum, der sich hinter ihnen auftut. Burruchaga startet in diesen Raum, aber Maradona kann ihn nicht sehen. Er hat Burruchaga aber kurz zuvor gesagt, dass es diese Räume nun geben werde und er einfach in diese Räume starten solle.

Maradona genügt diese eine Sekunde, in der er sich zum offenen Spielfeld hindreht, um die gesamte Situation zu überblicken. Um die Gasse zu sehen, durch die der unsichtbare Burruchaga alleine auf das Tor zulaufen kann. Maradona wird von zwei Gegnern attackiert und hat keine Zeit, den Ball anzunehmen. Er muss ihn direkt spielen, um die winzige Chance zu nutzen. Und er spielt den Ball genau so, wie er ihn spielen muss: gefühlvoll mit der Innenseite, genau in den Lauf von Burruchaga. Der Weg ist frei. Burruchaga benötigt bei seinem Alleingang nur noch zwei Ballkontakte, dann steht er vor Schumacher und schießt den Ball zum 3:2 ins Tor. Fünf Minuten später ist Argentinien Weltmeister.

In Buenos Aires steigt eine rauschende Siegesfeier. Als sie verklungen ist, spürt Maradona etwas von dem Preis, den er für seine Unsterblichkeit zahlt: »Ich alleine hatte die Weltmeisterschaft gewonnen. In meinem Inneren hatte ich das Gefühl, dass das alles zu viel war.«

Zurück in Neapel beginnt für Maradona nach der Weltmeisterschaft eine Reise, von der es keine Rückkehr für ihn gibt. Eine Reise, die ihn noch höher in den Fußballhimmel führt und noch tiefer in seine eigene Hölle.

Maradonas Glorifizierung kennt schon nach dem Triumph in Mexiko kaum Grenzen. Eine Umfrage der International Management Group kommt zu dem Ergebnis, dass Maradona der berühmteste Mensch des Planeten ist. Das Wirtschaftsunternehmen bietet ihm die damals im Fußballgeschäft unvorstellbare Summe von 100 Millionen Dollar bloß für die Rechte an seinen Bildern. Dafür müsste Maradona allerdings die US-Staatsbürgerschaft annehmen. Er lehnt ab.

Maradona genießt in Neapel seinen Aufstieg und seine Siege in vollen Zügen. Er feiert ausschweifende Partys mit schönen Frauen, die in seine Nähe drängen, aber auch Prostituierte und Drogen gehören dazu. Die Camorra, der Hort des schmutzigen Geldes, stellt alles zur Verfügung. Der Größenwahnsinn, dem er ständig ausgesetzt ist, lässt Maradona über sich selbst in der dritten Person sprechen. Obwohl es zu seinem Alltag gehört, der bekannteste Mensch des Planeten zu sein, scheint er gleichwohl oft staunend wie ein Kind vor seinem erwachsenen Bild zu stehen, kaum fassend, wohin ihn sein Weg geführt hat: in göttliche Sphären, den Demütigungen entwachsen, der Rechtfertigung entzogen.

In den Achtzigern erscheinen Frauen, die eine wichtige berufliche oder öffentliche Position bekleiden oder auch nur anstreben, den meisten Männern als ungeheure Provokation, selbst in liberalen westeuropäischen Demokratien. Ihnen schlägt scharfe Ablehnung und Verachtung entgegen. Das frauenfeindliche Klima ist überall zu spüren in der Gesellschaft. Im Fußball, dem großen Spiel der Männer, wird es auf die Spitze getrieben. Noch heute, rund vierzig Jahre später, ist Frauen der Zutritt zu diesem Geschäft und seinen Führungspositionen weitgehend versperrt. In den 80er-Jahren ist für Frauen überhaupt nicht daran zu denken, einen Fuß ins Fußballgeschäft setzen zu können.

Auf den Tausenden von Fotos und Filmausschnitten, die Maradonas Karriere dokumentieren, sind kaum Motive zu finden, auf denen sich überhaupt eine Frau findet. Und wenn weibliche Personen in seinem Umkreis auftauchen, dann sind es, wie bei anderen Fußballstars seiner

Zeit, meist nur diejenigen, die zum Kreis der Familie und der Freunde gehören. Ansonsten dienen Frauen im Fußball vor allem als Dekoration, als zusätzliche Belohnung, die man sich für Siege auf dem Spielfeld gönnt. Zu Hause warten die Ehefrauen, so ist es auch bei den Maradonas: »Es gab Frauen, schöne Frauen – und so viele.«

Im Fußball manifestieren sich in den Achtzigern die ungeschriebenen Regeln, nach denen die Männerwelt funktioniert. Schon Kinder erleben, dass Jungs, die gute Fußballer sind, von den anderen Jungs geachtet werden, dass kaum etwas ihren Status stärker definiert als ihre Leistung auf dem Fußballplatz. Und wer später unter Männern zu den herausragenden Fußballern gehört, wird von anderen Männern bewundert, steht in der Männerhierarchie ganz oben, wird mit Geld überschüttet und kann sich alles erlauben. Nur eines darf er nicht: eine Frau mit ins Spiel bringen.

Kaum eine Frau ist in den 80er-Jahren tollkühn genug, in die Spitze des Fußballgeschäfts vordringen zu wollen, in das geheiligte Reich der Männer. Es gibt zu dieser Zeit praktisch keine Frauen, die im Fernsehen über Fußball berichten, die in Zeitungen darüber schreiben oder denen in Fußballklubs und Verbänden eine Funktion gewährt würde, die über den Status einer Sekretärin hinausgeht. Doch die Ehefrau von Bernd Schuster, dem langjährigen Freund von Maradona und dessen zeitweiligem Kollegen beim FC Barcelona, entscheidet sich dafür, genau das zu tun, wofür Männer sie hassen werden: Gaby Schuster wagt es, ihren Mann, den besten deutschen Mittelfeldspieler jener Zeit, als Managerin zu vertreten. Ein Tabubruch, auf den die Höchststrafe steht.

Die Empörung und der Zorn der Männer, ob in Klubs, Verbänden oder Medien, sind so groß, dass Bernd Schuster während seiner aktiven Karriere kaum einen Fuß mehr auf deutschen Boden bekommt. Das Paar ist geächtet. Die Nationalelfkarriere des genialen Mittelfeldspielers bleibt nicht zuletzt wegen der unbarmherzigen Frauenverachtung unvollendet, die seiner Ehefrau über Jahre hinweg entgegenschlägt, weil sie sich über die Regeln der Männerwelt hinwegsetzt. Dafür wird auch Bernd Schuster mit in Haftung genommen. Selbst einem großen Fußballstar verzeihen die Männer nicht, dass er es wagt, eine Frau in ihr Spiel zu bringen. Nicht einmal die eigene. Doch vernehmbaren Protest über den skandalösen Umgang gibt es nicht. Die Diskriminierung von Frauen ist so normal, dass sie Männern nicht auffällt.

Stattdessen hängen in den Achtzigern in deutschen Bordellen die unterschriebenen Autogrammkarten von Nationalspielern. Fußballer sind dort gern gesehene Gäste, aber niemand kommt damals auf die Idee, dieses Wissen mit der Öffentlichkeit zu teilen, oder gar einen öffentlichen Skandal daraus zu machen, nicht einmal Journalisten. Das Schweigen der Männer ist undurchdringlich. In südeuropäischen und lateinamerikanischen Ländern ist das nicht anders. Man lässt es krachen, alles ist käuflich.

In Maradonas Lebenswelt spielt der Machismo mit seinen speziellen Abgründen nochmals eine besondere Rolle. Als ein wichtiger kultureller Ursprung gilt dabei die tief in der christlich-abendländischen Tradition verankerte Spaltung des Frauenbilds in Heilige und Huren, und wie so viele seiner Zeitgenossen erkennt Maradona das Problematische an diesen Überzeugungen nicht. Das starke Bedürfnis, Frauen zu kontrollieren und zu unterwerfen, geht in seiner südamerikanischen Heimat zudem oft einher mit ständiger Suche nach sexuellen Herausforderungen. Die eigene Potenz muss immer wieder bewiesen werden, und häufig ist dabei Gewalt im Spiel.

Für Maradona, den besten Fußballer der Welt, ist es in diesem Umfeld selbstverständlich, sich auch als Mann wie die Nummer eins der Welt zu fühlen. Ein Unwiderstehlicher, zu dem ihn auch die anderen Männer jeden Tag aufs Neue machen. Zum Potentesten, der seine Leistungskraft ungezählten Frauen gegenüber demonstrieren will, sie aber auch geradezu beweisen muss. In seiner neapolitanischen Zeit wird ein Lied mit der Titelzeile »Ho visto Maradona!« komponiert, das bewundernd Maradonas amouröse Anziehungskraft preist und von seinen Mitspielern in der Kabine vollkommen neidlos nach großen Siegen geschmettert wird, von Freunden auf großen Feiern und von Fans im Stadion. Das ist die ultimative Anerkennung als Nummer eins unter den Männern.

Seine Mutter beschreibt Maradona in seiner Autobiografie voller Ehrfurcht, sie erscheint fast wie eine Heilige. Eine Frau, die, obwohl hungrig, ihre Mahlzeiten auslässt, weil es sonst für die Kinder nicht reicht, die aber so tut, als wäre sie krank, damit die Kinder wegen ihres Verzichts kein schlechtes Gewissen bekommen. Und wenn Maradona öffentlich über Liebe redet, was nicht oft vorkommt, dann sagt er, dass er beim Wort »Liebe« zunächst »an meine Mutter« denkt, an »eine Frau der wahren Liebe«.

Maradona selbst zeugt in seinem Leben mindestens acht Kinder. Mit verschiedenen Frauen, die genaue Zahl ist unklar. Die der Kinder und die der Mütter. Zahlreiche Vaterschaften streitet er ab, andere erkennt er erst nach langjährigen Rechtsstreitigkeiten an.

Als er im Jahr 2020 an einem Herzinfarkt stirbt, hinterlässt Maradona zwei eheliche Töchter. Zur Welt gebracht von seiner Jugendliebe und langjährigen Ehefrau Claudia Villafañe, mit der er insgesamt rund dreißig Jahre zusammenlebt, die Hälfte davon verheiratet. Von seinem ersten unehelichen Sohn, Diego Armando Junior, der in Neapel unter den Augen der Öffentlichkeit das Licht der Welt erblickt, will er dagegen viele Jahre lang nichts wissen. Als Maradona im Jahr 2019 andeutet, zwei weitere Kinder aus seiner Zeit in Kuba anerkennen zu wollen, schreibt seine zweite und zu diesem Zeitpunkt schon erwachsene Tochter auf Instagram: »Es fehlen nur noch drei für eine Mannschaft von elf. Na los, das schaffst du!« Auch am Tag seines Todes laufen noch Vaterschaftsklagen.

Es sind große Dramen, die über drei Jahrzehnte das Leben von Maradona prägen, durchzogen von psychischer und körperlicher Gewalt. Doch größere Resonanz haben diese Ereignisse in seiner Karriere kaum hervorgerufen, geschweige denn Empörung unter seinen Anhängern.

Öffentliches Aufsehen über Maradonas verstörenden Umgang mit vielen seiner Kinder und den von ihm im Stich gelassenen Müttern hat nur der Fall seines so lange verleugneten Sohnes erzeugt. Diego Armando Junior wird 1986 in Neapel geboren und stammt aus der mehrjährigen Beziehung, die Maradona dort parallel zu seiner Ehe führt, zu Cristiana Sinagra. Die Mutter seines Sohns, eine Buchhalterin, macht seine Vaterschaft im Wochenbett vor laufender Kamera publik. Maradona streitet alles ab. Im Fernsehen wiederholt Cristiana Sinagra später ihre Aussage, aber das führt nur dazu, dass sie in der Live-Sendung einer demütigenden Prüfung durch einen Lügendetektor unterworfen wird. Obwohl stimmt, was sie sagt, hat sie keine Chance. Die Fans in Neapel stehen wie ein Mann hinter ihrem Idol, dem Held der Armen. Dass an der Macht- und Männlichkeitskultur, die Maradona im Fußball verkörpert, gerüttelt wird, daran ist in keinem Moment zu denken. Mehr noch: Zu dieser Zeit gibt es nicht einmal die Idee, dass man an ihr rütteln könnte. Das Patriarchat kennt keine fallenden Helden, zumindest nicht in dieser Beziehung.

Maradona sagt viele Jahre später in einem melodramatischen Moment, dass er die Tatsache, einen Sohn in Neapel zu haben, wider besseres Wissen einfach nicht an sich rangelassen habe. Er wirkt betroffen. Tränen fließen. Maradona verspricht, nun immer für seinen Sohn da zu sein. Bei allem Selbstmitleid hat der Machismo offenbar auch für ihn einen Preis, zumindest erweckt Maradona im Rückblick diesen Eindruck. Doch die wahren Opfer im Leben des Volkshelden sind andere, diejenigen, die keine Wahl haben.

Cristiana Sinagra führt über viele Jahre nervenaufreibende Prozesse gegen Maradona wegen verweigerter Unterhaltszahlungen. Sie klagt das Geld für ihren gemeinsamen Sohn ein, nicht für sich selbst. Sie zwingt Maradona fünf Jahre nach der Geburt des Kindes zu einem Gentest, sie gewinnt die Vaterschaftsklage in letzter Instanz und erstreitet eine monatliche Unterhaltszahlung von damals umgerechnet rund 2500 Euro. Ihr Kampf ist damit noch nicht beendet. Sie besteht darauf, dass sich ihr Sohn auch Maradona nennen darf. Auch diesen Prozess gewinnt sie.

Maradona besteht trotzdem darauf, »niemals« einen Sohn gehabt zu haben. Das sagt er nach den verlorenen Prozessen im Jahr 2005 in seiner eigenen Fernsehshow. »Kein Richter kann mich dazu zwingen, ›mein Lieber‹ zu sagen. Ich zahle mit Geld für einen Fehler, den ich vor vielen Jahren begangen habe. Ich habe ein Urteil akzeptiert, das heißt aber nicht, einen Sohn anzuerkennen. Meine beiden Töchter sind meine einzige Liebe im Leben.« Kurz nach dieser Sendung, im Alter von 19 Jahren, verklagt ein verletzter, verzweifelter Sohn seinen Vater nun selbst wegen ausstehender Unterhaltszahlungen: »Er ist ein schäbiger Mensch ohne Gefühle. Vielleicht hat ihn die Drogensucht ruiniert. Ich habe auf einen Teil der Alimente verzichtet, um eine bessere Beziehung zu meinem Vater zu haben. Doch es hat nichts genutzt.«

Der Junge, der von einem allgegenwärtigen Maradona, der für alle anderen berührbar sein will und sich als Kämpfer für Gerechtigkeit sieht, immer wieder zurückgewiesen wird, möchte dennoch in die Fußstapfen seines Vaters treten. Diego Armando Junior schafft es immerhin bis in die italienische Strandnationalmannschaft und dort im Jahr 2008 ins Finale der Weltmeisterschaft. Eine große Profikarriere ist ihm jedoch nicht vergönnt. Im Juli 2021 übernimmt er den Trainerjob bei Napoli United, einem Klub aus der fünften Liga. Obwohl es ihm zusteht, nimmt er den Nachnamen seines Vaters nicht an. Er trägt den seiner Mutter: Diego Sinagra.

Vier Jahre vor seinem Tod bittet Maradona seinen Sohn für all das, was er ihm angetan hat, öffentlich um Verzeihung. Die Mutter nie.

Maradona stirbt am 25. November. Es ist der Tag, den

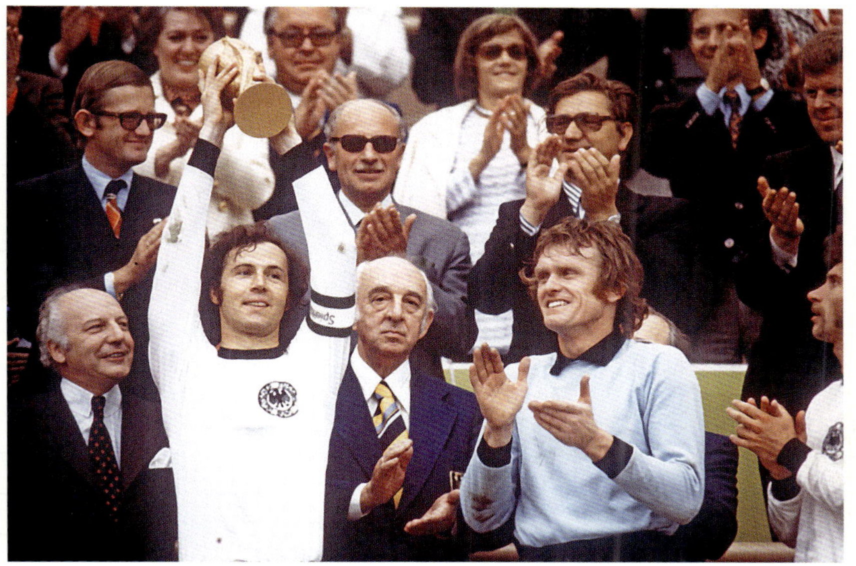

1 Weltmeister I: Franz Beckenbauer, der Libero und freie Mann des deutschen Fußballs, präsentiert 1974 nach einem 2:1 gegen die Niederlande im Münchner Olympiastadion seine erste WM-Trophäe.

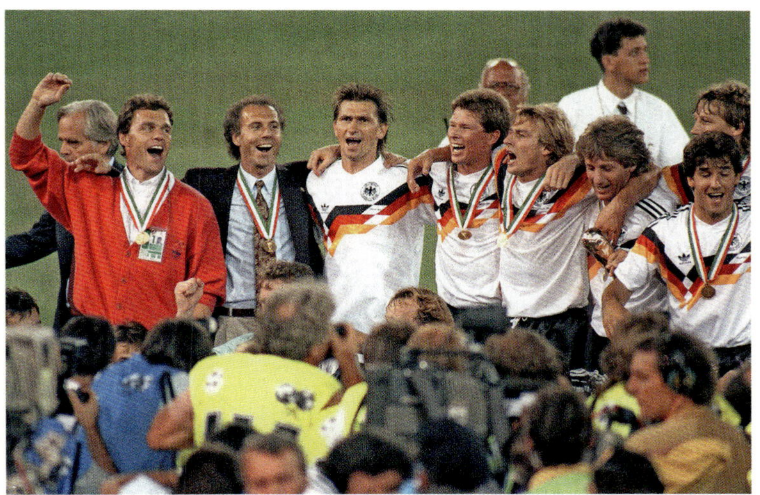

2 Weltmeister II: Als Teamchef und Anführer macht Franz Beckenbauer die Deutschen 1990 mit einem 1:0 im Finale von Rom gegen das Argentinien von Maradona 16 Jahre später wieder zur Nummer eins.

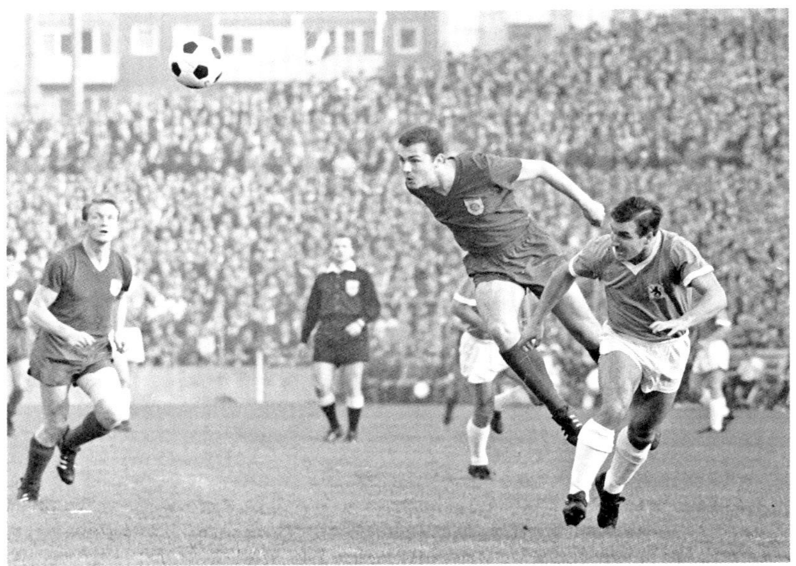

3 Anfang einer deutschen Erfolgsgeschichte: Franz Beckenbauer setzt sich 1966 für den FC Bayern im Münchner Derby gegen den TSV 1860 im Kopfduell gegen Rudi Brunnenmeier durch.

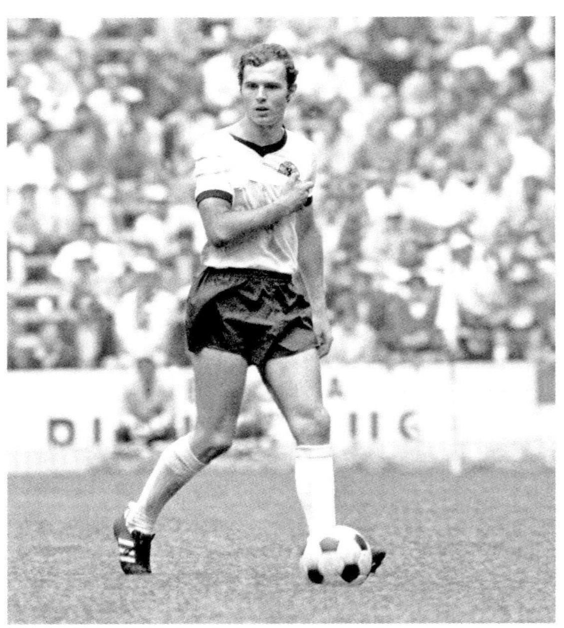

4 Durchsetzungswille und Eleganz: Im legendären WM-Halbfinale von 1970, das Deutschland gegen Italien mit 3:4 in der Verlängerung verliert, brilliert Franz Beckenbauer auch mit verbundener Schulter.

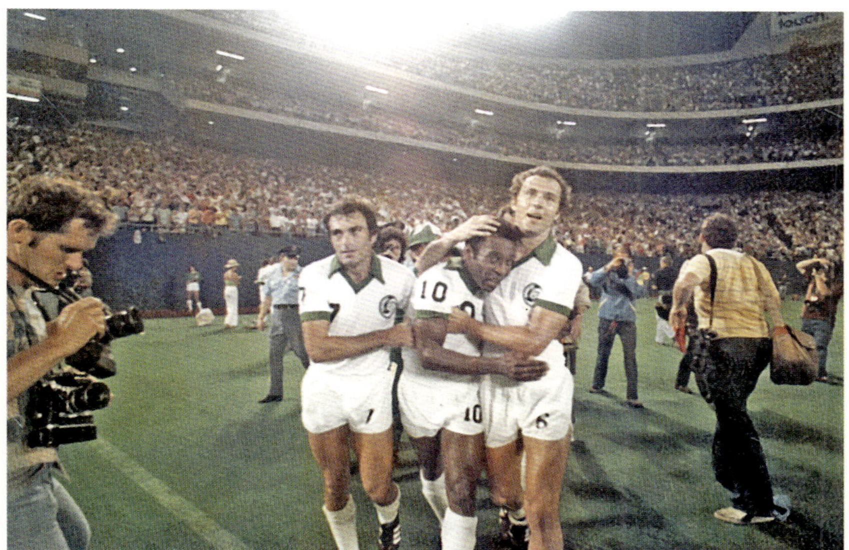

5 Ein neuer Cosmos: In New York öffnet sich 1977 für Beckenbauer die große Welt. Zusammen mit dem italienischen Torjäger Chinaglia liegt er sich mit dem größten Fußballer seiner Zeit in den Armen: Pelé.

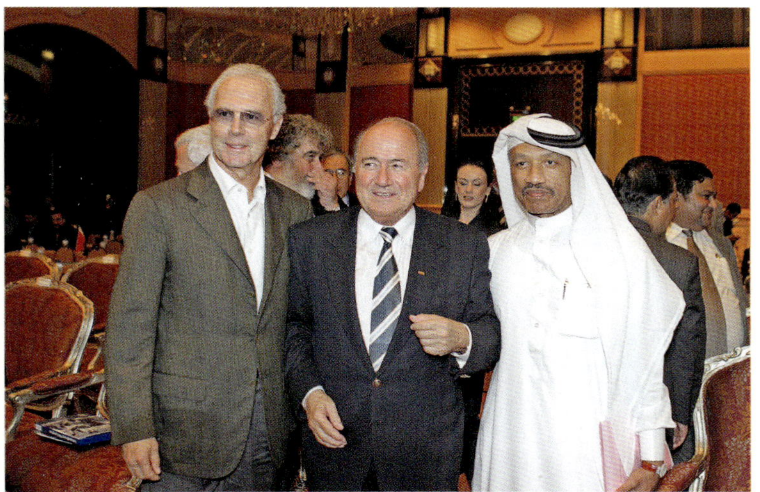

6 Weltmeister III: Bei der Wahl zur WM-Vergabe 2006 kommt es auf jede Stimme an. Und auf Beziehungen. Beckenbauer holt den Sieg an der Seite von FIFA-Präsident Joseph Blatter und dem später lebenslang gesperrten katarischen Fußballfunktionär Mohamed bin Hammam.

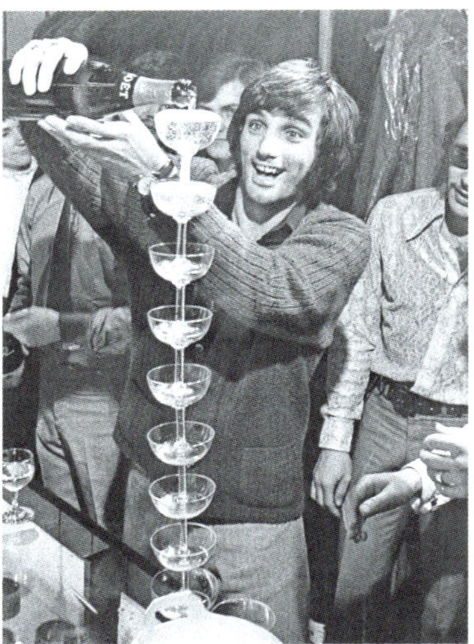

7 Hoch die Tassen: Wo George Best auftaucht, ist der Rausch nicht fern. Champagner und Champagner-Fußball – das passt im Jahr 1969 bei dem Star von Manchester United immer wieder zusammen.

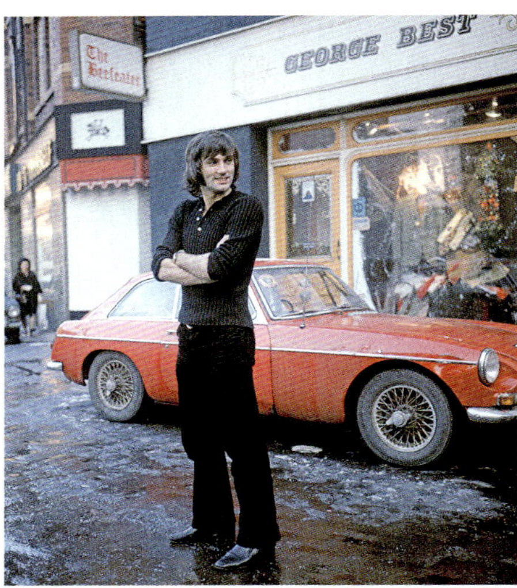

8 My Style: George Best im schwarzen Künstler-Outfit, vor einem feuerroten Renner und eigener Boutique. Der Nordire bringt in den »Swinging Sixties« und »Roaring Seventies« in jeder Hinsicht einen neuen Stil in den englischen Fußball.

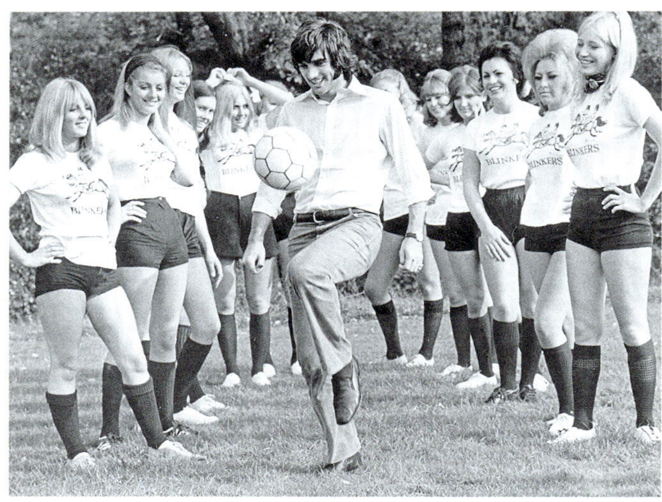

9 Frauen und Frauenbilder: George Best lässt sich von den Spielerinnen der »Blinkers« bewundern, einem Frauenteam, das nach seinem Nachtklub benannt ist und für den guten Zweck spielt.

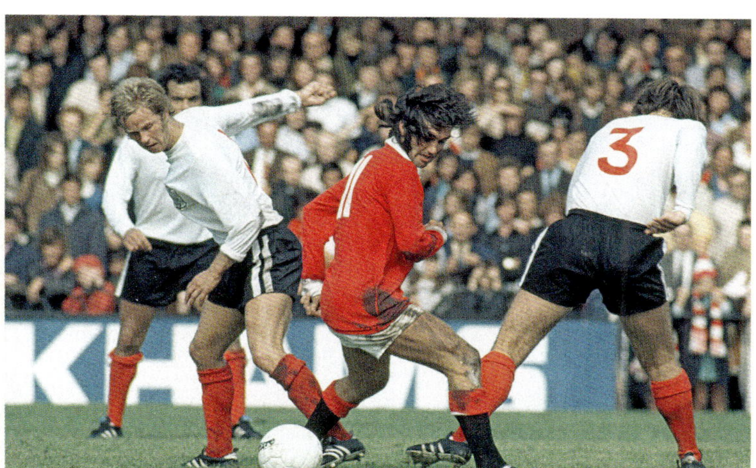

10 Der mit dem Ball tanzt: Der Mittelfeldstar von Manchester United war der erste Popstar des Fußballs. Seine Lust am Spiel kennt keine Grenzen – und seinen besten Freund lässt er nie aus den Augen: den Ball.

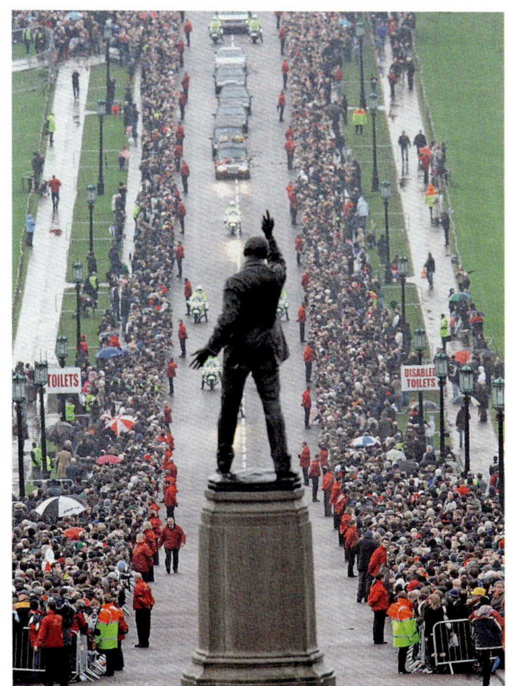

11 Jeder Regentropfen ist eine Träne: Das Begräbnis von George Best wird zu einem der größten Ereignisse seiner Art im Vereinigten Königreich, vergleichbar mit der Beisetzung von Prinzessin Diana.

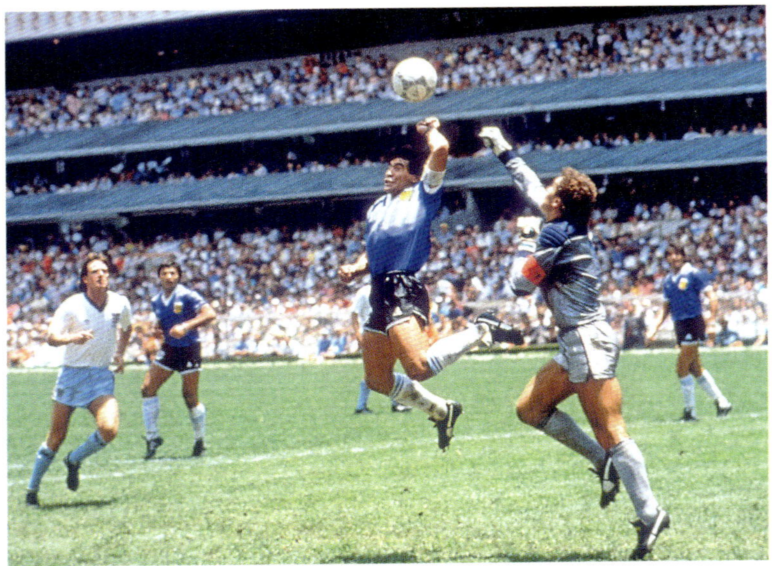

12 Des Meisters Werk und Gottes Hand: Diego Maradona erzielt gegen England bei der WM 1986 das berühmteste Tor des vergangenen Jahrhunderts, das nie hätte zählen dürfen, aber für immer in Erinnerung bleibt.

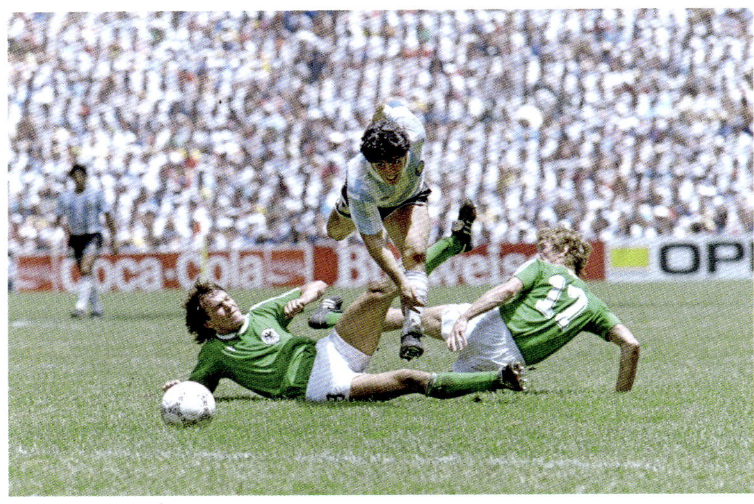

13 Kunst setzt sich durch: Maradona ist mit Argentinien bei der Weltmeisterschaft in Mexiko 1986 nicht zu stoppen, auch nicht beim 3:2 im Finale gegen Deutschland von Lothar Matthäus (links) und Dietmar Jacobs.

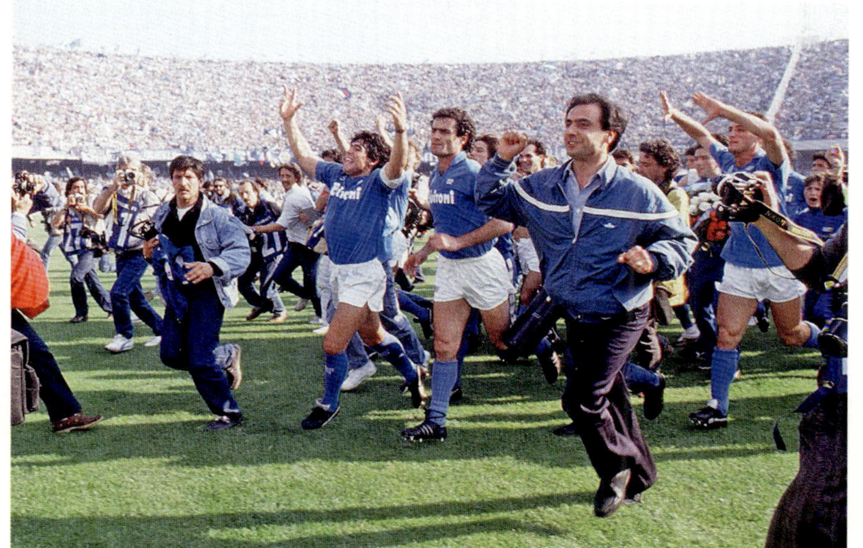

14 Der Himmel über Neapel: Diego Maradona feiert 1987 die erste italienische Meisterschaft des SSC Napoli, vor Juventus Turin und Inter Mailand. Der Triumph ist auch ein Sieg über die Verachtung.

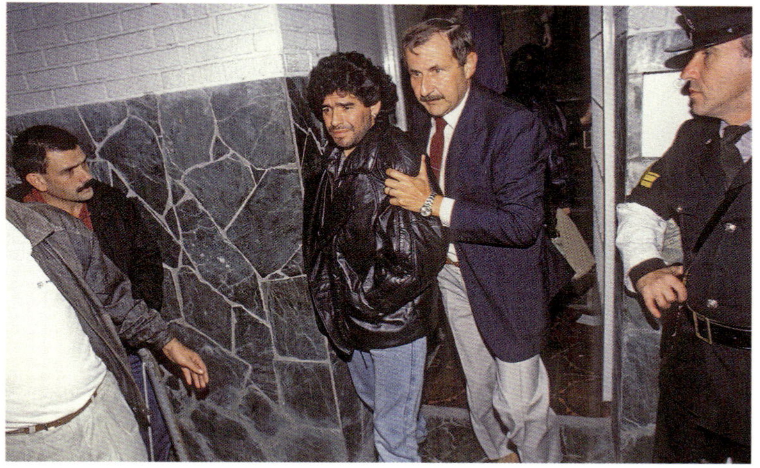

15 In der eigenen Hölle: Diego Maradona wird nach seinem Absturz in Neapel in seiner argentinischen Heimat im Jahr 1991 wegen des Besitzes von Kokain vor aller Öffentlichkeit festgenommen.

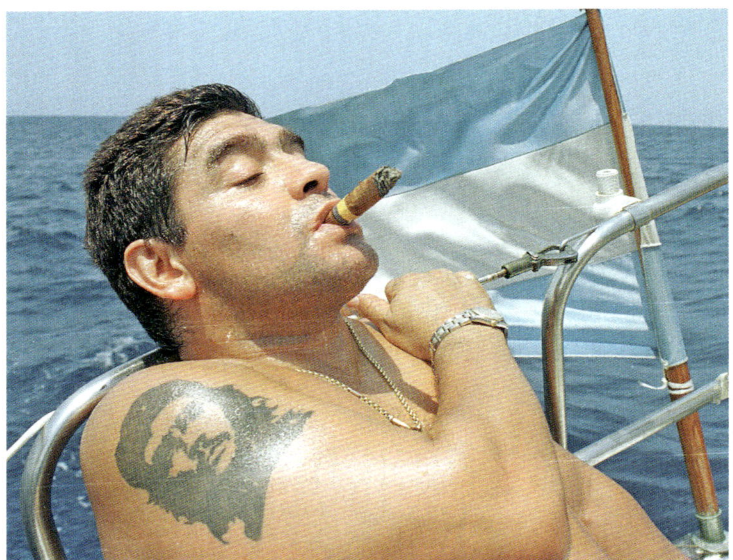

16 Macho, Macho: Kapitän Maradona, wie er sich selbst inszeniert: Che Guevara auf dem Arm, Goldkettchen um den Hals, teure Uhr ums Handgelenk und Zigarre im Mund – und Argentinien darf nicht fehlen.

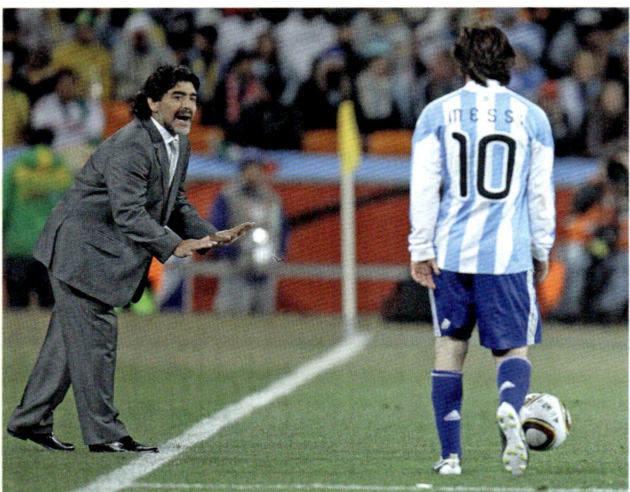

17 Lebende Legenden: Diego Maradona und Lionel Messi bei der Weltmeisterschaft 2010 – der Weltmeister scheitert als Trainer selbst mit dem größten Spieler seiner Zeit krachend 0:4 im Viertelfinale gegen Deutschland.

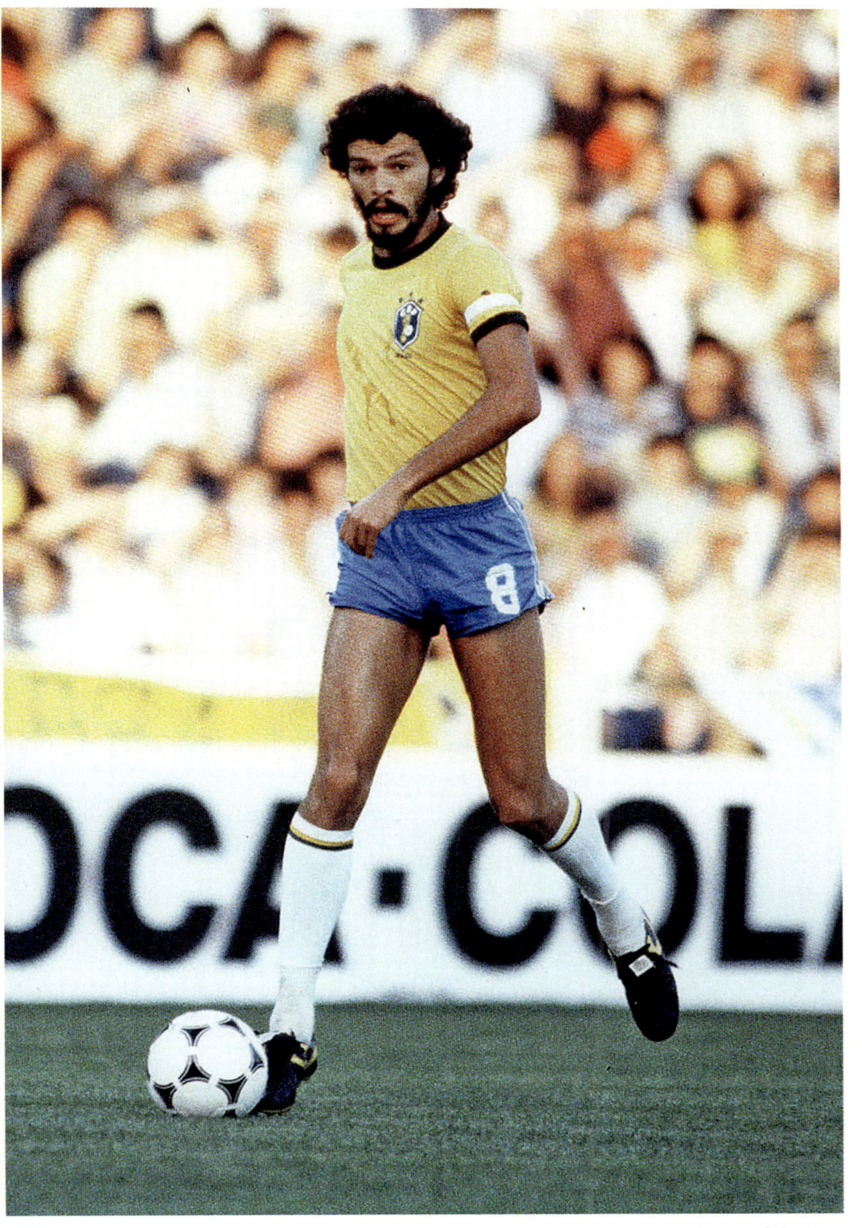

18 Beine, die die Welt bewegen: Sócrates imponiert mit seinem Spiel als Kapitän einer brillanten Seleção. Doch mit der Schönheit ist es bei der WM 1982 gegen Italien viel zu früh vorbei.

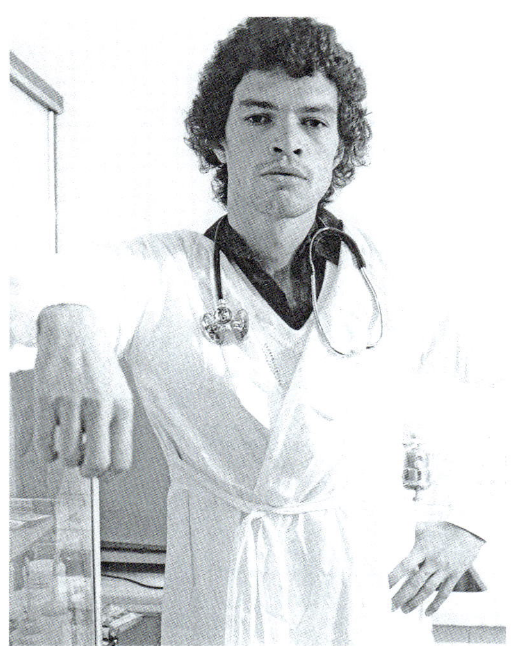

19 Doktor Sokrates: Der Arzt, Freigeist und Fußballstar vereinigt im Jahr 1979 vieles, was es zu dieser Zeit in Brasilien und im Fußball kaum gibt – ein Spieler, der die Hoffnung auf eine bessere Welt in sich trägt.

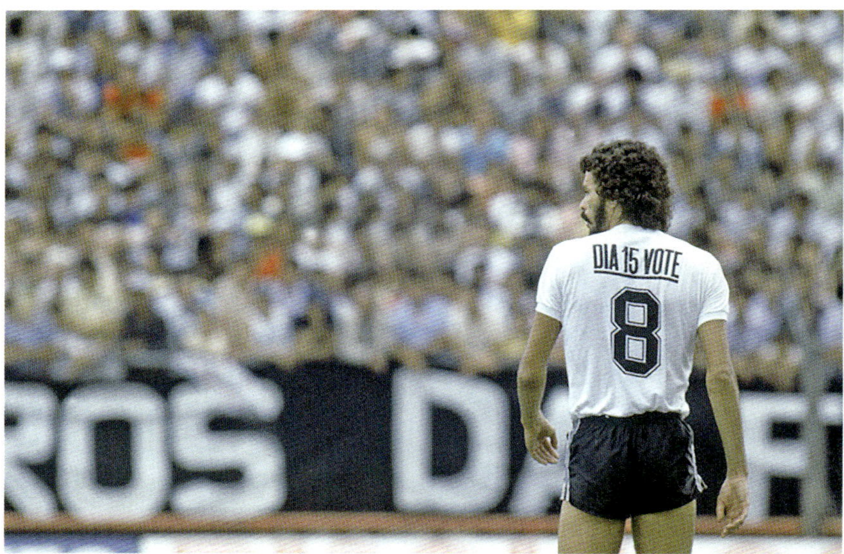

20 Dias 15 Vote: Stars als Aktivisten für die Demokratie. Die von Sócrates stark geprägte »Democracia Corinthiana« fordert die Menschen in Zeiten der Militärdiktatur auf, ihr Wahlrecht auszuüben.

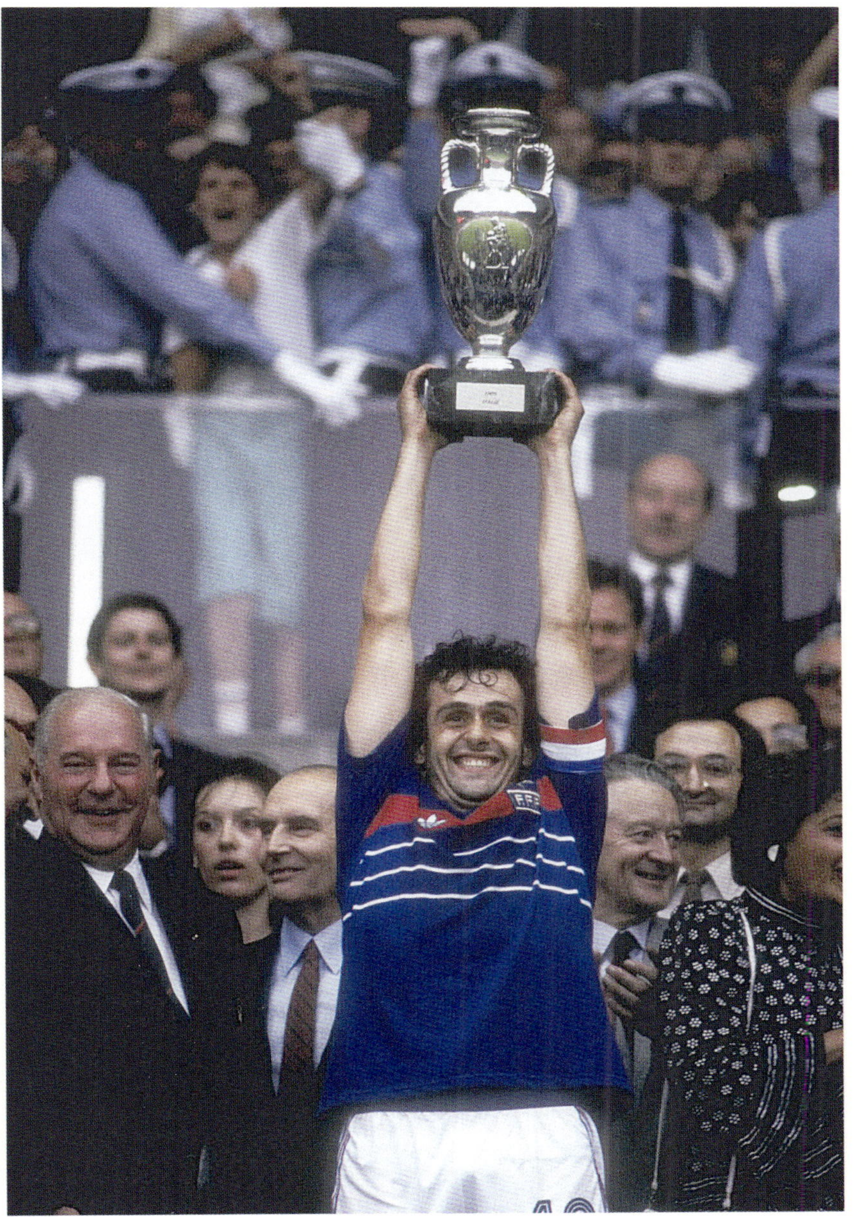

21 König von Paris: Michel Platini macht Frankreich als Torschützenkönig, Spielmacher und Kapitän nahezu im Alleingang zum Europameister – und reiht die Équipe Tricolore damit 1984 in die großen Fußballnationen ein.

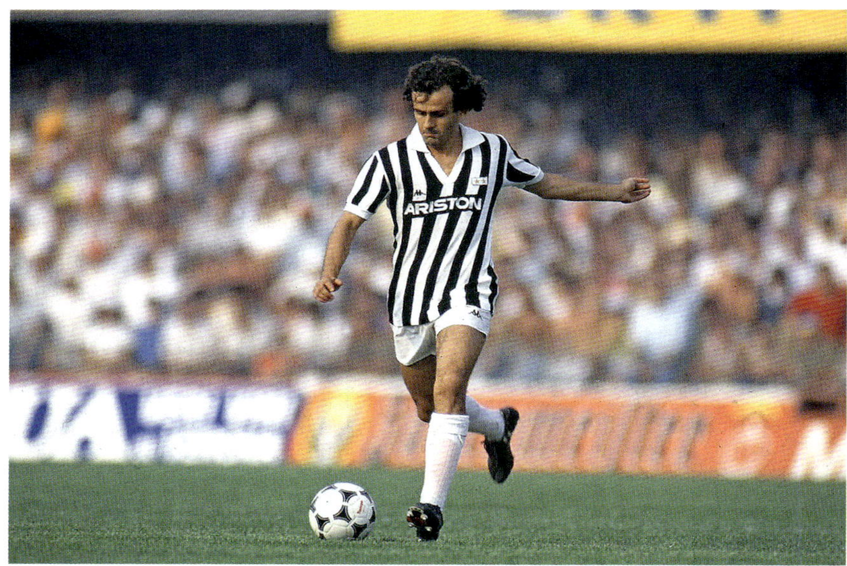

22 Esprit und Eleganz: Platini prägt in den Achtzigerjahren auch die italienische Serie A, die damals beste Liga der Welt. Er führt Juventus Turin zu zwei Meisterschaften – und zu einem dunklen Sieg im Todesspiel von Brüssel beim Europapokalfinale von 1985.

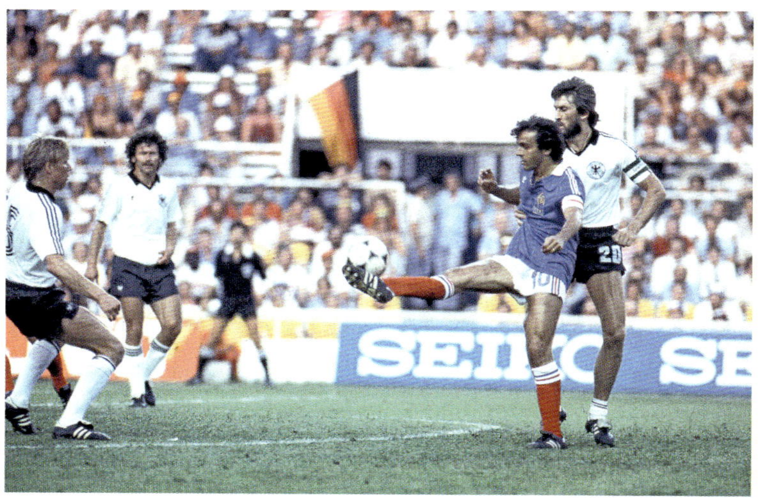

23 Umstellt vom Kraft- und Kampffußball: Bei der WM 1982 erlebt Platini mit Frankreich im Halbfinale gegen Deutschland seine bitterste Niederlage – nach einer furchtbaren Attacke von Torwart Schumacher gegen Battiston, die das Spiel für immer überschattet.

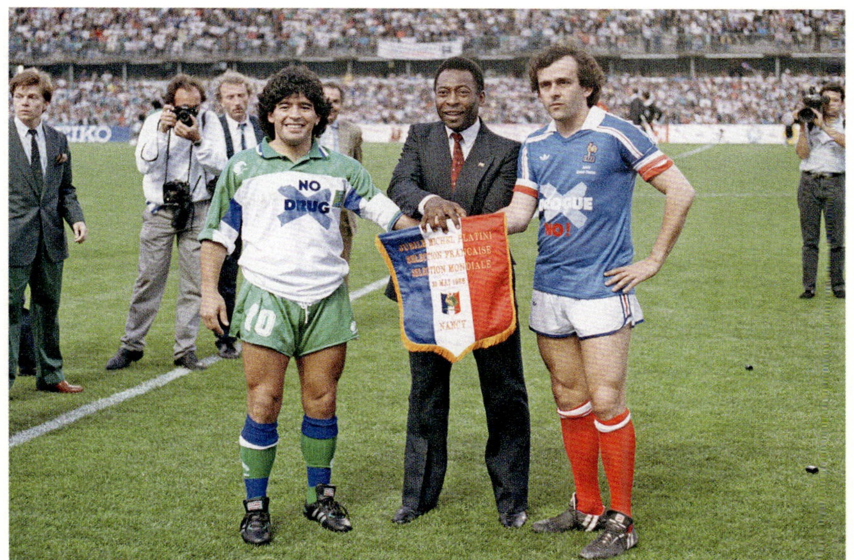

24 »No drugs« und »No to corruption«: Diego Maradona und Michel Platini werben zusammen mit Pelé (Mitte) auf ihren Trikots für eine bessere (Fußball-)Welt, die sie jedoch auch selbst an ihre Grenzen führt.

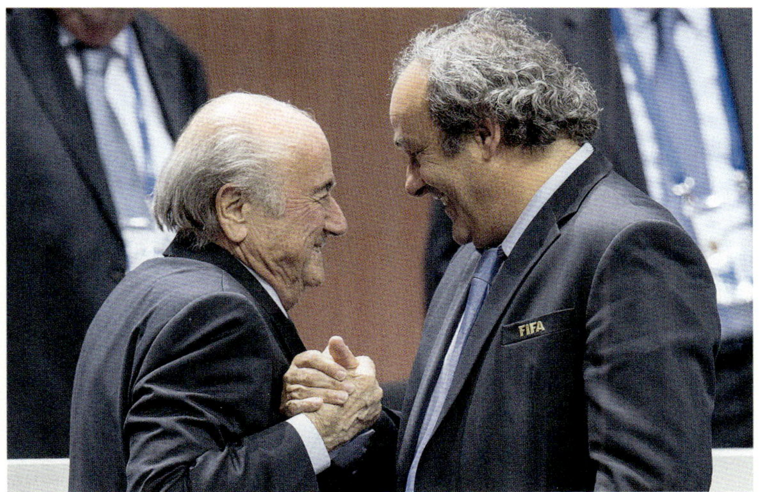

25 Die Macht in guten Händen? FIFA-Präsident Joseph Blatter und UEFA-Präsident Michel Platini sind zeitweilig die mächtigsten Fußballfunktionäre der Welt – in einer Zeit, in der Skandale den Sport tief erschüttern.

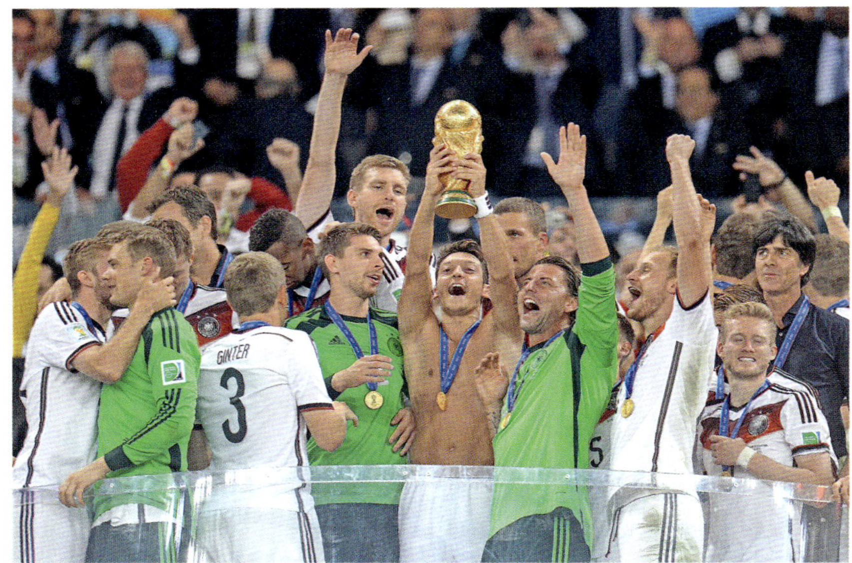

26 Ein deutscher Weltmeister: Mesut Özil ist als erster Spieler, der aus einer Familie von türkischen Gastarbeitern stammt, ganz oben angekommen in Deutschland. Der Triumph bei der WM 2014 wird als Gemeinschaftswerk bejubelt.

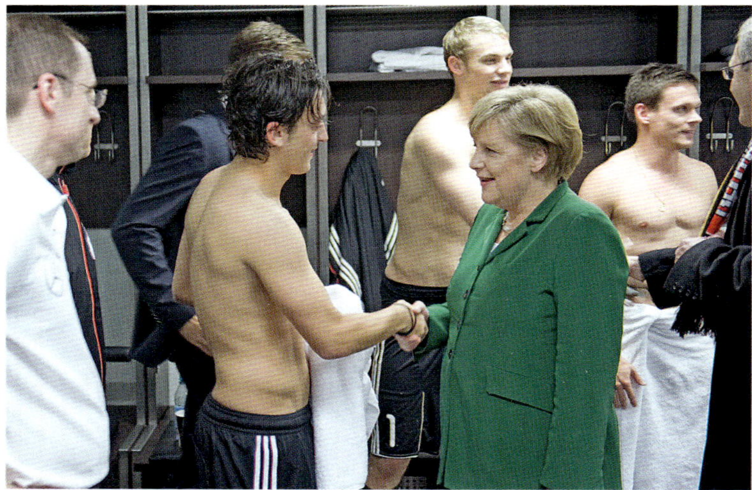

27 Ein Spiel als Staatsakt: Bundeskanzlerin Angela Merkel beglückwünscht Özil nach dem deutschen 3:0-Sieg gegen die Türkei im Berliner Olympiastadion. Das Foto wird in Deutschland zum Symbolbild gelungener Integration.

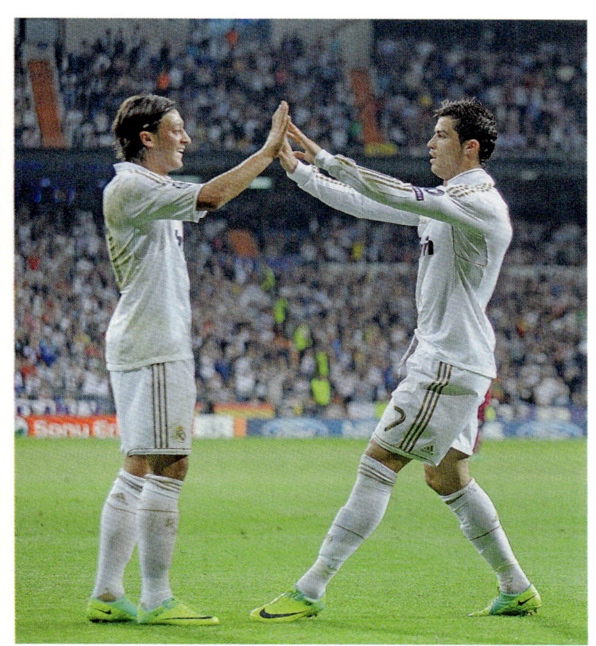

28 Königlicher Assistent: Özil ist bei Real Madrid Ronaldos wichtigster Passgeber. Er schafft es als einziger Spieler, in der Bundesliga, der Primera Division und der Premier League in einer Saison jeweils die meisten Vorlagen zu liefern.

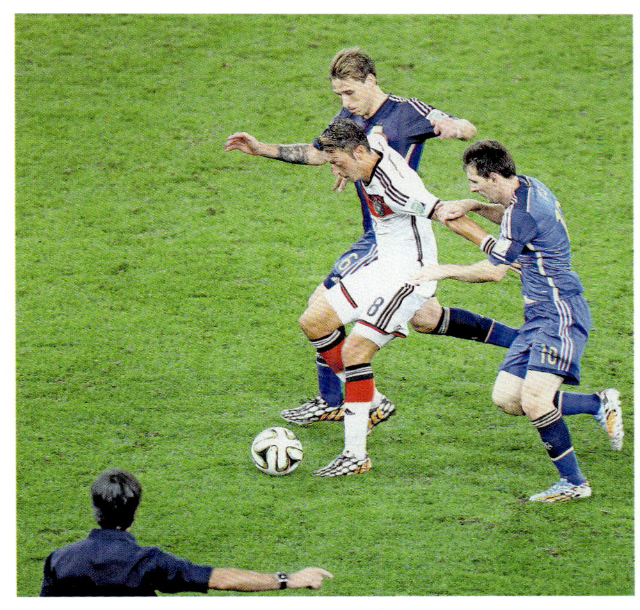

29 Ballsicherheit auf höchstem Niveau: Özil schirmt den Ball beim 1:0-Sieg im Endspiel der Weltmeisterschaft 2014 erfolgreich gegen Messi (rechts) und Biglia ab.

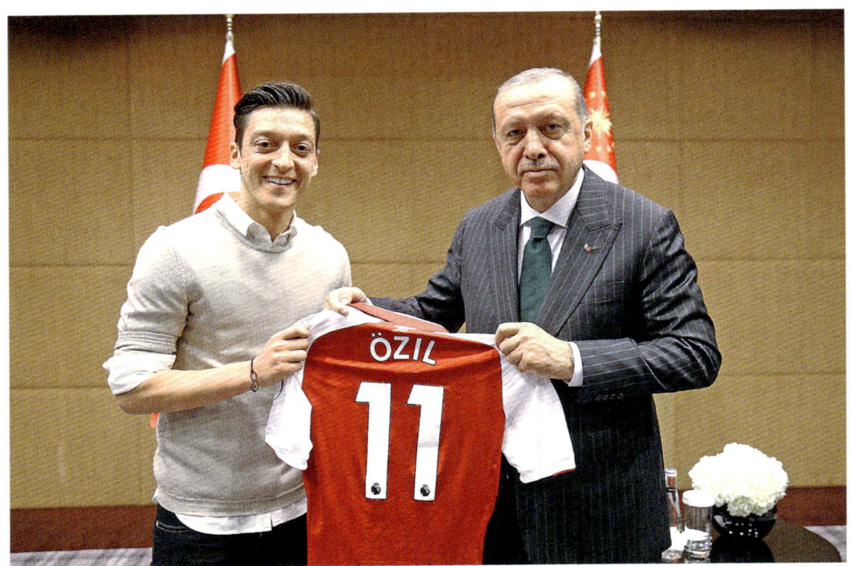

30 Foto mit Folgen: Die Aufnahme mit dem türkischen Staatspräsidenten Erdoğan kurz vor der WM 2018 wird für Özil zum Anfang vom Ende seiner Karriere in der Nationalelf – die Beziehung zu Deutschland liegt fortan in Trümmern.

die Vereinten Nationen zum Internationalen Tag zur Beseitigung von Gewalt gegen Frauen erklärt haben. Nicht nur Maradonas Triumphe, auch die Geschichte seiner Gewalt gegen Frauen ist gut dokumentiert. Im Jahr 2014 wird ein Video öffentlich, auf dem zu sehen ist, wie Maradona in Richtung seiner langjährigen und letzten Freundin Rocío Oliva schlägt. »Stopp, hör auf, mich zu schlagen, Diego«, sagt sie auf der Audiospur des aus ihrer Perspektive gefilmten Videos. Maradona bestreitet nicht, der Mann auf dem Video zu sein, wohl aber, gewalttätig geworden zu sein. Seine einzige Ehefrau Claudia Villafañe verklagt Maradona nachträglich wegen psychischer Gewalt beim argentinischen Amt für häusliche Gewalt.

Auch andere Partnerinnen erheben schwere Anschuldigungen. Als Maradona im Jahr 1999 einen Vaterschaftsprozess verliert, kommt heraus, dass er vier Jahre zuvor in einer außerehelichen Affäre ein minderjähriges Mädchen geschwängert hat. Kurz vor seinem erstem Todestag berichtet Mavys Álvarez Rego, eine 37 Jahre alte und zu diesem Zeitpunkt in Miami lebende Mutter von zwei Kindern, dass Maradona zwanzig Jahre zuvor mit ihr als Minderjähriger eine mehrjährige Beziehung auf Kuba geführt habe. Auf der Insel seines Freundes Fidel Castro hatte sich Maradona im Jahr 2000 nach einer lebensbedrohlichen Herzattacke, vermutlich hervorgerufen durch eine Überdosis, behandeln lassen. Dort kurierte er über mehrere Jahre auch seine Drogensucht.

Maradona habe ihr in dieser Zeit mehrfach körperliche Gewalt angetan und sie zum Konsum von Kokain verführt. Sie habe die Drogen genommen, um ihm zu gefallen, und sei bald abhängig geworden. Mavys Álvarez Rego ist nach eigenen Angaben erst 16 Jahre alt, als sie Maradona zugeführt wird und erstmals Kokain nimmt. Vier, fünf Jahre dauerte demnach das Verhältnis zu Maradona, der in seinen Vierzigern ist. Auf sein Drängen habe sie sich später den Busen vergrößern lassen, um dem gängigen weiblichen Schönheitsideal in Lateinamerika zu entsprechen. Wochenlang sei sie bei einer gemeinsamen Reise nach Buenos Aires von seinen Helfern gegen ihren Willen in einem Hotel festgehalten worden oder habe das Zimmer nur in Begleitung seiner Helfer verlassen dürfen. Und in ihrer eigenen Wohnung habe Maradona sie vergewaltigt. »Ich war von ihm geblendet. Ich liebte ihn, aber ich hasste ihn auch. Ich dachte sogar an Selbstmord.«

Álvarez Rego hat nie Anzeige erstattet. Über ihre Beziehung und den Missbrauch, den sie ihm vorwirft, spricht sie im November 2021 auf einer Pressekonferenz und vor ermittelnden Behörden in Buenos Aires. Die Nichtregierungsorganisation »Fundación por la Paz y el Cambio Climático« (Stiftung für Frieden und Klimawandel) hatte nach Maradonas Tod bei der argentinischen Staatsanwaltschaft für Menschenhandel und Ausbeutung von Menschen (Protex) Anzeige erstattet, um herauszufinden, ob in Maradonas Umgebung damals Menschenhandel betrieben wurde. Im Februar 2022 urteilt das Gericht, den Angeklagten sei kein strafrechtlicher Vorwurf zu machen.

Der Ruf des Unsterblichen – Papst Franziskus gedenkt Maradonas nach dessen Tod im Gebet – leidet in Argentinien nach den Vorwürfen. Aber nur ein wenig, und das auch nur bei einem Teil der Menschen. Es sind fast ausschließlich Frauen, die fordern, endlich den ganzen Maradona zu sehen. Und nicht weiter wegzuschauen und damit die Gewalt auszublenden, die so vielen Frauen seit vielen Jahren in ihrem Land widerfährt, ungesehen und ungestraft. Doch die große Empörung bleibt aus, vor allem bei Männern, es gibt keinen Aufschrei, nicht in Argentinien, nicht in Italien, nirgendwo.

Die quasireligiöse Verehrung, die spätestens Maradonas Tod auslöst, ist stärker. In Zeiten, in denen Aktivisten in vielen Ländern Denkmäler vom Sockel stürzen, werden Stadien, Straßen und Plätze nach Maradona umbenannt. Seine ungezähmte Spiellust, seine Lebenslust sowie seine unermüdlich bekundete Solidarität mit Armen und Ausgegrenzten sind übermächtig. Vor allem die Bilder und die Botschaft eines Menschen, der, unvollkommen wie wir alle, einen Weg findet, über schreckliche Armut zu triumphieren, und der die Elenden in ihren Hütten mit Hoffnung versorgt, sind so gewaltig, dass sie Maradonas menschliche Schwächen zwar nicht unsichtbar machen, wohl aber seine Gewalttätigkeit gegenüber Frauen überstrahlen. Die Zeit ist auch im Jahr 2022 nicht reif dafür, Gewalt gegen Frauen als tiefgreifendes gesellschaftliches Problem zu betrachten und Maradona als einen Prototyp, der diese Prägung verinnerlicht hat.

In den meisten Rückblicken nimmt der Blick der meist männlichen Beobachter auf Maradonas Ausraster und Gewalttaten dann größeren Raum ein, wenn sie entweder zu seiner eigenen Zerstörung beigetragen haben oder sich gegen andere Männer richteten; beides steigert am Ende nur Maradonas Mythos. Im Jahr 2004 schießt er mit einem Luftgewehr auf Journalisten, die ihn vor seinem Haus abpassen wollen, und verletzt dabei fünf Menschen. Maradona wird zu einer Strafe von 15 000 Dollar und 34 Monaten Haft auf Bewährung verurteilt. Fünf Jahre später, da ist er schon Trainer der argentinischen Nationalmannschaft sperrt ihn der Internationale Fußballverband für zwei Monate, weil er Journalisten und Kritiker auf einer Pressekonferenz nach der erfolgreichen Qualifikation für die Weltmeisterschaft 2010 auf Macho-Art beleidigt. »Denjenigen, die nicht an mich geglaubt haben, sage ich, die Damen mögen das entschuldigen: Ihr könnt mir einen blasen.«

Wenn es um Maradonas düstere Seiten geht, ist ohnehin für viele seiner Anhänger nicht die Frage, was Maradona in seinem Leben getan hat. Sondern was er für sie in ihrem Leben getan hat. Wenn er auch sie mit seinen Triumphen zu Siegern macht. Wenn er sie mitnimmt ins unendliche Reich der Träume. Wenn er ihnen unvergessliche Momente schenkt. Glück.

Unvergesslich bleibt seinen Anhängern in Neapel ein Tag wie der 9. November im Jahr 1986. Schon in der vorangegangenen Saison hat Maradona mit dem SSC Neapel als überraschendem Tabellendritten in der italienischen Meisterschaft den Süden wieder stolz gemacht, doch nun haben sich die Underdogs für Rekordmeister Juventus Turin und das italienische Establishment tatsächlich zu einer ernsten Bedrohung entwickelt – womöglich sogar zur revolutionärsten, die sich die Reichen und Mächtigen vorstellen können: dass die fast schon naturgesetzlich empfundene Ordnung auf den Kopf gestellt wird – und die, die unten sind, gegen die, die oben sind, womöglich den Sieg davontragen könnten.

Am neunten Spieltag ist beim Spitzenspiel zwischen Tabellenführer Turin und dem punktgleichen Verfolger aus

Neapel jener Tag angebrochen, der aus Sicht der Elite nie anbrechen sollte. Doch zu ihrer großer Erleichterung geht Juventus in der zweiten Halbzeit in Führung. Alles läuft so, wie es immer gelaufen ist. Die alten Machtverhältnisse scheinen wieder die neuen zu sein: Oben ist oben, unten ist unten. Unveränderlich, auf ewig.

Doch wie aus dem Nichts und gegen alle Wahrscheinlichkeit schlagen die Außenseiter eine Viertelstunde vor dem Abpfiff zurück. Neapel gelingt der Ausgleich. Und womit noch weniger zu rechnen ist: Das Turiner Stadion explodiert beim 1:1 für Neapel. Die Gedemütigten erheben sich. Tausende Agnelli-Arbeiter, die von Armut und Aussichtslosigkeit in den vergangenen Jahren in den Norden getrieben worden waren, hatten sich Karten für dieses Duell besorgt. Überall im Stadion tauchen nun Menschen auf, die einen lange unterdrückten Stolz in sich spüren und ihn hinausschreien. »Wir haben nichts mehr verstanden«, sagt Maradona später. Die Verhältnisse geraten ins Wanken, zumindest im Stadio Olimpico Grande Torino, das früher den Namen von Benito Mussolini trug. Plötzlich ist alles möglich. Das Spiel kippt. Im Reich der Agnellis, die zusammen mit den anderen Mächtigen und Reichen in Italien immer bestimmt haben, wie die Dinge laufen – in der Wirtschaft, in der Politik und auch im Fußball –, ist in diesem Augenblick nichts mehr, wie es war. Der Süden übernimmt das Ruder. »Wir schießen das zweite Tor, und wieder Jubelrufe«, erinnert sich Maradona. »Und dann das dritte, und noch mehr Jubel.« Turin ist besiegt, 3:1. Die alte Macht liegt am Boden. Maradona hat sie besiegt. Ein unvergesslicher Moment für Neapel und für ihn, also für alle, die sich mit ihrem Schicksal nicht abfinden wollen. »›Na-po-li, Na-po-li‹, riefen sie da«, sagt Maradona. »Das war total beeindruckend.«

Maradonas Team übernimmt die Tabellenführung. Und bleibt in dieser Saison, wo es noch nie war: ganz oben Am vorletzten Spieltag sichert sich der SSC Neapel den *scudetto*, die italienische Meisterschaft, zum ersten Mal in seiner über sechzigjährigen Geschichte.

Das letzte Spiel, ein Heimspiel in San Paolo, in dem es für den neuen Meister sportlich um nichts mehr geht, wird zu einem der größten Tage der Stadt. Neapel trägt Himmelblau, die Farben des Klubs: auf der Haut, auf Hemden und Röcken, auf Fahnen, auf Hauswänden, auf dem Asphalt. Die Zukurzgekommenen feiern zwei Wochen lang, Tag und Nacht. »Besser einen Titel wie Löwen erkämpft als 22 dank Agnelli«, steht auf einem Plakat an der Piazza Santa Maria degli Angeli im Zentrum Neapels. Und auf der Friedhofsmauer: »Ihr wisst nicht, was ihr verpasst habt.«

Wenige Wochen später holt der SSC Neapel auch die Coppa Italia, den nationalen Pokal. Das Double ist perfekt. Nur zwei Klubs haben das in Italien zuvor geschafft. Nun ist Maradona auch in Neapel ein Heiliger, nicht nur in Argentinien. Hunderte neugeborene Jungen werden Diego genannt. Aber klar ist auch, wer sich in Neapel diesen Erfolg auf die Fahnen schreibt: die Camorra. Die Meisterfeier am 10. Mai 1987 findet im verarmten Stadtviertel Forcella statt, dem Herrschaftszentrum des Giuliano-Clans, direkt vor dem Haus von Luigi, dem Boss.

In Neapel taucht Maradona spätestens nach dem Gewinn der Meisterschaft vollständig in eine Männerwelt ein, in der sich alles um Geld und Gewalt dreht, um Macht und Drogen, um Frauen. Die Achtziger sind selbst für die

Hochburg der Kriminalität eine besonders gewalttätige Zeit. Rund 1500 Tote gehen in dieser Dekade auf das Konto der verschiedenen rivalisierenden Clans, zwischen denen immer wieder mörderische Kämpfe um Macht- und Marktanteile ausbrechen.

In dieser Zeit zählen nicht nur die Körper der anderen wenig, auf seinen eigenen nimmt Maradona auch wenig Rücksicht. Die Verantwortlichen beim SSC Neapel scheuen sich ohnehin nicht, alles aus ihrem Star herauszupressen, ihn mit allen Mitteln auf den Platz zu zwingen. Nach den jahrelangen Angriffen gibt es keine Stelle an seinem Körper, die nicht irgendwann weh tut, doch die Schmerzen im Rücken sind höllisch. Schonung kommt nicht infrage, Betäubung ist die Lösung. »Spritzen mit einer zehn Zentimeter langen Nadel haben sie mir da reingejagt, damit ich spielen konnte. Und bis auf den heutigen Tag tut mir das noch weh«, schreibt Maradona im Alter von vierzig Jahren. »Ich hätte gern eine Statistik mit den Spielen, die ich verletzt, fitgespritzt oder quasi eingegipst gespielt habe. Aber ich würde es wieder tun. Weil ich ja immer spielen und gewinnen wollte.«

Maradona hat keine Scheu, sich nach dem Titelgewinn offen mit der Camorra einzulassen. Er ist nun Stargast auf Partys des Giuliano-Clans, der ihn verlässlich mit Kokain und Prostituierten versorgt. Wenn Maradona wiederum eine Ladeneröffnung, die der Camorra wichtig ist, mit seiner Anwesenheit aufwertet und dafür ein Foto für die Presse machen lässt, geht er oft mit einer Rolex nach Hause, meistens ist sie aus Gold. Doch die größte Kostbarkeit, die das Verbrechersyndikat für ihn bereithält, ist unsichtbar: Schutz.

Die Camorra, die vor über 200 Jahren erstmals als kriminelle Organisation in Neapel offiziell erwähnt wird und dort seit dem 16. Jahrhundert heimisch ist, spannt in Neapel einen Schutzschirm über Maradona, der ihn im ganzen Land unangreifbar macht. Keine seiner Exzesse, Verfehlungen oder strafbaren Handlungen kommen ans Licht. Maradona kann sich absolut sicher fühlen: vor der Polizei, vor der Steuerfahndung, vor der Justiz, vor der Presse, vor der realen Welt – und auch vor sich selbst.

In der Saison nach dem Titelgewinn spielt der Unangreifbare mit Neapel so gut wie nie. Zusammen mit dem grandiosen italienischen Stürmer Bruno Giordano sowie dem neuen brasilianischen Star Careca wächst in Neapel ein legendäres Angriffstrio zusammen. Unter dem Namen »Ma-Gi-Ca« verzaubern sie die Fans und versetzen die gegnerischen Abwehrreihen in Angst und Schrecken. Neapel dominiert die Liga fast über die gesamte Saison, fünf Spieltage vor Schluss ist die zweite Meisterschaft dank eines Vorsprungs von vier Punkten zum Greifen nah. Es wird damals noch nach der alten Punkteregel mit zwei Zählern für einen Sieg abgerechnet. Die »Ma-Gi-Ca«-Mannschaft ist nahezu unschlagbar; nur zwei Spiele in der gesamten Saison hat Neapel bis dahin verloren. »Wir holten 87 Prozent der Punkte in den ersten 19 Spielen, ein historischer Rekord. Eine Maschine. Wir waren eine Maschine«, sagt Maradona.

Doch aus heiterem Himmel bricht der SSC Neapel zusammen, quasi über Nacht, vom 25. auf den 26. Spieltag. Das perfekt funktionierende Team ist auf der Zielgeraden schlagartig außer Betrieb. Nichts geht mehr. Sie verlieren vier der letzten fünf Spiele und holen nur noch einen einzigen lächerlichen Punkt, sportlich völlig unerklärlich.

Was ist passiert? Diese Frage lässt auch Maradona nicht los. In seiner Autobiografie räumt er dem unbegreiflichen Zusammenbruch sogar mehr Raum ein als dem für Neapel legendären Meisterschaftsgewinn ein Jahr zuvor. Er weiß, warum: In Neapel steht bald der Vorwurf im Raum, der Klub habe die Meisterschaft verkauft. Oder wie es Maradona ausdrückt: den greifbaren Triumph »unter dem Druck der Wettklubs abgetreten«. Tatsache ist: In den beiden letzten Spielen der Saison steht Maradona, der sich in dieser Spielzeit zunächst körperlich so gut wie nie in seiner Karriere fühlt, nicht mehr auf dem Platz. Sein Körper, so sagt er, sei den Strapazen und Schmerzen nicht mehr gewachsen gewesen: Adduktoren, Lende, Hexenschuss, Arthrose, Ischias – überall schmerzt es.

Bis zu diesem Zeitpunkt hat Maradona in den vier Jahren, die er schon in Neapel spielt, niemals für zwei Spiele pausiert. Vielmehr absolvierte er über 200 Spiele nacheinander. »Ich spielte und spielte und spielte, aber immer auf Kosten von meinem Gewebe, das sich entzündete. Wenn dann gesagt wird, dass wir Fußballer zu viel verdienen und faule Hunde sind: Ja, haben die denn eine Ahnung, was es bedeutet, ein zehn Zentimeter tiefes Loch neben der Leiste zu haben – oder im Knöchel, im Knie, in der Lende?«, sagt Maradona beschwörend. Doch anders als in diesem Meisterschaftskampf ist Maradona in den kommenden Spielzeiten immer dabei, wenn es um Titel und Triumphe geht.

Die Leute in Neapel erzählen sich trotzdem Geschichten. Sie wissen schon seit Generationen, wie es ist, mit der

Camorra zu leben. »Es wurde von der Camorra geredet, von illegalem Toto«, sagt Maradona. Mehr nicht. Der Beweis, dass die organisierte Kriminalität auch die verlorene Meisterschaft organisiert hat, wird nie geführt. Was bleibt, ist das Gerücht, die Camorra hätte Milliarden Lire im Wettgeschäft verloren, wenn Neapel diesen Titel gewonnen hätte. Italienische Mafiajäger, die gut zehn Jahre später offiziell gegen die Camorra wegen Fußball-Wettbetrugs ermitteln, halten diese Annahme für die Saison 1987/88 für absolut plausibel. Doch sicher ist nur, dass die Mafia, die ihr Geld zu dieser Zeit auch im Vatikan waschen soll, seit jenem rätselhaften Zusammenbruch des SSC Neapel immer massiver in das rasant wachsende Fußball-Wettgeschäft eingestiegen ist. Das Geld, das sie mit Drogen, Waffen und Prostitution verdient, wird dort sauber, in neunzig Minuten. Und im Wettgeschäft, sagen Experten, geht weniger verloren als in anderen Waschmaschinen. »Aber mir war klar, dass der einzige Ausweg für Neapel darin bestand, dass wir weiterkämpfen. Das habe ich getan, und es begann eine neue Phase für uns.«

Der 19. April 1989 in der folgenden Saison ist ein regnerischer Tag in München, aber er wird zu einem strahlenden für den Fußball. Im Olympiastadion steht das Rückspiel um den Einzug ins Finale des UEFA-Pokals an zwischen dem FC Bayern und dem SSC Neapel. Doch der Zauber, den Maradona an diesem Tag verbreitet, braucht kein Spiel, keinen Wettbewerb, keinen Kampf um eine Trophäe. Um die Schönheit des Fußballs zu erleben, genügen ein Mann und ein Ball.

Maradona steht in einer wasserabweisenden und mit Schnüren locker über den Hüften zusammengebundenen

Regenjacke auf dem Münchner Rasen und bereitet sich auf das Spiel vor, so, wie es zuvor noch niemand getan hat, und so, wie es danach niemand mehr wagt. Maradona wiegt seine Hüften zu einer imaginären Musik. Sein Körper und seine Arme bewegen sich im Rhythmus einer Melodie, die nur er hört. Seine Hände klatschen im Takt, seine Locken swingen, sein Bauch tanzt unter der Regenjacke. Maradona macht sich warm und weich, und als er bereit ist, bittet er die Liebe seines Lebens zum Tanz: den Ball.

Maradona jagt ihn beim Warmmachen hoch in die Luft, dort hängt er ein paar Sekunden am Himmel. Maradona schaut seinem Geliebten nicht hinterher und geht ein paar Schritte alleine weiter. Er muss den Ball auch nicht mit seinen Augen verfolgen, sein Instinkt sagt ihm schon, wann und wo sie zusammenfinden werden, auf den Moment und den Zentimeter genau. Ohne hinaufzuzusehen in den Himmel, empfängt Maradona den Herabstürzenden mit der äußersten Fußspitze, nur ein paar Zentimeter über der Grasnarbe zieht er ihn mit der unwiderstehlichen Kraft eines Magneten an. Es ist, als steuerte Maradona den Ball jetzt mit einer Fernbedienung, die in seinem Kopf steckt. Der Ball springt fröhlich an ihm auf und ab, vom Fuß, auf den Schenkel, auf die Stirn, auf den Außenrist und wieder zurück, wie ein Hund, der mit seinem Herrn spielt.

Sie tanzen einen der schönsten Tänze, den der Fußball gesehen hat. Maradona lässt den Ball vom einen zum anderen Oberschenkel hüpfen, zehnmal, zwanzigmal, während seine Beine nahezu auf der Stelle in leichten Galopp verfallen, wie ein Dressurpferd, das sich im Parcours präsentiert. Die Schnürsenkel seiner offenen Fußballschuhe hängen dabei lose und weit herunter, aber sie sind keine Fallstricke, über die er stolpern oder in denen er sich verfangen könnte. Sie wirken bloß wie weitere Teile seines Körpers, deren jede einzelne Bewegung er ebenso mühelos kontrolliert wie seine gesegneten Füße.

Maradona lässt den wild wirbelnden Ball plötzlich auf den Spann seines linken Fußes sinken, wo er wie ohnmächtig liegen bleibt. Doch sofort erweckt Maradona ihn wieder zum Leben, lässt ihn auf seine Schultern und dort springen wie ein Kind auf einem Trampolin. Nachdem sich der Ball ausgetobt hat, gönnt er ihm eine Pause. Er darf sich auf seinem Kopf erholen. Maradona trägt ihn behutsam wie ein schlafendes Baby über den Platz.

Und dann geht das bezaubernde Liebesspiel zwischen Maradona und seinem Ball wieder von vorne los. Minuten für die Ewigkeit, unerreicht an Virtuosität und Verspieltheit. Der spielende Mensch ist in diesem Moment ganz bei sich, Maradona, der *homo ludens*.

Irgendwann richten sich die Augen im Stadion nur noch auf Maradona. Auch seine Mitspieler spüren, dass dies ein Moment ist, in dem die Bühne nur ihm gehört, dem Genie, das kann, was sonst keiner kann. Kein Mitspieler kreuzt mehr seinen Weg, niemand behelligt ihn mit einem banalen Zuspiel, keiner will seiner Kunst im Wege stehen. Als die Spieler des SSC Neapel schließlich vom Platz gehen nach dem Aufwärmprogramm, begleiten Maradona die Ovationen von rund 70000 Zuschauern im Münchner Olympiastadion bis in die Kabine.

Der Fußball, das ist Maradona. Das hat jeder von ihnen gesehen. Das berühmte Video, in dem diese magischen Momente eingefangen und vom belgischen Journalisten

Frank Raes zusammengeschnitten sind, ist mit dem Song »Live is Life« unterlegt. Er konnte kaum passender sein.

Als Maradona mit dem Trikot mit der Nummer zehn wieder aus der Kabine kommt, setzt er sich mit dem SSC Neapel dann auch in dem regulären Fußballspiel, das an diesem Abend auf dem Programm steht, durch. Ein 2:2 reicht ihnen nach dem 2:0-Sieg im Hinspiel zum Einzug ins Endspiel. Kurz darauf gewinnt Neapel gegen den VfB Stuttgart den UEFA-Pokal, der erste internationale Titel des Klubs überhaupt.

Maradona ist kurz vor dem Gipfel, den Abgrund sieht kaum einer. Maradona erhöht nun die Dosis bei allem, was er tut. »Claudia blieb bei den Kindern. Ich zog um die Häuser. Und dann wurde gekokst. Das ging immer bis Mittwoch. Und dann wieder alles rausschwitzen bis Sonntag.« Das sagt Maradona in dem herausragenden Dokumentarfilm, den Oscar-Preisträger Asif Kapadia im Jahr 2019 nach Dokumentationen über Ayrton Senna und Amy Winehouse über ihn macht. Im April 1990 gewinnt Maradona mit Neapel nochmals den *scudetto,* die ultimative Bestätigung seiner italienischen Triumphe. Innerhalb von vier Jahren ist er mit dem SSC Neapel zweimal italienischer Meister geworden, dazu Pokalsieger, UEFA-Cup-Gewinner – und Weltmeister mit Argentinien.

In seiner Autobiografie schreibt Maradona über die Saison, in der er nur noch zwischen Extremen existiert: »Die Saison, die sehr schlecht begonnen hatte, mit mir als Drogensüchtigem und Camorrista, am Rande des Abgrunds, endete mit dem Meistertitel. Ich habe sie fertiggemacht. Sie waren wieder alle total erledigt. Niemand konnte ein Wort sagen.«

Wie ein Besessener schindet sich Maradona für die Weltmeisterschaft. In Italien will er wenige Wochen nach dem zweiten Meisterschaftsgewinn auch Argentinien zur Titelverteidigung führen. Und das in dem Land, das ihn hasst, nach dem zweiten Titel noch ein bisschen mehr als ohnehin schon. Doch die Weltmeisterschaft findet auch in der Stadt statt, die ihn liebt. Und die er liebt. Die Auslosung will es, dass Argentinien in der Vorrunde zweimal in Neapel spielt. Doch überall sonst, wo Maradona in diesem großen italienischen Fußballsommer antritt, warten schon seine Gegner: in Mailand, in Turin, in Florenz, in Rom. Viele Italiener können es kaum verwinden, dass Maradona die Neapolitaner zu stolzen Siegern gemacht hat, dass die Verachtung des Südens plötzlich ins Leere läuft, dass der italienische Äquator, wonach unterhalb von Rom schon Afrika beginnt, zumindest im Fußball nicht mehr existiert.

Beim Eröffnungsspiel gegen Kamerun im Mailänder San-Siro-Stadion ist die Nationalhymne Argentiniens kaum zu hören, so laut sind die Pfiffe. Auf dem Rasen wird Maradona heftig attackiert, wie üblich. Ein Kung-Fu-Tritt gegen die Schulter streckt ihn nieder. Noch schlimmer trifft es Claudio Caniggia, den jungen argentinischen Stern. In der zweiten Halbzeit werden zwei Afrikaner vom Platz gestellt, aber Kamerun gewinnt die Schlacht trotzdem. Maradona muss nach dem Abpfiff zum Dopingtest, danach nimmt er den Kampf mit den italienischen Zuschauern auf. »Das einzig Angenehme an diesem Abend war festzustellen, dass die Italiener keine Rassisten mehr sind. Heute haben sie zum ersten Mal die Afrikaner angefeuert.«

Die beiden nächsten Spiele finden in Neapel statt, es sind Heimspiele für Maradona. Argentinien qualifiziert sich für die K.-o.-Runde, wenn auch mit viel Mühe. Im Achtelfinale zeigt der Weltmeister endlich seine Klasse, er besiegt im südamerikanischen Prestigeduell die favorisierten Brasilianer 1:0. Im Viertelfinale reicht es gegen das damalige Jugoslawien nach Verlängerung nur zu einem 0:0, trotz neunzig Minuten in Überzahl. Als Maradona beim Elfmeterschießen von der Mittellinie zum Elfmeterpunkt läuft, drehen die Zuschauer in Florenz durch. Ein gnadenloses Pfeifkonzert begleitet ihn – und Maradona zeigt Nerven. Er schießt schwach wie ein Kind. Der Torwart kann den Ball mühelos abwehren. Doch auf Torwart Goycochea kann sich Argentinien an diesem Tag verlassen, er hält danach zwei Elfmeter und rettet den Sieg. Und Maradona. Vor Erleichterung und Freude reißt er sich das Trikot vom Leib, springt in die Arme von Valdano und zeigt der Welt den Mittelfinger, vor allem den Italienern.

Die Wut und Ablehnung, die Maradona und damit auch Argentinien bei der Weltmeisterschaft jenseits von Neapel entgegenschlagen, sind jedoch nur ein harmloses Vorspiel, ein geradezu lächerlicher Aufgalopp vor dem großen Showdown, der nun im Halbfinale bevorsteht: Italien gegen Argentinien, in Neapel. Er wird zum Duell seines Lebens.

Maradona setzt schon vor dem Anpfiff das Land in Flammen. Dafür genügen drei Sätze. Sätze, die eine Realität beschreiben, die Italien kaum aushält, und schon gar nicht, wenn sie von Maradona kommen. »Ich finde das abscheulich, dass nun alle von den Neapolitanern verlangen, sie sollen Italiener sein und die italienische Nationalelf anfeuern. Neapel wurde doch immer vom übrigen Italien ausgegrenzt. Es war dem schlimmsten Rassismus ausgesetzt«, sagt Maradona. Italien dreht durch. Und Maradona ist der Brandstifter, derjenige, der einen Keil durch den italienischen Stiefel treibt. »Als ich vor die Presse trat, sagte ich etwas, das sie mir niemals verzeihen sollten«, sagt Maradona später. »Auch wenn es die Wahrheit war.«

Der Norden macht nun mobil. Italien ist bei der bis dahin das Land begeisternden Weltmeisterschaft der Favorit. Der Titel im eigenen Land ist das Größte, was sich die Tifosi vorstellen können, doch nun ist es mit der Leichtigkeit vorbei. Der *Corriere dello Sport* aus Rom macht vor dem Duell mit einer Polemik auf: »Napoli non è Italia!«

Neapel ist nicht Italien! Im ganzen Land tobt diese Debatte, auch die Politik schaltet sich ein. Und für die Menschen im Süden ist das Halbfinale kein Fußballfest mehr zwischen den favorisierten WM-Gastgebern und dem Titelverteidiger. Es wird zu einer Identitäts- und Gewissensfrage: Wie hältst du es mit Italien – und wie mit Maradona?

Die Fans von Neapel und Maradona zerreißt es. Wem schenken sie an diesem Tag ihre Liebe, und wen verraten sie – ihr Heimatland oder ihren Helden? Als Maradona das aufgewühlte Stadion betritt, das einmal seinen Namen tragen wird, hängt in der Kurve ein Plakat, auf dem steht, was viele fühlen: »Diego in unseren Herzen, Italien in unseren Gesängen.« Auf einem anderen heißt es: »Maradona, Neapel liebt dich – aber Italien ist unser Vaterland.« Die Mehrheit im Stadion entscheidet sich für Italien, für ihre Herkunft, auch wenn es das Land oft nicht gut mit ihnen meint. Aber in Neapel kann die argentinische Nationalhymne trotz der aufgepeitschten Stimmung im Land ohne Pfiffe abgespielt werden, schon diese Stille empfindet Maradona als einen Sieg.

Italien macht ein starkes Spiel und geht durch Schillaci in Führung. Argentinien kann in der zweiten Halbzeit trotzdem ausgleichen, wie aus dem Nichts. Nach neunzig Minuten steht es 1:1. Verlängerung. Der Argentinier Giusti wird nach einer Viertelstunde vom Platz gestellt, aber der Weltmeister rettet sich in Unterzahl ins Elfmeterschießen. Die Nerven sind zum Zerreißen gespannt.

Die ersten drei Schützen beider Teams bleiben cool und treffen sicher. Der Italiener Donadoni ist der Erste, der dem Druck nicht standhält. Er verschießt und fällt verzweifelt auf die Knie. Italien stöhnt auf. Und dann ist die Reihe an Maradona, ausgerechnet an Maradona. Der Kapitän Argentiniens läuft von der Mittellinie zum Elfmeterpunkt, einer der schwersten Wege seiner Karriere. Maradona weiß genau, was auf dem Spiel steht: für Argentinien, für Italien, für Neapel, für ihn. Das Endspiel ist zum Greifen nah, wenn er trifft, steht es 4:3 für Argentinien. Maradona läuft an. Torwart Zenga taucht in die linke Ecke, Maradona schiebt den Ball in die andere. Das Stadion erstarrt, Argentinien geht in Führung. Die Tifosi haben den Schock noch nicht verdaut, als direkt danach Serena zum letzten Elfmeter für Italien antritt – und auch den hält Goycochea. Italien ist raus, das Land wie benommen. Und Maradona feiert. Doch sein Tor, das letzte in diesem Spiel, wird auch sein letztes in einem großen Spiel sein, sein letzter Triumph. Aber das ahnt Maradona nicht, als er mit nacktem Oberkörper auf dem Rasen tanzt. Ein Schlussbild, nicht nur dieser neapolitanischen Nacht.

Italien versinkt in Trauer. Und kocht vor Wut. Das Ende des schönen Traums hält das Land kaum aus. *Tuttosport* titelt am nächsten Morgen: »Maradona ist der Teufel.« Eine Umfrage, die kurz nach der Weltmeisterschaft nach dem am meisten gehassten Menschen in Italien fragt zeigt, wie tief der Schmerz reicht: Niemand wird mehr gehasst als Maradona, Saddam Hussein kommt nur auf Platz zwei.

Auch der Präsident des SSC Neapel vergibt dem ewigen Helden Neapels nicht, die vermeintlichen Freunde wenden sich ab. Maradonas Untergang in Italien ist beschlossene Sache. Es gibt keine Hand mehr, die ihn schützt. Und bald auch keinen Ball mehr, der ihn rettet.

In den Zeitungen wird in der neuen Saison nach Untersuchungen der Polizei erstmals über Maradonas Drogenkonsum berichtet, auch über seinen Hang zu Prostituierten. Er muss im Februar 1991 vor Gericht aussagen. Zwei Monate später, nach einem 1:0 gegen Bari, wird Maradona positiv auf Doping getestet: Kokain. Der italienische Fußballverband sperrt ihn für 15 Monate, so lange, wie noch nie ein Fußballspieler in Italien gesperrt worden ist. Der Internationale Fußballverband übernimmt die Sperre. Es gibt nun keinen Fußballplatz mehr auf der Welt, auf dem Maradona spielen darf.

Sein Abschied aus Neapel gleicht einer Flucht. Zurück in Argentinien, stürmen Drogenfahnder die Wohnung, in die sich Maradona zurückgezogen hat. Sie finden, wonach sie suchen. Maradona wird festgenommen, vor laufender Kamera. Er wehrt sich nicht mehr. Es gibt nichts, was ihn hält. Das Leben, das er gelebt hat, ist stärker als er. Im Polizeiwagen sagt Maradona: »Ich kann nicht mehr. Lasst mich sterben.«

4

Sócrates

Eine Utopie

Als ich noch sehr jung war, wollten die Menschen von mir wissen, was ich von diesem und jenem halte. Welches meine politische Partei war, wen ich wählen würde. Sie fragten mich das, weil ich der Bruder von Sócrates war. Das hat den Prozess meiner Politisierung beschleunigt. Ich war quasi dazu verpflichtet, das Geschehen zu verfolgen, zu lesen und zu verstehen, weil der Bruder von Sócrates kein Recht hatte, sich nicht für diese Angelegenheiten zu interessieren.

RAÍ, FUSSBALL-WELTMEISTER, BRUDER VON SÓCRATES

Die Geschichte von Sócrates Brasileiro Sampaio de Souza Vieira de Oliveira ist keine übliche Erzählung von Aufstieg und Fall eines genialen Fußballers, eines tragischen Helden, eines einzigartigen Menschen. Sie ist nicht einmal eine Erzählung in dem Sinne, dass die Darstellung biografischer Ereignisse und realer Geschehnisse in einer bestimmten chronologischen Abfolge den Kern von Sócrates' Geschichte ausmacht. Auch wenn sein Leben und Sterben selbstverständlich auch all die Dinge beinhalten, die zu einer Biografie gehören, sind sie trotzdem etwas ganz anderes: eine gelebte Utopie.

In den besten Momenten ist seine Existenz eine Parabel für ein freieres, selbstbestimmteres, besseres Leben. Wofür muss man dann noch Fußballweltmeister werden? Nur so. Oder eben auch nicht. Sagte zumindest Sócrates.

Ihren Anfang nehmen Sócrates' Utopien, dem griechischen Wortursprung nach ein Nicht-Ort, ein Nirgendwo, im São Paulo der 70er- und frühen 80er-Jahre. Sie wachsen auf dem Boden einer brutalen Militärdiktatur, zugleich aber auch in einer Art frei schwebenden Raum-Zeit-Kapsel, in die sich Sócrates und seine Freunde versenken. Und in andere Welten denken.

Umgeben von bitterer Armut, mörderischer Herrschsucht und grenzenloser Ungerechtigkeit, entsteht in ihren Köpfen ein anderes Universum: eines, das auf Freiheit und Solidarität gründet, auf Bildung und Kunst, auf Demokratie und Mitbestimmung. Diese Utopie in Brasilien in die Tat umzusetzen erscheint unter den realen Umständen jener Zeit als geradezu größenwahnsinnig. Oder selbstmörderisch. Doch sie tun es trotzdem. Im Namen des Guten, Gerechten und Schönen – und der ewigen Hoffnung, die sich vom Tod nicht einschüchtern lässt.

Mit seinem gesellschaftlichen Engagement trägt Sócrates in den frühen 80er-Jahren dazu bei, dass die Militärdiktatur in seinem Land zusammenbricht. Auf dem Rasen sorgt er als Kapitän der Nationalmannschaft zur gleichen Zeit dafür, dass Brasilien den vielleicht schönsten Fußball spielt, der jemals gespielt wurde in den Trikots der Seleção, des Stolzes des Landes. Jedenfalls ist es der schönste Fußball der Welt, der ohne Titel bleibt.

Sócrates wird zum Helden einer Ära, die nie kommt. Die brasilianische Gesellschaft ist bis heute von großer

Ungerechtigkeit geprägt, und auch der betörende brasilianische Fußball ist mit Sócrates untergegangen. Selbst in den schönsten Siegen des großen Utopisten ist das Scheitern immer schon mitangelegt: in den Begegnungen mit der realen brasilianischen Welt, aber auch in seinem göttlichen Spiel, das in Brasilien mehr bedeuten kann als alles andere. Sócrates bleibt der ungekrönte König des gelebten Moments. Ein König ohne Reich. Ein Herrscher bloß erdachter oder zukünftiger Welten. Knapp drei Jahre vor seinem Tod, schon gezeichnet von langer Alkohol- und Nikotinsucht, wird Sócrates gefragt, wer er tatsächlich sei. »Ein Wahnsinniger«, sagt er. »In Wahrheit bin ich wirklich verrückt.«

Sócrates, Sóstenes und Sófocles. Schon die verblüffenden Namen für ihn und seine beiden ersten Brüder sind ein Hinweis auf familiäre Triebkräfte, die jenseits des Gewöhnlichen liegen. Die Namensgebung ist väterliches Programm: eine Verpflichtung und Mahnung zum eigenständigen Denken, zur Hinwendung zu Philosophie und Literatur, zur Positionierung in der Welt, zum politischen Engagement. Und so lebt Sócrates sein Leben stets als Doppel-Leben, als Fußballer und Aktivist, als Arzt und Süchtiger, als verehrtes Idol der Massen und verlorener Mann.

Sócrates kommt 1954 in der brasilianischen Küstenstadt Belém im Nordosten Brasiliens zur Welt, dem Tor zum Amazonas. Es sind unruhige Zeiten. Brasilien ist eine junge Demokratie. Der mittlerweile frei gewählte Präsident Vargas, der sich in den 30er-Jahren noch an die Macht geputscht hatte, gibt in jenem Jahr dem Chef der Palastwache den Auftrag, einen Oppositionspolitiker aus dem Weg zu räumen. Das Attentat scheitert, aber der Auftraggeber wird bekannt. Als das Militär den Rücktritt von Vargas fordert, greift der Präsident zur Pistole und schießt sich ins Herz. Zuvor verfasst er einen Abschiedsbrief, in dem er sich als Opfer darstellt. Hundertausende gehen auf die Straße und protestieren. Das Land kommt nicht mehr zur Ruhe.

In den 50er-Jahren erlebt Brasilien eine rasche Modernisierung, vor allem die großen Städte im Süden entwickeln sich. Im ländlichen, vom Großgrundbesitz geprägten Nordosten, dort, wo die Familie von Sócrates lebt, herrschen jedoch noch immer Abhängigkeitsverhältnisse, die an die Sklavenzeit erinnern. Auf der Suche nach einem besseren Leben strömen bald Millionen Menschen in die Städte, aber die Träume der Armen erfüllen sich nicht. Im Gegenteil, der wirtschaftliche Niedergang erfasst auch die Mittelschicht. Die Löhne sinken, die Inflation steigt. Das Einzige, was im ganzen Land wächst, ist die Armut. Überall in Brasilien kommt es in den frühen 60er-Jahren zu Streiks, Protesten, Demonstrationen. Der frei gewählte Präsident João Goulart will die extreme wirtschaftliche Ungleichheit durch Lohnerhöhungen, engagierte Sozialpolitik und eine geradezu revolutionär anmutende Bodenreform zurückdrängen. Das ist zu viel für das Militär. Unterstützt durch geheime Operationen des US-Geheimdienstes CIA, putschen sich die Generäle im Jahr 1964 an die Macht. Der Präsident flieht ins Ausland. Nun beginnen die Säuberungen: in den Streitkräften, in den Institutionen des Landes. Der politische Widerstand wird brutal unterdrückt und kriminalisiert, die direkte Präsidentenwahl abgeschafft. Die Demokratie in Brasilien ist am Ende.

Es folgen bleierne Jahre, die sogenannten *anos de chumbo*. Nach Streiks und Studentenunruhen ermächtigt sich die Militärregierung im Dezember 1968 dazu, jederzeit die Grund- und Bürgerrechte aufheben zu können – und tut dies auch. Verfassungsrechtliche Bedenken und Beschränkungen spielen keine Rolle mehr, mit dem »fünften institutionellen Akt« wird der Staatsterror institutionalisiert. Systematische Unterdrückung. Repression. Verfolgung. Folter. Politischer Mord. Das ist der bedrückende und blutige Alltag im Land. Hunderte Brasilianer werden getötet, Tausende gefoltert oder in die Flucht getrieben. Zudem schließt sich die Junta in den 70er- und 80er-Jahren zu einer Gruppe von insgesamt sechs rechtsautoritären oder diktatorisch geführten lateinamerikanischen Ländern zusammen, die mit Unterstützung der Vereinigten Staaten unter dem Codenamen »Operación Cóndor« oppositionelle Kräfte verfolgen und töten, weltweit. Auch diejenigen, die sie zuvor schon aus ihren Ländern vertrieben hatten, die davonliefen, die flohen.

Bis zu einer halbwegs demokratischen Wahl des Präsidenten im Jahr 1985 vergehen in Brasilien 21 Jahre. Es ist eines der längsten und dunkelsten Kapitel in der verbrecherischen Geschichte südamerikanischer Militärdiktaturen.

Sócrates' Vater stammt aus bitterarmen Verhältnissen. Er muss vorzeitig die Grundschule verlassen, weil er Geld ranschaffen muss für den Lebensunterhalt der Familie. Da ist er noch ein Kind. Doch den unschätzbaren Wert von Bildung hat der kleine Raimundo trotzdem verstanden: als einzigen Ausweg aus bitterer Armut.

Mit unstillbarem Wissensdurst bringt er sich erst selbst immer besser das Lesen, Schreiben und Rechnen bei. Er verschlingt Literarisches und Philosophisches, holt den Schulabschluss nach und bewirbt sich schließlich als junger Familienvater auf eine wichtige und hoch dotierte Stelle als Finanzbeamter. Er bekommt den Posten. Das Leben der Familie, finanziell nun bestens ausgestattet, ändert sich grundlegend. Seinen ersten drei Söhnen gibt er die Namen seiner Lieblinge aus dem Bücherregal. Die folgenden drei – Raimundo Junior, Raimar und Raí – bleiben von diesem Ehrgeiz aufgrund einer Intervention seiner Ehefrau verschont, müssen aber den Anfangsbuchstaben des Vornamens ihres Vaters auch für ihre eigenen akzeptieren.

Die neue Stelle macht im Jahr 1960 einen Umzug nach Ribeirão Preto nötig, einer Kleinstadt im Bundesstaat São Paulo. Der soziale Aufstieg der Familie Souza Vieira de Oliveira schenkt Sócrates eine unbeschwerte Kindheit, finanzielle Sorgen gehören der Vergangenheit an.

Der Vater legt sich eine Bibliothek zu und schickt Sócrates auf die beste Schule der Stadt. Nichts erscheint ihm wichtiger, als seinen Söhnen sein Lebenselixier zu vermitteln: Bildung. »Er hat mich zum Lesen genötigt, und er hat überwacht, dass ich gelernt habe. Ein Mann ohne Ausbildung baute eine große Bibliothek auf und befand sich fortwährend in ihr. Ich kann mich an die unzähligen Male erinnern, als ich bei ihm saß und ebenfalls in den Büchern las«, sagt Sócrates rückblickend voller Anerkennung.

Umso verstörender ist es für den Jungen, als er sieht, wie sein Vater seine geliebten Bücher hinter dem Haus verbrennt. Das geschieht im Jahr 1964. »Er hatte *Das Ka-*

pital von Marx, er hatte Engels, er hatte jeden. Er hat alles gelesen, von rechts und von links; Gramsci, Macchiavelli. Aber er hat alles verbrannt, weil er dachte, dass es ihm schaden könnte. Das war schockierend für mich«, sagt Sócrates, wie es in der Biografie *Doctor Socrates* von Andrew Downie heißt. Sócrates habe, wie Tom Cardoso in seiner Biografie (*Sócrates*) schreibt, im Alter von zehn Jahren allerdings bloß verstanden, dass da etwas nicht stimmen konnte. Doch was damals tatsächlich vor sich ging, habe er erst weit später begriffen, als er aufs College ging.

Die Bücher, die nicht mehr in der Bibliothek existieren dürfen und die sein Vater zu Asche verwandelt, üben auf den Jungen einen unwiderstehlichen Reiz aus. Als er noch nicht alt genug ist, um zu verstehen, was in ihnen steht, liest er sie trotzdem. Als er sie versteht, kommt er nicht mehr von ihnen los. Politische und gesellschaftspolitische Literatur und Theorien werden Sócrates zu einer Sucht. Einen seiner fünf Söhne nennt er Fidel, nach dem kubanischen Revolutionär, seinem politischen Helden.

Die Sorge, dass ihn die unliebsamen Bücher zu einem weiteren der ungezählten Opfer der Junta machen könnten, teilt der Vater nicht mit Sócrates. Auch seine ärmliche Kindheit verhüllt der Vater. Sócrates und seine Brüder sollen unbeschwert aufwachsen, trotz der harten Wirklichkeit im Land, die sein Vater am eigenen Leib erlebt hatte. Auch dieser Plan des zu Wohlstand gekommenen Finanzbeamten, der sich nach seinem Aufstieg gern in hellen Anzügen und Krawatte ablichten lässt, geht auf. Sócrates lebt tatsächlich das behütete und privilegierte Leben eines Jungen aus der gehobenen brasilianischen Mittelschicht. Auf seiner Schule hat er es nur mit Kindern zu tun, deren Eltern sich eine solche Ausbildung leisten können und wollen, doch mit den unzähligen Familien, denen das Wasser bis zum Hals steht, hat Sócrates nichts zu tun. Und nichts gemein.

Als er mit elf Jahren in einen Fußballverein in Ribeirão Preto eintritt, bekommt er eine Ahnung davon, dass es in seinem Land auch Menschen gibt, deren Leben von Armut, Verzweiflung und Schmerz bestimmt ist. Der Fußball sorgt bei Sócrates für einen ersten Realitätsschock. Einen, der seinen Blick und seinen Weg nachhaltig beeinflussen wird, wenn auch mit einiger Verzögerung. »Die Leute fragten mich, was meine glanzvollsten Momente im Fußball waren, und ich sagte: ›Fuck, das Beste war für mich, als ich bei Raio de Ouro angefangen habe.‹ Weil ich da mit einer Menge Jungs auf der Ladefläche eines Lastwagens saß. Jeder von ihnen war anders, jeder hatte ein anderes Leben, andere Bedürfnisse. Shit, ich hatte zu Mittag gegessen, und einige von ihnen hatten nichts. Und wir waren doch auf dem Weg, um Fußball zu spielen! Das war eine Erfahrung, die ich in der Schule nie gemacht habe. Zu Hause hat mir nie jemand von diesen Dingen erzählt. Das lag daran, weil mein Vater das alles selbst durchgemacht hatte. Erst viel später erfuhr ich von seinen Schwierigkeiten. Er wollte nie, dass wir es wissen«, sagt er später in einem Interview mit dem bekannten brasilianischen Journalisten Juca Kfouri, der ihm über die Jahre zu einem Begleiter wird, zu einem Vertrauten.

Der Fußball ist für Sócrates auch Lebensschule, aber zunächst ist es vor allem ein Hobby für einen Jugendlichen aus wohlhabendem Haus, der in den scharfen sozialen Gegensätzen kein zentrales Problem erkennt. Für die Vertreter seiner Schicht ist es damals keine angemessene Perspektive, eine Karriere als Profifußballer anzustreben. Brasilien ist zwar verrückt nach dem Ball, aber damit Geld zu verdienen ist vor allem für Jungs erstrebenswert, die bitterer Armut entfliehen wollen. Aber nicht für den weißen Nachwuchs aus besserer Gesellschaft.

Als jugendlicher Revolutionär ist Sócrates jedenfalls ein Ausfall. Sein Blick auf die politische Wirklichkeit schärft sich erst mit einiger Verzögerung. Selbst mit 22 Jahren, als er schon länger im Medizinstudium steckt, sagt er in einem seiner ersten Zeitungsinterviews, in denen er sich als aufstrebender Fußballer über gesellschaftliche Fragen äußert, dass »Zensur notwendig« in Brasilien sei. Ansonsten würden die Dinge für die Regierung noch komplizierter. Sócrates übernimmt in dieser Zeit auch die Sprachregelung der Junta, dass im Jahr 1964 eine »Revolution« stattgefunden habe. Dabei fand in Wahrheit gerade kein Volksaufstand statt, sondern ein Putsch der Militärs. Im Sommer 1976 redet der Student Sócrates noch so, wie viele Jungs aus den besseren brasilianischen Kreisen reden, die es sich mit den Machthabern nicht verscherzen wollen.

Das außergewöhnliche Fußballtalent des schlaksigen Jungen mit den langen Beinen fällt früh auf. Mit 16 Jahren wird der Botafogo Futebol Clube (nicht zu verwechseln mit dem Topklub Botafogo aus Rio de Janeiro) auf ihn aufmerksam und will ihn in sein Nachwuchsteam holen. Doch Sócrates träumt davon, Arzt zu werden. Aber dem Angebot, das seinem Talent schmeichelt, stimmt er schließlich zu. Doch nur zu seinen Bedingungen. Nur auf seine Einsätze am Wochenende kann der Klub zählen, nicht auf regelmäßige Teilnahme am Training unter der Woche. Stattdessen will sich Sócrates in Abendkursen auf die schwierige Aufnahmeprüfung für die Universität vorbereiten. Der Klub stimmt zu. Und Sócrates kann nun genau das tun, was er am liebsten macht: lernen und spielen. Auf Training hat er sowieso keine große Lust.

Schon in der Jugendmannschaft fängt Sócrates das Trinken an. Die Jungs schütten sich nach den Spielen regelmäßig ein paar Bier rein, aber oft auch an den anderen Tagen. Dass Sócrates stets dabei ist, fällt nicht auf. Im Gegenteil, das machen alle.

Als einen Hochleistungssportler, der auf seinen Körper achtet, versteht sich Sócrates ohnehin nicht. Schon der Gedanke, sich stumpfem Lauf- und Krafttraining zu unterwerfen, widerstrebt ihm. Nur sein Kopf soll arbeiten, nicht sein Körper. »Ich bin kein Athlet. Ich bin Fußball-Künstler«, sagt er viele Jahre später, als er zu den Besten der Welt gehört. Ohne dass er jemals seinen Körper optimiert und perfektioniert hätte.

Trotzdem ist Sócrates auch körperlich eine Erscheinung. Allerdings eher auf ästhetische als auf athletische Weise. Im Erwachsenalter misst er mindestens 192 Zentimeter (laut anderen Angaben sogar noch zwei Zentimeter mehr). Er bewegt sich auf endlos langen, schlanken und wohlgeformten Beinen. Doch an seinem gesamten Körper fehlt es an Muskeln, die ihm die notwendige Kraft für Hochleistungssport bereitstellen könnten. Mit einem Gewicht von angeblich 80 Kilogramm erscheint der Hochaufgeschossene vielmehr fast so dürr wie ein Model auf dem Laufsteg. Er hört bald auf den entsprechenden Spitznamen: *Magrão*, der Dürre. Und im Vergleich zu seiner Körpergröße steht Sócrates auf geradezu lächerlich kleinen Füßen. Sie passen in Größe 41, aber er bringt aus diesen geradezu absurd kleinen Füßen und vergleichsweise mickrigen Oberschenkeln dank seiner herausragenden Technik Schüsse hervor, die mit der Gewalt von Geschossen einschlagen.

Sócrates ist im Fußballsport auch körperlich eine solch eigentümliche und außerordentliche Erscheinung, als habe sein Wesen geradezu nach einer zu ihm passenden äußeren Form gesucht, die sich dementsprechend auch über alle scheinbaren Notwendigkeiten des Fußballsports souverän hinwegsetzt. »Es gibt an mir keine Logik, alles ist verkehrt an mir«, sagt Sócrates im Rückblick über seinen Körper und auch über die ungewöhnlichen und beschwerlichen Wege, die er zwischen Klassenzimmer, Seminarraum und Fußballplatz viele Jahre gegangen ist. »Ich habe im Sport immer mit Limitierungen leben müssen.«

Im Jahr 1972 schaffte Sócrates trotz der Doppelbelastung im Alter von 18 Jahren die schwierige Aufnahmeprüfung zum Medizinstudium. Allerdings erst im zweiten Anlauf. Der erste Rückschlag hatte ihn nicht entmutigt, sondern dazu geführt, dass er sich zielstrebig und mit aller Energie in die abermaligen Vorbereitungen stürzte. Eine Einstellung, die ihm auf dem Fußballplatz fremd blieb, aber die zu einem solch herausragenden Prüfungsergebnis führte, dass Sócrates sich jede Universität in Brasilien hätte aussuchen dürfen. Doch er will in seinem gewohnten Umfeld bleiben. Er schreibt sich an der Universität von São Paulo in Ribeirão Preto ein.

In jenem Jahr schafft Sócrates, obwohl er wenig trainiert und viel trinkt und raucht, trotzdem den Sprung in die erste Mannschaft von Botafogo. Er gehört nun zu den Männern. Doch Sócrates spürt schnell, dass er mit dieser für den Hochleistungssport eigentlich toxischen Kombination körperlich weder mit seinen austrainierten Kollegen noch seinen Gegnern mithalten kann. Er selbst sieht die Sache klar und illusionslos. Er erkennt, wenn er in den Spiegel schaut, nur das »Gegenteil eines Athleten«, wie er selbst sagt. Doch ein Anlass, an seiner lustbetonten Lebensweise etwas zu ändern, ist dieser Anblick für ihn nicht. Er sucht nach einer anderen Lösung, und anstatt sich zu schinden, erfindet Sócrates einfach eine neue Spielweise für sich. »Mein Überleben hing davon ab, eine andere Strategie zu entwickeln, anders als diejenigen, die die Leute gewohnt waren«, sagt er rückblickend. »Ich begann One-Touch-Fußball zu spielen.« Auch das: eine Revolution.

Was der Dürre dank der Kraft seines Intellekts und seiner spielerischen Genialität auf dem Rasen zeigt, verschlägt Brasilien den Atem. Sócrates entwickelt einen einzigartigen, avantgardistischen Stil. Eine erste Version jener so einfachen wie genialen Fußballidee, die erst vierzig, fünfzig Jahre später zum Maßstab im internationalen Topfußball wird. Doch die Branche ist noch nicht reif dafür, das Potenzial zu erkennen, das im One-Touch-Fußball liegt. Es existiert nicht einmal ein Begriff für das Spiel, das er spielt. Was in seiner Welt zählt, ist die Schönheit des Augenblicks. Und ihn auf dem Rasen auch zu verteidigen gegen die rohen Kräfte jener Zeit. »Was auch immer ich mit nur einer Berührung verwenden konnte, verwendete ich – ob es mein Hintern, mein Knie, mein Ellbogen oder meine hintere Ferse war, was schließlich zur Signatur meiner Bewegung wurde«, sagt Sócrates. »Das war reine Sensibilität. Überleben. Das war meine Lösung. Ich begann daran zu arbeiten. Ich hatte das Gefühl, dass ich bei keinem Pass scheitern konnte, denn körperlich war ich gar nicht in der Lage, dem Kontakt standzuhalten.«

Die Kundigen, die ihm zuschauen, merken früh, dass sein aus körperlichen Unzulänglichkeiten geborenes Spiel einer Sensation gleichkommt. In den Jahren von 1974 bis 1978 wird der Mittelfeldspieler von Botafogo in jeder Saison zum besten Spieler des Jahres seiner Stadt gewählt. Der »Seiltanz zwischen Vorlesungssaal und Fußballplatz«, wie Sócrates über sein ständiges Tänzeln zwischen den Welten sagt, endet in jeder Hinsicht triumphal. Ende des Jahres 1977 schließt er sein Medizinstudium ab – und die großen Profiklubs aus São Paulo haben längst ein Auge auf einen Ausnahmekönner geworfen, der Pässe am liebsten mit der Hacke spielt, jedes Körperteil in sein Spiel einbezieht und Elfmeter mit aufreizender Lässigkeit gern aus dem Stand versenkt. Wenige Monate nachdem Sócrates sein Medizindiplom in Händen hält, unterschreibt er einen Vertrag beim Sport Club Corinthians Paulista in São Paulo.

Nach seinem späten Aufstieg in den nationalen Topfußball dauert es nicht lange, bis das Mittelfeldgenie in der Seleção debütiert. Im Mai 1979 ist so weit. Sócrates ist da allerdings schon 25 Jahre alt. Er ist damit in einem Alter, in dem die Stars jener Zeit bereits enorme Erfahrung in ihren Nationalmannschaften gesammelt haben, obwohl internationale Karrieren damals in der Regel nicht so früh wie heute begannen. Der sechs Jahre ältere Maradona gibt sein Debüt mit 16 Jahren, im Februar 1977. Der ein Jahr ältere Platini mit zwanzig, im März 1976.

Zum Glücksfall für den Spätstarter wird der neue brasilianische Nationaltrainer Telê Santana, der 1980 die Seleção übernimmt. In ihm findet Sócrates einen Bruder im Fußballgeiste. Einen Verfechter des *Jogo Bonito*, des schönen Spiels, des ewigen brasilianischen Fußball-Schönheitsideals seit den goldenen Zeiten von Pelé von 1958 bis 1970. Santana setzt sich zum Ziel, die natürliche Schönheit des brasilianischen Fußballs zurückzubringen, nachdem die erste Phase der »Europäisierung« des brasilianischen Fußballs unter seinem Vorgänger in den 70er-Jahren bei den Weltmeisterschaften in Deutschland und Argentinien kolossal gescheitert war. »Ich weiß, dass der Brasilianer lieber hungert, als auf Fußball zu verzichten. Ich spüre, dass der Fußball für viele etwas wie Religion ist, aber für mich ist er ein Kunsthandwerk«, sagt Santana. Das gefällt Sócrates. Doch Santana sagt auch: »Tabak und Alkohol sind im Fußball der Teufel.« Das gefällt Sócrates weniger. Doch zumindest bei Weltmeisterschaften will er nun darauf verzichten, behauptet er jedenfalls.

Schon bei der *Mundialito*, der Mini-Weltmeisterschaft zur Jahreswende 1980/81, begeistern die Brasilianer mit ihrer frisch entfachten Spiellust. Sie ziehen in einer Dreiergruppe mit Europameister Deutschland und Weltmeister Argentinien samt deren neuem Star Maradona ins Finale ein. Im entscheidenden Gruppenspiel gehen die Deutschen nach der Pause zwar durch ein Tor von Klaus Allofs mit 1:0 in Führung, doch dann dreht Brasilien auf. Am Ende steht ein glanzvoller 4:1-Sieg, mit vier Toren innerhalb von 25 Minuten. Im Endspiel ist es jedoch schon wieder vorbei mit der umjubelten brasilianischen Fußballkunst. Außenseiter Uruguay siegt trotz des zwischenzeitlichen 1:1 durch

Sócrates 2:1. In Brasilien löst das schmerzliche Erinnerungen an die Weltmeisterschaft von 1950 aus, als die hochfavorisierten Gastgeber ebenfalls 1:2 gegen Uruguay verloren. Ein Finale, das »uns Brasilianer traumatisiert« hat, wie Sócrates im Rückblick sagt. Aber schon von diesem Tag an schwebt über dieser Seleção eine dunkle Vorahnung.

Mit den 80er-Jahren beginnt das Jahrzehnt der großen Spielmacher. Sie verteidigen auf bewundernswerte Weise ihre Kunst gegen die unfassbare Härte der Zeit, sie trotzen dem Spiel jene Schönheit ab, die ihre Gegner mit Füßen treten: Maradona in Argentinien, Platini in Frankreich, Sócrates und Zico in Brasilien – und kurzzeitig auch Schuster in Deutschland.

Die Seleção hat in ihrem Mittelfeld gleich zwei Regisseure, die erst Brasilien und dann die ganze Fußballwelt verzaubern: Kapitän Sócrates und Zico, der sogenannte »weiße Pelé«. Und zu den beiden geradezu epochal kreativen Mittelfeldspielern fügt Santana noch ein halbes Dutzend Spieler der Extraklasse hinzu, die schon aus der Abwehr und über das defensive Mittelfeld mit Cerezo und Falcão ein kunstvolles Aufbauspiel über den gesamten Platz mit begnadeter Technik, unerreichter Eleganz und geradezu verschwenderischer Schönheit vorantreiben.

Zu dieser Zeit ist die brasilianische Nationalelf für europäische Fans noch weitgehend eine *Terra incognita.* Eine ferne, gleichwohl faszinierende Fußballwelt, von der man nicht viel weiß und in der nicht wie heute schon jedes halbwegs vielversprechende Talent nur einen Klick entfernt ist. Die Weltmeisterschaft alle vier Jahre ist damals die einzige Bühne, auf der der Reichtum der Seleção von einem auf den anderen Tag für die Welt sichtbar wird. Es ist, als würde wie in einem Theater der Vorhang beiseitegezogen – und ein unbekanntes Schauspiel beginnt. Brasilien, das ist in dieser Zeit für Fußballfans weltweit alle vier Jahre eine Verheißung. Und immer wieder eine Entdeckung. Vom blutjungen Pelé und von Garrincha hatte man in Europa kaum gehört, bevor die beiden Fußballzauberkünstler bei der WM 1958 die Bühne eroberten. Und was Rivelino und Jairzinho bei der WM 1970 in Mexiko zeigten, davon hatte man auf der anderen Seite des Atlantiks bis dahin auch kaum eine Ahnung.

Das brasilianische Team von 1982 ist für europäische Augen eine Offenbarung. Die Seleção reist mit der atemberaubenden Bilanz von 19 Spielen ohne Niederlage zur WM nach Spanien. 46 Tore hat sie dabei erzielt und nur zehn Gegentreffer zugelassen. Sie haben zehn Spiele nacheinander gewonnen, dabei schlagen die Brasilianer innerhalb von sieben Tagen die Engländer in London, die Franzosen in Paris und die Deutschen in Stuttgart.

Es ist eine der verführerischsten Nationalmannschaften, die je existiert hat. Oder, um es mit den Worten von Pep Guardiola zu sagen, der Jahrzehnte später schwärmte: »Brasilien hatte bei der WM 1982 das wundervollste Nationalteam aller Zeiten.« Das Team besteht im Grunde aus acht brillanten Offensivspielern, die mit bestechender Technik und einem fantastischen Spielverständnis der gesamten Konkurrenz weit voraus sind. Die beiden Außenverteidiger Júnior und Leandro verstehen sich eigentlich als Außenstürmer, wie es sie aber erst rund ein Vierteljahrhundert später wieder in den besten Klubmannschaften der Welt geben sollte. Nur die Innenverteidiger Luizinho und Oscar denken defensiv, denn auch die beiden auf dem

Papier als defensive Mittelfeldspieler angesehenen Falcão und Cerezo vor ihnen sind im Grunde begnadete Spielmacher. Das Herzstück, das den betörenden brasilianischen Rhythmus vorgibt, bildet das geniale Duo Sócrates und Zico, die mit den Stürmern Éder und Serginho traumwandlerisch harmonieren.

Als die Weltmeisterschaft beginnt, ist das Team schon drei Jahre zusammen. Es funktioniert wie ein lebendiger Organismus, alles fließt. Und Sócrates ist seine Seele. »Sócrates war nie ein großer Athlet«, sagte Zico später. »Aber bei dieser Weltmeisterschaft hatte er sich komplett geändert. Er hat mit dem Rauchen aufgehört. Er hat gut trainiert. Er hat dafür gesorgt, dass wir alle härter trainieren. Er hat sich verhalten, wie sich ein Kapitän verhalten soll.« Und auf der Trainerbank sitzt mit Santana ein charismatischer Coach, der große Ermöglicher der brasilianischen Fußballkunst, der von seinen Spielern nicht weniger verlangt, als diese Kunst immer wieder neu zu erschaffen, in jedem Spiel, in jeder Minute. »Er wollte, dass wir intuitiv spielen, nicht systematisch. Er drängte die Verteidiger, sich in den Angriff einzuschalten. Er wollte keine zentralen Mittelfeldspieler sehen, die nur wussten, wie man den Gegner aufhält. Er wollte, dass sie auch mit dem Ball umgehen konnten. Er gab uns die Freiheit auszuprobieren, was wir wollten. Er wollte immer spektakuläre Auftritte von uns sehen«, sagte Falcão über den Trainer und das Team von 1982. »In all der Zeit, in der ich als Spieler, Trainer und Journalist im Fußball tätig war, habe ich nie wieder ein Team erlebt, das überhaupt nicht kritisiert wurde, egal, wie gut es war. Irgendetwas gibt es immer zu kritisieren, aber gegen uns hat wirklich niemand auch nur ein Wort gesagt.«

Bei der WM lassen sich die Brasilianer auch durch zwischenzeitliche Rückstände und Rückschläge nicht von ihrem Weg abbringen. Der große Favorit besiegt zum Auftakt die Sowjetunion nach einem Rückstand zur Pause durch Tore von Sócrates und Éder noch 2:1. Auch die Schotten schießen im zweiten Spiel das erste Tor, gehen dann aber im brasilianischen Wirbel unter, 1:4. Auch im letzten Gruppenspiel, beim 4:0 gegen Neuseeland, schießen die Brasilianer Tore, von denen eines schöner ist als das andere.

In der Zwischenrunde trifft Brasilien auf Argentinien und Italien. Eine »Todesgruppe«, wie Zico sagte. Zum Auftakt im südamerikanischen Prestigeduell führt die Seleção nach 75 Minuten 3:0. Es ist Fußball wie von einem anderen Stern. Ein Fest der Fantasie, *futebol arte*. »Es ist niemals einfach gegen Argentinien, aber je länger das Spiel lief, desto besser schafften wir es, es einfach aussehen zu lassen. Wir haben wirklich so gut gespielt«, erinnerte sich Zico in der Filmreihe »Football's Greatest International Teams« in der Folge »Brazil 1982«. Es ist die Zeit, wie Sócrates später darüber sagt, »in der wir mit dem Ball noch unsere Gefühle ausdrückten«.

Nach dem 3:1-Sieg genügt Brasilien ein Unentschieden gegen Italien, um das Halbfinale zu erreichen. Die Italiener haben sich mit drei Unentschieden in der Vorrunde in die nächste Gruppenphase gemogelt. Und betreiben dort gegen Argentinien eine zermürbende Jagd auf Diego Maradona, sie gewinnen 2:1. Spielerisch sind die Azzurri von Trainer Enzo Bearzot den Argentiniern unterlegen, aber noch weit mehr der großen brasilianischen Künstlergruppe. Aber die Italiener haben drei Tage mehr Zeit, sich von ihrem hässlichen Kampf gegen Argentinien zu erholen, als die Brasilianer von ihrer Gala.

Mit dem Treffer von Paolo Rossi nach wenigen Minuten zieht an jenem herrlichen Sommertag des 5. Juli im Jahr 1982 eine Unheil verkündende Wolke über dem Stadion von Barcelona auf. Es legt sich mit der italienischen Führung ein unsichtbarer Schatten über dieses Spiel, eine dunkle Vorahnung: dass der Pragmatismus die Fantasie im Fußball endgültig zerstören könnte.

Sócrates wehrt sich. Schon in der 12. Minute gelingt ihm mit einem herrlichen Tor nach wunderbarer Vorarbeit von Zico der 1:1-Ausgleich. Doch Rossi nutzt noch vor der Pause einen der wenigen brasilianischen Fehlpässe zur erneuten italienischen Führung. Doch Falcão setzt dem gut zwanzig Minuten vor Schluss den abermaligen Ausgleich entgegen. Das Tor kommt einem brasilianischen Sieg gleich. Denn ein 2:2 reicht der Seleção zum Einzug ins Halbfinale. Aber die Brasilianer kümmern sich nicht darum, sie spielen nicht auf Ergebnis. Sie spielen auf Sieg, weil sie immer auf Sieg spielen. Sie denken überhaupt nicht daran, dieses Unentschieden clever zu verteidigen, sich mit allen Spielern in die eigene Hälfte zurückzuziehen, ihr Tor zu verschanzen und die Zeit vergehen zu lassen. Das wäre Verrat an ihrer Kunst, an der Schönheit des Spiels. Diese Möglichkeit besteht für Brasilien nur in der Theorie, aber nicht im gelebten Moment. »Wir haben nie unseren Stil verändert, auch nicht, wenn wir zurücklagen«, sagt Zico im Rückblick ohne jedes Bedauern. »Wir haben nie versucht, hässlich zu gewinnen.« Und dann ist es ein Kopfball von Rossi, der sich mit seinem dritten Tor eine Viertelstunde vor dem Abpfiff zum 3:2-Sieg selbst unsterblich macht. Aber mit diesem Treffer erledigt er auch die höchste brasilianische Fußballkunst, ein für alle Mal. »Unsere Niederlage gegen Italien war nicht einfach«, sagt Sócrates. »Als wenn das Herz der schönsten Frau der Welt erobert wird, nur um dann nicht mit ihr zusammen sein zu können. Scheitern, wenn es wirklich drauf ankommt, das kann passieren, im Leben und im Sport.«

Es ist ausgerechnet ein überführter Betrüger, der mit seinen drei Toren für den langen Tod der Schönheit im Fußball sorgte. In Paolo Rossi, dem Stürmer von Juventus Turin, spiegelt sich eine Seite jener dunklen Zeit, in der sich Zynismus und rücksichtslose Eigennützigkeit im europäischen Fußball geradezu epidemisch ausbreiten. Nach seiner Wahl zum italienischen Sportler des Jahres 1978 gehört Rossi zu denjenigen Profis, die Spiele der italienischen Liga A verschieben. Er wird wegen seiner Verwicklungen in den Skandal für drei Jahre gesperrt.

Während sich in Brasilien zu dieser Zeit eine Gruppe aus durchaus komplizierten Individualisten zusammenrauft, um Schönheit in die Welt zu bringen, hat erst eine Strafreduzierung Rossis Einsatz bei der WM 1982 in Spanien überhaupt möglich gemacht. Sie läuft nun im April 1982 ab. Die Begnadigung im Interesse der Squadra Azzurra passt zum Zeitgeist. Im Profifußball Westeuropas orientiert man sich zu Beginn der 80er-Jahre darauf, alles mitzunehmen, was man mitnehmen kann. Es geht darum, einen guten Schnitt zu machen, die Nase vorn zu haben. Koste es, was es wolle.

Auch die deutsche Nationalelf ist von der Egozentrik der Zeit infiziert. Während der Weltmeisterschaft 1982 erkennt sie im letzten Vorrundenspiel gegen Österreich nicht einmal, welche Schande sie mit dem wohl zynischsten Auftritt, den sich eine deutsche Nationalelf je geleistet hat, über den deutschen Fußball bringt. Weil beide Mannschaften beim Stand von 1:0 für die DFB-Auswahl die nächste Runde erreichen würden, schließen Deutsche und Österreicher in Gijón einen Nichtangriffspakt. Spätestens in der zweiten Halbzeit stellen sie das Fußballspielen vollständig ein. Es geht nur noch darum, das für beide passende Ergebnis schamlos über die Zeit zu bringen – auf Kosten Algeriens und des Fairplay.

Die Lage ist schon vor dem Anpfiff klar: Ein deutscher Sieg mit einem oder zwei Toren Differenz bringt beide Mannschaften weiter, bei allen anderen Ergebnissen qualifizieren sich die Algerier für die nächste Runde. Denn die Nordafrikaner haben ihr letztes Vorrundenspiel schon am Tag zuvor bestritten. Und sind zur Tatenlosigkeit verdammt, während Deutsche und Österreicher schon zum Ende der ersten Halbzeit den Ball skrupellos durch ihre eigenen Reihen laufen lassen, unbehelligt von Attacken des Gegners. Nur der Österreicher Walter Schachner hat von den Absprachen zunächst nichts mitbekommen. Er spielt und kämpft, wie er immer spielt und kämpft, wird dafür aber von seinen Teamkollegen auf dem Rasen zurechtgewiesen. Nach der 56. Minute finden überhaupt keine Angriffsversuche der Teams mehr statt. Die neutralen Zuschauer in Gijón sind außer sich, aber nicht nur die.

Der deutsche Fernsehreporter Eberhard Stanjek spricht während der Live-Übertragung von einer »Schande«. Sein österreichischer Kollege fordert die Zuschauer in der zweiten Halbzeit auf, ihre Fernseher abzuschalten. Algerische Fans im Stadion wedeln mit Geldscheinen.

Ein schlechtes Gewissen ist den Profis auch nach dem Abpfiff des ehrlosen Spiels fremd. Paul Breitner findet den Verrat am Sport selbst noch viele Jahre später nicht verwerflich, schließlich, so argumentiert er, würde jede Mannschaft irgendwann ein Ergebnis verwalten. »Ich kann mich um die Reaktion der Zuschauer nicht kümmern. Das ist das Risiko der Leute, wenn sie hierherfliegen zum Spiel«, sagt Mittelfeldspieler Wolfgang Dremmler unmittelbar nach dem Spiel. Und Stürmer Uwe Reinders lästert: »Was interessiert mich das, wenn Tante Frieda zu Hause Zirkus macht.« Selbst Bundestrainer Jupp Derwall relativiert den skandalösen Auftritt: »Wir wären dumm gewesen, wenn wir nicht vorsichtig gespielt hätten. Die Österreicher wären dumm gewesen, wenn sie nicht vorsichtig gespielt hätten.« Den Vorwurf der Spielabsprache weist der Bundestrainer zurück – und macht sich und sein Team zum Opfer: »Das ist eine Beleidigung.«

Auch die meisten Österreicher sind sich keiner Schuld bewusst. »Ich weiß nicht, was man will. Wir sind qualifiziert«, sagt Torjäger Hans Krankl lapidar. Und ihr Delegationsleiter Hans Tschak dreht den Spieß ebenfalls um – und attackiert die Opfer der deutsch-österreichischen Spielmanipulation. »Natürlich ist heute taktisch gespielt worden. Aber wenn jetzt deswegen hier 10000 Wüstensöhne im Stadion einen Skandal entfachen wollen, zeigt das doch nur, dass die zu wenig Schulen haben. Da kommt so ein Scheich aus einer Oase, darf nach 300 Jahren mal WM-Luft schnuppern und glaubt, jetzt die Klappe aufreißen zu können.« Auch dieser rassistische Ausfall hat keine Folgen. Die FIFA zieht nach dem ruchlosen Auftritt immerhin die Konsequenz, dass bei WM-Vorrunden die Begegnungen des letzten Spieltags zur gleichen Zeit stattfinden müssen, um solche Skandalspiele zu verhindern.

Die Egozentrik und Empathielosigkeit der Zeit werden keine zwei Wochen nach der Schande von Gijón im deutschen Fußball nochmals erschreckend deutlich. Im WM-Halbfinale von Sevilla streckt Torwart Toni Schumacher den Franzosen Patrick Battiston mit einem brutalen Bodycheck nieder. Battiston verliert kurzzeitig das Bewusstsein, erleidet eine Gehirnerschütterung und Wirbelverletzungen, zwei Zähne brechen aus seinem Kiefer. Der deutsche Torwart, der keine Chance hatte, den Ball zu erreichen, und es bei seiner Attacke nur auf Battiston abgesehen hat, kümmert sich keine Sekunde um den Schwerverletzten, der mit einer Trage vom Platz gebracht werden muss. Auch kein anderer deutscher Spieler zeigt Mitgefühl. Schumacher spielt im Strafraum mit dem Ball herum, kaut auf seinem Kaugummi und sagt später, er zahle die Jacketkronen. Das sind, im Kontrast zur brasilianischen Lust am Fußball, die Schlaglichter der frühen 80er-Jahre im deutschen und europäischen Fußball.

Und eine der größten aller WM-Begegnungen, die 2:3-Niederlage Brasiliens gegen Italien, findet genau zwischen der Schande von Gijón und dem Skandal von Sevilla statt. Nach ihrem Aus finden die Brasilianer keinen Trost. Sie wissen, dass ihr großer Traum zu Ende gegangen ist. »Wir haben viel geweint. Wir alle blicken mit großer Traurigkeit auf dieses Spiel zurück. Es hat nicht nur den brasilianischen Fußball verändert. Es hat den Weltfußball verändert«, sagt Éder viele Jahre später. Brasilien bleibt nicht mehr als die Gewissheit, die beste Mannschaft der Welt gewesen zu sein, die niemals Weltmeister wurde. Unvergessen wie das legendäre ungarische Team von 1954 um Ferenc Puskás sowie die Holländer 1974 um Johan Cruyff, die jeweils gegen Deutschland ihr WM-Endspiel verloren – nur die Brasilianer von 1982 waren noch besser. Und scheiterten noch früher.

Durch die brasilianische Niederlage und den italienischen WM-Sieg – die Squadra Azzurra besiegt im Finale die Deutschen vergleichsweise mühelos 3:1 – schlägt der Weltfußball eine andere Richtung ein. Alle wollen nun spielen wie Italien – und nicht wie Brasilien. Das Schönheitsideal der Seleção ist nichts mehr wert. Die italienischen Pragmatiker sind das neue Role Model des Weltfußballs.

In Deutschland blicken nach der WM 1982 die meisten Spieler, Trainer, Fans und Medien geradezu abfällig auf das schöne, ästhetische, verschwenderische Spiel der Brasilianer, das keinen zählbaren Ertrag gebracht hat, keine Pokale, keine Titel. Schönheit wird verächtlich gemacht, in Fußball-Deutschland sagt man dazu »brotlose Kunst«. Sócrates missbilligt gleichwohl bis an sein Lebensende die Reduzierung des Spiels auf das Ziel, dass am Ende nur das Ergebnis stimmen muss. »Der Fußball ist geprägt von dem Wunsch nach persönlicher Freiheit, von Kreativität und Inspiration. Wir verstanden uns Anfang der 80er-Jahre als Artisten. Wir wollten spielen und nicht bewahren. Nach uns kamen die Konservativen.« Da kennt Sócrates keine Kompromisse.

Nach der Weltmeisterschaft 1982 beginnt im westeuropäischen Fußball die Goldgräberzeit. Maradona wechselt für die damalige Rekordsumme von 7,3 Millionen Dollar aus Argentinien, das noch immer von einer Militärjunta regiert wird, nach Spanien, in ein Land, das sich nach vierzig Jahren Franco-Diktatur erst fünf Jahre zuvor freie Wahlen erkämpft hat und dank König Juan Carlos I. einen abermaligen Putschversuch des Militärs und von Teilen der Guardia Civil im Jahr 1981 niederschlagen kann. Der Profifußball nicht nur in Spanien macht seine Stars in diesen Jahren gleichzeitig zu Millionären. In Italien wird die Finanzierung auf neue und stärkere Beine gestellt, die Regeln des Sponsoring liberalisiert. Die Fernsehübertragungsrechte spielen eine immer größere Rolle, erstmals bietet auch die Holding Fininvest von Silvio Berlusconi mit. Das Geld fließt. Die Serie A wird bald zum Fußballparadies und zieht in den 80er-Jahren Stars aus allen Ländern der Welt magnetisch an. Eine neue Etappe des globalisierten Fußballs hat begonnen.

Sócrates indes kehrt nach der Enttäuschung in Spanien in eine andere Welt zurück. Brasilien leidet auch im Jahr 1982 noch immer unter dem Joch der Junta, die rund 400 Oppositionelle während ihrer Herrschaft tötet oder spurlos verschwinden lässt. Doch zu Beginn der 80er-Jahre lockern auch die dortigen Militärs allmählich die scharfe Repression, nachdem das Parlament im Jahr 1979 ein Amnestiegesetz erlassen hat, das allen Verantwortlichen für all ihre Verbrechen Straffreiheit gewährt. Von der Macht wollen die Militärs allerdings nicht oder nur widerstrebend lassen, aber es gibt erste Zeichen im Land, die von einem Wandel künden.

Eines dieser Zeichen sendet der Fußball, der Klub Corinthians São Paulo. 1981 steckt der Verein in einer tiefen sportlichen Krise. In einer nach einem absurden Modus ausgetragenen Meisterschaft landet das Team unter

44 Klubs nur auf dem 26. Platz. Doch Sócrates gehört zu denjenigen, die darin eine Chance sehen. In der chaotischen Organisation der Meisterschaft und der Schwäche seines Klubs erkennt er Parallelen zur taumelnden brasilianischen Gesellschaft. Und die Möglichkeit, nun einen neuen, demokratischen und erfolgreicheren Weg einzuschlagen. Sócrates ist überzeugt, dass die autoritäre Klubführung die Entwicklung der Persönlichkeit der Spieler verhindere, sie zu Marionetten und Erfüllungsgehilfen ohne eigenen Willen degradiere. In den kommenden Jahren stellt eine kleine Gruppe bei Corinthians die Welt auf den Kopf – und macht den Klub zum Modell einer gerechteren und demokratischen Welt. Inmitten einer Militärdiktatur und von allgegenwärtigem Autoritarismus wird ausgerechnet ein Fußballverein zur politischen Avantgarde in Südamerika.

Es ist der neue Präsident der Corinthians, Waldemar Pires, der im April 1981 die Nachfolge eines langjährigen Sympathisanten der faschistischen Militärs antritt. Sein Vorgänger Vicente Matheus hatte den Klub rund zehn Jahre autoritär geführt, die absolute Unterordnung der Spieler zum Prinzip erhoben. Die erste Personalentscheidung von Pires ist geradezu revolutionär. Er macht mit Adilson Monteiro Alves einen 35 Jahre alten Soziologen und früheren Studentenführer, der sich früh gegen die Militärjunta gestellt hatte, zum Sportdirektor. Vom Fußball hat der allerdings wenig Ahnung. Doch Alves politisiert die wichtigsten Spieler von Corinthians auf eine Weise, wie es das im Fußball vermutlich noch nicht gegeben hat. Sócrates ist geradezu entflammt von dem, was er hört. Die neuen gesellschaftspolitischen Ideen schlagen ihn in den

Bann. Sócrates verschlingt die entsprechenden Theorien und Abhandlungen wie kein anderer im Klub, in seinem Kopf entsteht eine neue Welt.

Das erste Treffen des Sportdirektors mit der Mannschaft soll eigentlich bloß einem ersten Kennenlernen dienen. Doch daraus wird eine vielstündige gesellschaftspolitische Diskussion. »Ich bin Neuling«, sagt Alves. »Aber eines weiß ich: So, wie es bisher gemacht wurde, machen wir es nicht mehr. Schluss mit dem Autoritarismus, Schluss mit dem Konservativismus!« Der Sportdirektor schlägt den Spielern vor, sie künftig nicht mehr mit Siegprämien abzuspeisen. Er will, dass die Einnahmen des Klubs durch Eintrittskartenverkauf und Fernsehrechte künftig unter allen Angestellten des Klubs aufgeteilt werden. Und die gesamte Organisation will er auf andere Beine gestellt haben, doch darüber sollen alle entscheiden, vom Präsidenten bis zum einfachen Angestellten. Aus Corinthians wird eine Keimzelle der Demokratisierung in Brasilien.

Alves stößt nicht nur bei Sócrates auf offene Ohren. Auch andere Stars wie Wladimir und der junge Walter Casagrande sind Feuer und Flamme. Es ist ein Glücksfall, dass in einem Fußballklub in São Paulo zu Beginn der 80er-Jahre zur richtigen Zeit die richtigen Leute zusammenfinden, die das Richtige wollen. Auch wenn sie am Anfang nicht genau wissen, was das genau sein soll. Und wie sie ihre Ziele erreichen können. »Bis dahin waren wir Sklaven«, sagt Wladimir rückblickend in der hervorragenden, von Éric Cantona erzählten Dokumentation »Rebellen am Ball« aus dem Jahr 2012. »Wir Profifußballer waren Sklaven.«

Die drei Stars des Klubs – »Doutor« Sócrates, der später ebenfalls drogensüchtige Rebell Casagrande und der linke Außenspieler und Kommunist Wladimir, der auch die Black-Power-Bewegung unterstützt – werden im Arbeiterklub Corinthians zu politischen Aktivisten, wie sie der Profifußball bis dahin noch nicht gesehen hat. Sie sind Kern einer Bewegung, die als selbst ernannte *Democracia Corinthiana* dann tatsächlich alle klubinternen Fragen demokratisch regelt. »In einer klassischen Arbeitsbeziehung, vor allem zur Zeit der Militärdiktatur, hatte der einfache Arbeiter keine Möglichkeit, gehört zu werden. Nicht einmal, wenn es um Angelegenheiten der eigenen Tätigkeit ging. Wir haben diesen Prozess bei Corinthians umgekehrt. Wir haben uns Rechte erkämpft, die bis heute selten sind«, sagt Sócrates im Rückblick auf die revolutionäre Zeit in einem im Jahr 2009 vom *Standard* veröffentlichten Interview, das Karina Lackner und Alois Gstöttner für *Null Acht – Magazin für Rasenpflege* geführt haben. »Wir haben jede Entscheidung kollektiv getroffen und uns an der gesamten Klubführung mitbeteiligt: Der einfachste Arbeiter und Angestellte hatte das gleiche Gewicht wie der Repräsentant des Unternehmens, seine Stimme hatte den gleichen Wert. Es war also alles sehr demokratisch. Diese Zeit war wunderbar und hat uns alle verändert. Die Personen, die in dieser Mikrogesellschaft involviert waren, haben ständig kommuniziert, jeder hat teilgenommen und mitentschieden. Die Neuen waren am Anfang wirklich verzweifelt: ›Warum spricht hier niemand über Fußball?‹«, sagt Sócrates. Alles wird bei Corinthians per Mehrheitsbeschluss entschieden, selbst so banale Fragen, wann zu Mittag gegessen wird.

Aus sportlich motivierten Interviews macht Sócrates nach ein paar Aussagen zum Fußball regelmäßig gesellschaftspolitische Debatten. Seine Ansichten werden im ganzen Land wahrgenommen, auch von vielen Millionen Fußballfans, die sich ansonsten wenig Gedanken über politische Veränderungen machen. Sócrates weiß um die Wirkung, die vom Fußball als dem wohl wichtigsten einheitsstiftenden Moment in der von extremen Gegensätzen geprägten brasilianischen Gesellschaft ausgeht. »In der Zeit zwischen 1958 und 1970, als wir dreimal Weltmeister wurden, haben die einfachen Leute tatsächlich geglaubt, an der Größe Brasiliens teilzuhaben, und darüber ihren Hunger vergessen«, sagt Sócrates in einem Interview mit dem *Spiegel* unmittelbar vor der WM 1986. »Fußball ist bei uns eine hochpolitische Sache. Die Konservativen haben das immer geschickt ausgenutzt. Die Linken hingegen wussten das Medium Fußball nie einzusetzen, etwa um Sozialreformen voranzutreiben.« Er selbst allerdings schon. Und auch die anderen Aktivisten von Corinthians machen den Fußball zu einer Sache der Linken, zumindest für einen kurzen Augenblick in der Geschichte Brasiliens und des Fußballs.

Wenn Sócrates Fußball spielt, ist Fußball der pure Selbstzweck. Doch wenn er über Fußball redet, ist Fußball politisches Mittel. Damals ist es üblich, dass die Spieler schon Tage vor wichtigen Spielen ins Trainingslager oder in Hotels einrücken, als wären sie Kämpfer, die kaserniert werden müssten. Auch dieses soldatische Regiment, die sogenannte *concentração*, wirft der Klub per Abstimmung über den Haufen. Spieler, Trainer und Funktionäre treffen sich fortan am Vorabend bloß zum gemeinsamen Essen, danach gehen die verheirateten Spieler zurück zu ihren Frauen. Sogar über Spielertransfers wird in der Gruppe diskutiert und entschieden. »Wir gingen zu Alves und sagten, wir hätten gern, dass dieser oder jener Spieler für Corinthians spielt«, erinnert sich Wladimir. »Dann fragten wir ihn: ›Was hältst du davon?‹ Danach wurde abgestimmt.« Selbstbestimmung, Diskussionen, Abstimmungen. Ein Fußballklub wird zu einem Labor für ein anderes Leben.

Nur die Mannschaftsaufstellung bleibt dem neuen Trainer überlassen. Mit Mário Travaglini holt der Klub einen außergewöhnlichen Coach hinzu. Der sagt, dass er nicht bereit ist, Fußballprofis weiterhin als Kinder, Dummköpfe oder Gauner zu betrachten, die man entweder bemuttert, nicht ernst nimmt oder disziplinieren muss. Über den weitblickenden Trainer schreibt Casagrande nach dessen Tod im Jahr 2014 in den sozialen Netzwerken voller Anerkennung: »Er war ein wahrer Lehrer, Psychologe, Coach und ein großartiger Freund. Für den Meister, mit Liebe.«

Die Aktivisten von Corinthians, die der Angst vor Repressalien trotzen, spielen jeden Tag mit dem Feuer. Dem Militär und den Autoritären im Land ist die *Democracia Corinthiana* ein Dorn im Auge. Die einsame Insel inmitten der Diktatur ist ihnen eine unerträgliche Provokation. Der größte Schutz für die Spieler, dass sie für ihre Ideen nicht weggesperrt oder umgebracht werden, ist ihre Prominenz. Und ihr Erfolg. »Das war ein magischer Moment meines Berufs, meiner Jugend, des Rebellentums, das ich in mir hatte. In Verbindung mit der Politik des Landes geradezu eine Explosion«, sagt Casagrande in einem Interview mit der Zeitschrift *Socrates*. Er selbst habe vor allem

1982 »viele Versuche« unternommen, um sich »ins Gefängnis zu bringen«. Er sei gerade 18 Jahre alt gewesen, Sócrates schon 27 und verheiratet, Wladimir auch schon Ende zwanzig und Adilson vierzig und Sportdirektor und Soziologe. »Ich war noch sehr frech. Also haben die Militärs in mir die leichteste Beute gesehen. Ich habe jeden Tag mit dem Risiko gelebt, festgenommen zu werden. Sie haben auf irgendeinen Fehler gewartet … Einmal festgenommen, wäre es das gewesen«, sagt Casagrande.

Mit den demokratischen Reformen bei Corinthians kommt der Erfolg. Der Klub, der die Armen und Ausgesperrten des Landes inspiriert und den das brasilianische Establishment zum Teufel wünscht, kann schnell seine Schulden tilgen. 1982 erreicht das Team das Halbfinale der brasilianischen Meisterschaft und gewinnt in jenem und dem folgenden Jahr die Staatsmeisterschaft von São Paulo, die *Campeonatos Paulistas*. Nun sieht das ganze Land, dass sich in diesem Klub nicht nur Unerhörtes tut, sondern dass Demokratie erfolgreich sein kann. »Ein stärkeres politisches Engagement, das hat sehr die Aufmerksamkeit des Landes in jener Zeit geweckt, in der man nicht einmal ›Demokratie‹ sagen konnte. Und wir waren die ›Demokratie von Corinthians‹«, so Casagrande. »Unsere Bewegung war in vielerlei Hinsicht erfolgreich, aber … wir brauchten ein Genie wie ihn, jemanden, der politisiert, klug ist und bewundert wird. Er war ein Schild. Aber als Fußballmannschaft mussten wir auch gewinnen. Stellen Sie sich vor, Sie fordern Demokratie unter einer Militärdiktatur – als Team zu scheitern war undenkbar. Wir mussten besser sein als alle anderen. Wenn wir nicht gut spielen und gewinnen, werden wir von der Diktatur getötet.« Die allgegenwärtige Gefahr, in die sich die führenden Köpfe des Klubs gebracht haben, beschreibt Sportdirektor Alves in der Dokumentation »Rebellen am Ball« ganz ähnlich: »Wir waren Revolutionäre, romantisch und naiv. Naiv, weil wir uns mit nackter Brust gegen die Kugeln stellten.«

Im Jahr 1982 bringt Corinthians den Kampf für Demokratie vom Rasen endgültig auf die Straße. Sócrates und Wladimir entwickeln sich zu Ikonen der brasilianischen Demokratiebewegung. Immer mehr Menschen wagen es, nach bald zwanzig Jahren gegen den Kurs der Militärs aufzubegehren. »Es war eine Zeit, in der die Leute mitbestimmen wollten, welche Entscheidungen für das Leben in ihrem Land gefällt werden, und das Modell der Teilhabe, das es bei Corinthians gab, war für sie ein Demokratiemodell«, sagt Wladimir in einem Gespräch mit Daniel Cohn-Bendit, dem einstigen Studentenführer aus dem Pariser Mai 1968, wie der spätere Abgeordnete des Europäischen Parlaments in seiner Autobiografie *Unter den Stollen der Strand* schreibt. Als er Sócrates zu Beginn des Jahres 1984 während der entscheidenden politischen Auseinandersetzungen zwischen Demokraten und Autokraten in Brasilien begegnet, begrüßt ihn Sócrates mit den Worten: »68 hast du die Revolution erdacht, Dany. Heute tun wir es.«

Sócrates und Wladimir werden bei Kundgebungen von Hunderttausenden Menschen auf den Straßen umjubelt. Im Stadion tragen die Spieler Trikots mit stilisierten Blutstropfen und dem Schriftzug *Democracia Corinthiana* auf dem Rücken. Der Kampf erfasst das ganze Land. Die Spieler von Corinthians treffen gemeinsam die Entscheidung, bei manchen Spielen nun mit dem Slogan »Dia 15 vote«

aufzulaufen. Es ist ein Aufruf an ihre Landsleute, bei den für den 15. November 1982 angekündigten ersten halbwegs freien Wahlen nach knapp zwanzig Jahren ihr Wahlrecht auch wahrzunehmen. Und damit gegenüber den Militärs das Zeichen zu setzen, dass der Weg zur Rückkehr zur Demokratie in Brasilien unumkehrbar ist. Und tatsächlich gehen die Menschen massenhaft zur Wahl. Die Opposition fährt überall im Land Siege ein.

Vor dem Endspiel um die Staatsmeisterschaft gegen den FC São Paolo im Dezember 1983 laufen die Spieler um Sócrates mit einem Spruchband ins Stadion ein, das für immer mit dem brasilianischen Kampf für Demokratie verbunden bleiben wird: »Ganhar ou perder, mas sempre com democracia« (Siegen oder verlieren, aber immer demokratisch). Und die Fußball-Aktivisten nutzen ihre Trikots weiterhin, um konkrete politische Botschaften zu verbreiten, etwa »Diretas já« (Direktwahlen jetzt) oder »Eu quero votar para presidente« (Ich will den Präsidenten wählen), um der Forderung Nachdruck zu verleihen, das Staatsoberhaupt bei den kommenden Wahlen auch direkt wählen zu können. Denn die Militärs hatten 1982 zwar versprochen, ihre Macht spätestens 1985 abzugeben, aber so ganz wollen sie von ihr nicht lassen. Die Junta besteht darauf, trotz eines Antrags auf Verfassungsänderung, den künftigen Präsidenten nicht direkt vom Volk wählen zu lassen, sondern weiter von den Mitgliedern des Kongresses, die in ihrer großen Mehrheit den Generälen nahestehen.

In São Paulo demonstrieren daraufhin über 200 000 Menschen und unterstützen die Direktwahlinitiative. Die Spieler von Corinthians ziehen sich in dieser Zeit gelbe Bändchen übers Handgelenk, die zu einem weiteren Symbol für ihre Forderung werden, die im ganzen Land gehört wird: freie Wahlen! Am Vorabend der Abstimmung über den Änderungsantrag kommt es in São Paulo zur größten Demonstration in Zeiten der Diktatur. Es gehen schätzungsweise rund 1,5 Millionen Menschen auf die Straße, darunter zahlreiche Spieler von Corinthians. Sócrates, der zu dieser Zeit von italienischen Vereinen lukrative Angebote erhalten hat und dessen Wechsel in die Serie A schon beschlossene Sache zu sein scheint, tritt auf dem Platz vor der Kathedrale von São Paulo vor ein Mikrofon und verknüpft vor den Menschen seine persönliche Zukunft mit der seines Landes. Wenn die Direktwahl anerkannt wird, ruft Sócrates unter dem frenetischen Jubel der Menge ins Mikrofon, »dann bleibe ich hier!«.

Doch die Kraft der Straße und von Sócrates reicht nicht, um die Direktwahl durchzusetzen. Die notwendige Zweidrittelmehrheit wird trotz der Proteste verfehlt, weil über hundert Abgeordnete auf Druck des Militärs der Abstimmung fernbleiben. Sócrates empfindet die gescheiterte Abstimmung auch als persönliche Niederlage. Er wirkt resigniert und zieht sich aus der ersten Reihe des politischen Aktivismus zurück. Im Nachhinein auch ein Anzeichen für fehlende Stabilität und Konstanz, die sein Leben nach dem Fußball prägen werden.

Noch bevor die Militärs 1985 die Macht abgeben müssen an Tancredo Neves, den ersten demokratisch, wenn auch nicht direkt gewählten Präsidenten Brasiliens seit 1964, verlässt Sócrates sein Land. Im Sommer 1984 wechselt er zum AC Florenz. »In Wirklichkeit war ich einfach frustriert«, sagt Sócrates im Interview mit *Null Acht – Ma-*

gazin für Rasenpflege rückblickend. »1984 haben wir für eine Verfassungsänderung, die eine der ersten demokratischen Präsidentenwahlen ermöglichen sollte, eine Riesenkampagne im Land organisiert. Zum letzten großen Treffen … in São Paulo kamen 1,5 Millionen Menschen. Das war der Anfang von allem. Doch der Kongress stimmte der Gesetzesänderung nicht zu. Na gut, da hab ich mir gedacht, was soll's. Die Einladung kam, und ich dachte, dann bin ich weg.«

Brasilien kann ihm nicht mehr geben, was er braucht. Aber auch in Italien kann er nicht finden, was er sucht. In Florenz hält es Sócrates nicht lange aus. Auf dem Rasen enttäuscht er die hohen Erwartungen. Und mit dem Leben eines Profis in Italien, das die Besten zu Millionären macht, kommt er nicht klar. »Er hat schnell gemerkt, dass er sich nicht anpassen kann«, sagt Raí, der später in Europa große Erfolge feierte. »Ich glaube auch, dass ihm das Leben in Brasilien mehr gefehlt hat, als er gedacht hat. … So mangelt es auch an der Anstrengung, sich durchzusetzen.« Sein langjähriger Freund Casagrande, der später selbst sieben Jahre in Europa spielte, sah auch die Begrenzungen eines Mannes, der keinen passenden Ort mehr für sich finden konnte. »Er wollte das gleiche Verhalten wie in Brasilien beibehalten. Das hat nicht funktioniert. Er war inkompatibel. Mit anderen Spielern, mit dem Vorstand.«

Sócrates kehrt nach nur einer Spielzeit in Italien, in der mit Maradona, Platini, Zico und Sócrates die genialsten Spielmacher ihrer Zeit zusammenkommen, desillusioniert nach Brasilien zurück. Sein letzter sportlicher Höhepunkt soll nun die Weltmeisterschaft 1986 werden. Doch auch in Mexiko wartet am Ende nur eine Enttäuschung, die Fortsetzungsgeschichte des Todes des *Jogo Bonito* von 1982. Das Schlusskapitel des schönen brasilianischen Fußballs.

Diesmal scheitert Sócrates mit der Seleção allerdings an einem Gegner, der faszinierend Fußball spielt: an Frankreich, angeführt vom hinreißenden Platini. Die Begegnung zwischen Rekordweltmeister und Europameister im Viertelfinale von Guadalajara wird zum schönsten Spiel jener Weltmeisterschaft, zu einem der schönsten überhaupt. Das Aufeinandertreffen der brasilianischen und französischen Individualisten wird später von einem Symphonieorchester musikalisch über die komplette Spielzeit dramatisiert, als große Oper des Fußballs.

In der Wirklichkeit von 1986 vergibt Zico beim Stand von 1:1 eine Viertelstunde vor Schluss einen Elfmeter für Brasilien. Und damit den Sieg, der zum Greifen nahe ist. Das herrliche Drama bekommt eine Verlängerung, es steigert sich zum ultimativen Showdown: Elfmeterschießen. Sócrates tritt zum ersten Elfmeter für Brasilien an, er schießt fast aus dem Stand, hart und platziert, aber der Torwart reagiert großartig. Auch Platini vergibt. Der Regisseur der Franzosen jagt den Ball über die Latte, doch Frankreich gewinnt trotzdem. 4:3.

Sócrates zuckt nur noch mit den Schultern. Es gibt für ihn nach der WM 1986 nichts mehr zu gewinnen. Brasilien ist seit einem Jahr eine Demokratie, und mit 32 Jahren neigt sich seine Laufbahn dem Ende zu. »Wozu braucht man Titel? Für den Lebenslauf? Den kannst du dir dann in die Tasche stecken, zusammenfalten und zerreißen«, sagt er lange nach seiner Karriere. »Gewinn und Erfolg sind das Einzige, was für viele Menschen zählt. Aber es gibt diese und jene Werte. Ich meine: Jede Sekunde in meinem Leben muss die beste sein – und die nächste muss die vorangegangene übertreffen.« Doch vielleicht weiß Sócrates um seine Verlorenheit ohne den Fußball besser als jeder andere, als er sagt: »Kein Spieler gibt seine Fußballkarriere auf. Der Fußball ist es, der sich von den Spielern abwendet.«

Dass Sócrates exzessiv trinkt, wird in der brasilianischen Öffentlichkeit lange kaum wahrgenommen. Und schon gar nicht als Problem. Trinkfestigkeit gilt als Ausdruck von Männlichkeit, als Teil brasilianischen Lifestyles. Und so inszeniert Sócrates zunächst auch seine wachsende Alkoholsucht. »In diesem Land trinkt man den meisten Zuckerrohrschnaps der Welt, und es sieht so aus, als ob ich ihn alleine trinke. Ich rauche, trinke und denke. Ich verstecke das nicht«, sagt er lapidar während seiner besten Zeiten. Er begründet damit auch seinen eigenen Mythos.

Dass ein Mensch, der ein Leben zwischen Himmel und Hölle lebt, nicht an durchschnittlichen Maßstäben zu messen ist, spüren viele seiner Landsleute bereits, als Sócrates nach seiner Fußballkarriere keinen Boden mehr unter die Füße bekommt. Er versucht zwar alles Mögliche, um Halt in seinem Leben zu finden; eine neue Aufgabe, ein neues Ziel, aber nichts ist von Dauer.

Von seinem Werk bleibt nicht viel, weder vom *Jogo Bonito* noch von der *Democracia Corinthians.* Außer den Erinnerungen an den gelebten Augenblick, an den Traum von einer Utopie, die zumindest für einen Wimpernschlag in Brasilien Wirklichkeit wurde. Als sich Sócrates verliert, strahlt der brasilianische Fußball schon lange nicht mehr. Und Corinthians wird zu einer Karikatur seiner selbst, als der Klub im Jahr 2004 einen Vertrag mit einer Investmentgruppe (MSI) schließt, die mit einem Oligarchen aus Russland in Verbindung steht und ein Symbol der brasilianischen Demokratiebewegung damit de facto in den Besitz von zwielichtigen Investoren bringt. Drei Jahre später schlägt die brasilianische Justiz wegen dieses Deals bei Corinthians zu, es geht um Korruption, Geldwäsche und Betrug. Auch seine Beziehung zu Casagrande zerbricht. Im Jahr 2000 kommt es zum Bruch zwischen den Brüdern im Geiste, die sich sogar äußerlich ähneln.

Casagrande, der schon als Spieler der Drogensucht verfallen war und später gesteht, dass er fast vierzig Jahre gebraucht hat, um von Alkohol und anderen Rauschmitteln loszukommen, versteht Sócrates auch in dieser existenziellen Frage wie kaum ein anderer. »Der *Magrão* lebte, nachdem er aufgehört hatte zu spielen, ein sehr instabiles Leben. Er heiratete mehrere Male, versuchte Theater, Musik, eröffnete eine Klinik …, kurz danach verkaufte er die Sachen. Der *Magrão* hatte diesen Defekt, der mich störte, aus Sorge um ihn, seine Zukunft. Ich habe ihm das auch einmal gesagt. Im Fußball hatte er Stabilität«, sagt Casagrande. Doch woanders habe Sócrates diese nie gefunden, »das ging so weit, dass er gestorben ist, ohne dieses Segment zu finden«. Für ihn selbst, so gesteht Casagrande im Jahr 2021 gegenüber dem Magazin *Socrates*, sei die Weltmeisterschaft 2018 in Russland die erste Weltmeisterschaft seit Jahrzehnten gewesen, die er nüchtern erlebt habe. Selbst bei der WM 1986, als er noch zusammen mit Sócrates spielte, sei das nicht so gewesen.

Als es Sócrates immer schlechter geht, kann ihm Casagrande nicht helfen. Er ist selbst abhängig. »Ich hatte meine eigenen Probleme, ich habe mich von der Gesellschaft isoliert, bin viermal fast gestorben.« Im Jahr 2007 lässt sich Casagrande wegen seiner Sucht behandeln. Als er aus der Klinik kommt, weiß er so viel über seine Seele und die Gifte in seinem Körper, dass er darüber Vorträge hält und ein Buch schreibt: *Casagrande e Seus Demônios* (»Casagrande und seine Dämonen«). Und er sieht, wie Sócrates sich immer weiter zerstört. Doch es bleibt ihm nicht genug Zeit, sein Wissen an ihn weiterzugeben. Als sie sich nach ihrem Streit endlich wieder annähern, sei es »schon um ihn geschehen« gewesen, sagt Casagrande. Damals habe er sich sehr schlecht gefühlt. »Meine Hilfe für ihn ist zu spät gekommen.«

Sócrates gesteht seine Alkoholsucht erst, nachdem er im August 2011 in ein Krankenhaus in São Paulo eingeliefert wird. Eine Notoperation rettet sein Leben. In seiner Leber steckt nun ein Rohr aus Nickel und Titan, damit das Blut fließt. Wenig später muss er abermals auf die Intensivstation, wieder retten Ärzte sein Leben. Es hängt an einem seidenen Faden. Noch am Tag seiner ersten Entlassung schildert der ehemalige Mediziner seinen eigenen Fall vor der brasilianischen Öffentlichkeit, offen und ehrlich: die Folgen der Leberzirrhose. Die schweren Magenblutungen. Die Todesnähe.

Die Solidarität der Brasilianer ist überwältigend. Genesungswünsche überschwemmen die Klinik. Sócrates soll eine neue Leber bekommen, doch er kommt nicht mehr auf die Beine. Am 1. Dezember 2011 muss Sócrates wieder ins Krankenhaus. Drei Tage später gibt er dort seinem langjährigen Weggefährten Juca Kfouri ein Interview. Es wird sein letztes. Kfouri fragt ihn: »Warum willst du weiterleben?« Sócrates antwortet: »Ich möchte mein Land verändern, meine Leute, immer noch!«

Wenige Stunden später stirbt Sócrates Brasileiro Sampaio de Souza Vieira de Oliveira, bekannt als Dr. Sócrates, im Albert-Einstein-Krankenhaus von São Paolo an den Folgen einer Darmvergiftung, an einem septischen Schock.

Sócrates' letzter Tag ist ein Sonntag. Als er in der Blüte seines Lebens steht, wird er 1983 gefragt, wie er sterben wolle. Sócrates antwortet: »Ich möchte an einem Sonntag sterben. Und Corinthians soll Meister werden.« Wenige Stunden nach seinem Tod, am 4. Dezember 2011, wird sein Klub durch ein 0:0 gegen Palmeiras brasilianischer Meister.

Ein Titel, den Sócrates nie gewonnen hat.

5

Michel Platini

Der Prozess

Mein Leben ist ein Roman,
und in Romanen
ist eben nicht alles rosig.

MICHEL PLATINI, MÄRZ 2020 IM *FIGARO*

Harren und Hoffen!

EDMOND DANTÈS, GRAF VON MONTE CHRISTO

Michel Platini hat sich einen schattigen Platz auf der Terrasse gesucht und das Sakko seines dunkelblauen Anzugs abgelegt, in dem er wenige Stunden zuvor im Gerichtssaal von Bellinzona erschienen ist. Platini lehnt sich weit in seinen Stuhl zurück. Die oberen Knöpfe seines Hemds sind geöffnet. Er atmet tief durch. Die Anspannung ist gewichen. Und mit ihr auch die Energie, die ihm zwei, drei Stunden zuvor im Gerichtssaal wie einen Mann erscheinen ließ, den nichts erschüttern kann.

An seinem Tisch im Restaurant an der Piazza Grande in Bellinzona sitzen noch vier Personen, sein Anwalt und Vertraute. Am Ende bitten sie den Kellner, ein Foto von ihnen zu machen. Arm in Arm stehen sie da, wie eine kleine Fußballmannschaft. Diesmal nicht vor dem Spiel, sondern nach dem Abpfiff. Nach dem Sieg. Das Urteil über Platini an diesem Tag lautet: Freispruch.

Zurück am Tisch: »Fühlen Sie sich gut, Herr Platini?«

»Besser.«

»Führen wir noch ein letztes, kurzes Gespräch nach Ihrem Freispruch?«

»Nein.« Platini schüttelt seinen Kopf dazu ganz langsam, wie in Zeitlupe. Er will nach Hause. Er ist müde.

Hinter Platini liegen sieben Jahre einer Jagd, die ihn zur Strecke gebracht hat. Eine Jagd, die ihn und seine Frau in tiefe Dunkelheit getrieben hat, seine Karriere und seinen Ruf zerstörte. Und was den Schmerz für Platini vollkommen unerträglich macht: Er ist überzeugt, Opfer eines Komplotts zu sein.

Aus dem Weltstar und UEFA-Präsidenten, der im Europäischen Parlament Autogramme für Abgeordnete schreibt und nur noch einen Schritt vom Amt des mächtigsten Postens im Weltfußball entfernt zu sein scheint, wird 2015 über Nacht für sieben dunkle Jahre eine Unperson. Auf allen Ebenen von seinem Sport verbannt. Ein Graf von Monte Christo des 21. Jahrhunderts, allein in der Finsternis, so fühlt sich Platini. Nun sinnt er auf Gerechtigkeit, wie er sagt. Aber auch auf Genugtuung und Vergeltung. »Ein bisschen Revanchegelüste sind dabei. Ich will wissen, was passiert ist. Wer dahinter steckt«, sagt er wenige Tage nach seinem Freispruch.

In Alexandre Dumas' Abenteuerroman läuft der junge Seemann Edmond Dantès im Jahr 1815 mit der *Pharao* im Hafen von Marseille ein. Er soll zum Kapitän befördert werden. Danglars, der Zahlmeister an Bord des Schiffes, neidet ihm den steilen Aufstieg. Er bezichtigt ihn in einem Brief, bonapartistischer Agent zu sein. Der Staatsanwalt, der um die Unschuld des jungen Aufsteigers weiß, lässt ihn wegen eigener Interessen ohne Verhandlung im Château d'If einkerkern. Dantès sitzt 14 Jahre unschuldig im Gefängnis. Nach seiner Flucht bestraft er die Verschwörer und belohnt seine Wohltäter.

Platinis Schicksal wendete sich exakt 200 Jahre nach dem von Dantès, im Jahr 2015. Und auf den Tag, an dem aus dem Verbannten ein Jäger wird, muss er sieben Jahre warten.

Der 8. Juli 2022 ist jener Tag, an dem die Schweizer Justiz in Bellinzona wegen des Vorwurfs des Betrugs über Platini urteilt, auch über »eventualiter Gehilfenschaft zur Veruntreuung« und »subeventualiter Gehilfenschaft zu ungetreuer Geschäftsbesorgung« sowie Urkundenfälschung, wie es laut der Anklage heißt. Die zuständige Bundesanwaltschaft fordert eine Gefängnisstrafe von einem Jahr und acht Monaten, ausgesetzt zur Bewährung. In Wahrheit wird an diesem Tag aber noch ein anderes, weitreichenderes Urteil gefällt: das über die Karriere von Platini, über den mächtigsten Sportpolitiker, den der Fußball je hervorgebracht hat, über seine Existenz als Weltstar des Fußballs.

Am Morgen des 8. Juli, an dem sich die Deutung seiner Karriere entscheidet, ist Platini der erste Prozessbeteiligte, der den Gerichtssaal betritt. Nur ein Justizbeamter und ein paar Prozessbeobachter sind vor ihm da. Eine Reihe vor ihm sitzt bei der Urteilsverkündung in der Aula Grande der ebenfalls angeklagte Joseph Blatter. Der ehemalige langjährige FIFA-Präsident in der ersten Reihe, Platini, der sein Nachfolger zu werden schien, in der zweiten.

Mit den beiden ehemals machtvollsten Fußballfunktionären der Welt stehen in Bellinzona keine naiven jungen Seeleute vor Gericht, sondern gewiefte und langjährige Drahtzieher eines undurchsichtigen Milliardengeschäfts, in deren Amtszeiten skrupellose und kriminelle Auswüchse den Ruf des Fußballs und seiner Verbände nachhaltig beschädigt haben. »Ich bin nicht unschuldig in meinem Leben, aber in diesem Fall bin ich unschuldig«, sagt der 86 Jahre alte Blatter kurz vor der Urteilsverkündung mit Blick auf seine Vergangenheit. In Bellinzona, so sehen es viele, wird nicht nur Platini und Blatter der Prozess gemacht. Sondern auch dem Milliardengeschäft Fußball, seiner hässlichen Seite.

Als die Richterin dem Gerichtssprecher im Saal das Wort erteilt, der in wenigen Worten die Einstellung des Verfahrens erst gegen Blatter und dann gegen Platini verkündet, kann kein Zuschauer in die Gesichter der Angeklagten blicken. Beide sitzen mit dem Rücken zu den Prozessbeobachtern. Platini nimmt den Freispruch äußerlich regungslos zur Kenntnis. Nach der ausführlichen mündlichen Urteilsbegründung erhebt sich Blatter zuerst. Er strahlt und jubelt. Platini nicht, noch nicht. »In diesem schrecklichen Fall gibt es Schuldige, die in diesem Prozess nicht aufgetreten sind«, teilt er umgehend nach dem Freispruch in einem von seinen Anwälten verbreiteten Statement mit. »Ich garantiere ihnen: Wir werden uns wiedersehen.«

Auf dem fünfminütigen Weg vom Gerichtsgebäude zum Parkhaus umarmt Platini erleichtert seine Helfer. Seine Anspannung löst sich. Rund zwei Stunden später, nach der

Zusammenkunft und der kleinen Feier im Restaurant, fährt er von Bellinzona nach Hause. Bevor er aufbricht, erlaubt er seinen Rechtsvertretern Ralph Isenegger und Dominic Nellen, seine Geschichte zu erzählen. Seine Version der sieben verlorenen Jahre.

Isenegger ist Platini zu einem Vertrauten geworden. Zu einem Freund, wie der selbst sagt. Der Fall habe sie dazu gemacht. Isenegger redet am Tag des Freispruchs nicht lange um die Sache herum: um das Komplott, das Platini zu Fall gebracht habe. Und dass die ganze Sache nur ein Ziel gehabt habe: seinen Ruf zu beschädigen.

Die Leute, die Platini in Misskredit bringen wollten, hätten sehr genau verstanden, wie das System FIFA damals funktioniert habe. Und wie eine kriminelle Beschuldigung wirke. Innerhalb des Verbandes, aber auch in der Öffentlichkeit. Selbst wenn die Anschuldigung falsch sei, werde der Ruf des Beschuldigten schwer verletzt, weil die FIFA trotzdem ihre Mechanismen in Gang setze und durch sie auch einen Unschuldigen in eine Persona non grata verwandle.

Von einem Tag auf den anderen zieht es Platini im Jahr 2015 den Boden unter den Füßen weg. Nach seiner Verbannung durch die FIFA im Oktober jenes Jahres, die auf die Ermittlungen der Schweizer Justiz folgt, darf Platini keinen Job mehr annehmen, der im Zusammenhang mit dem Fußball steht. Er wird auch zu keinem großen Spiel mehr eingeladen, zu keiner Weltmeisterschaft, zu keiner Europameisterschaft. Alles, was ihn und sein Leben über mehr als fünfzig Jahre im Fußball ausgemacht hat, löst sich auf. »Glauben Sie mir, im Alter von 65 Jahren in den Status eines Teufels oder Paria zu wechseln, ist sehr schwer zu verkraften, vor allem, wenn es einen auf völlig ungerechte Weise trifft«, schreibt Platini in seiner Erklärung nach dem Urteil.

Im Juli 2015 hat Platini seine Kandidatur für die FIFA-Präsidentschaft öffentlich angekündigt. Er gilt als klarer Favorit für die Blatter-Nachfolge. Am Morgen des 8. Oktober 2015, als die Bundesanwaltschaft ihre Ermittlungen schon aufgenommen hat, reicht er alle nötigen Unterstützerstimmen für seine Bewerbung ein. Wenige Stunden später suspendiert ihn die FIFA-Ethikkommission für neunzig Tage, vorläufig. Ebenso den noch amtierenden FIFA-Präsidenten Joseph Blatter. Platini sieht sich schon damals als Opfer einer Verschwörung. »Dieses absichtliche Leck, das hinterhältig und unakzeptabel ist, ist ein Versuch, meiner Reputation zu schaden«, teilt Platini als damaliger UEFA-Präsident mit. Im Dezember 2015 wird er von der FIFA-Ethikkommission für acht Jahre für alle Tätigkeiten im Fußball gesperrt, zunächst ist sogar die Rede von einer lebenslangen Sperre. Der Bann wird später, nachdem Platini gerichtlich dagegen vorgeht, auf vier Jahre reduziert.

Mit den Ermittlungen und der Erhebung der Anklage durch die Schweizer Bundesstaatsanwaltschaft im Zusammenspiel mit dem Weltverband wird aus Sicht von Isenegger über sieben Jahre das immer gleiche und gewünschte Ergebnis erzielt: Platini ist aus dem Spiel. Und zwar genau so lange, wie der Fall läuft. Und der läuft schier endlos.

Platini hält die Ohnmacht kaum aus. Er weiß, dass er nicht getan hat, was ihm zur Last gelegt wird. Doch er weiß auch, wie die Medien und die Gesellschaft ticken. Die Öffentlichkeit ist überzeugt, dass an der Sache etwas dran ist. Dass sich auch Platini in einem hochkorrupten Verbandsumfeld schuldig gemacht hat. Alles passt so gut zusammen, auf den ersten Blick. Das öffentliche Urteil ergeht schon lange vor dem des Schweizer Bundesstrafgerichts. Es lautet: schuldig, im Zweifel gegen die Angeklagten.

Schuldig. Das ist die öffentliche Reaktion, mit der die Drahtzieher gerechnet hätten, so Isenegger. Ihr Plan sei aufgegangen.

Die Ermittlungen gegen Platini und Blatter beginnen im Sommer 2015 nach einem Treffen zwischen dem Schweizer Bundesanwalt Michael Lauber mit einem Vertrauten des damaligen UEFA-Generalsekretärs Gianni Infantino. Der hochrangige Jurist wird über diesen Fußballfall stürzen und nach Aufhebung seiner Immunität selbst zum Angeklagten. Infantino wiederum profitiert wie kein anderer vom schnellen Sturz Platinis. Zeitlich läuft für ihn alles perfekt. Der damalige UEFA-Generalsekretär wird nach dem Aus für Platini im Januar 2016 zum neuen FIFA-Präsidenten gewählt.

Doch auch an Infantino bleibt bei seinem Aufstieg zum wichtigsten Fußballfunktionär der Welt etwas hängen. Im Juli 2020 leitet ein in diesem Fall extra eingesetzter außerordentlicher Staatsanwalt ein Strafverfahren gegen den FIFA-Präsidenten ein. Es geht um Infantinos Treffen mit dem gegen ihn damals ermittelnden Bundesanwalt Lauber. Auch gegen einen an den Unterredungen beteiligten Walliser Oberstaatsanwalt, einen alten Schulfreund Infantinos, wird ein Strafverfahren eröffnet. Die Causa wird auch zu einem Desaster für die Schweizer Justiz.

Sichtbar werden in den undurchsichtigen Machenschaften die doppelten Standards der FIFA. Platini wird im Jahr

2015 von der Ethikkommission des Weltverbands suspendiert, obwohl er in den Ermittlungen nur als Zeuge geführt wird. Infantino hingegen bleibt von der Ethikkommission der FIFA unbehelligt, obwohl er in seinem Fall von der Justiz als Beschuldigter geführt wird. Aus Sicht Platinis schließt sich die Indizienkette für ein Komplott, das ihn als FIFA-Präsident zugunsten Infantinos verhindert habe.

Isenegger holt etwas aus, um Platinis persönliches Drama zu beschreiben. Wenn man als normaler Bürger angeklagt wird und man weiß, dass man nichts falsch gemacht hat, dann sei das schon sehr schwierig; man spüre, dass niemand einem glaubt, sagt der Anwalt. Doch wenn du ein Fußball-Megastar bist, den jeder bewundert, und du wirst von einem auf den anderen Tag zu einem Paria, mit dem niemand mehr etwas zu tun haben will, dann sei es unfassbar schwierig, mit dieser Situation umzugehen. Platini sei darüber in Schwermut verfallen, auch seine Frau.

Isenegger erzählt dazu eine Geschichte. Als er mit Platini privat verabredet ist, sieht er, dass sein Freund sich einen Hut tief in die Stirn gezogen hat. Der Kragen seines Mantels ist hochgestellt. Platini sieht aus wie ein sowjetischer Spion in einem Hollywoodfilm im Kalten Krieg. Der Mann, der es gewohnt ist, seit Jahrzehnten im Rampenlicht zu stehen, hält die Blicke der Menschen nicht mehr aus.

Auch die Zeit ist ein Gegner, der sich nicht besiegen lässt. Es vergehen Tage, Wochen, Monate, Jahre. Platini sieht kein Licht am Horizont. Im Jahr 2018 kommt ein Brief von der Anklagebehörde. In dem steht, dass sein Status als Zeuge unverändert bleibe, dass er nicht zum Ziel von Ermittlungen werde, kein Angeklagter. Platini glaubt, bald in sein altes Leben zurückkehren zu können. Doch die Hoffnung erlischt schnell. Es folgt eine neue Anklage der FIFA, diesmal wegen angeblichen Betrugs. Die Maschinerie läuft weiter.

Der Kampf von Platini ist auch ein Kampf um seinen Platz in den Fußball-Geschichtsbüchern. Das letzte Wort über seine Karriere zu behalten ist ihm eine starke Motivation. Im Fußball, sagt sein Freund, gehe alles sehr schnell. In die eine wie in die andere Richtung. Heute bist du Persona non grata und morgen wieder der große Michel Platini. Das ist Iseneggers Hoffnung. Und die seines Freundes Michel.

Michel François Platini, der im Jahr 1955 als Sohn eines italienischen Einwandererkinds in Jœuf geboren wird, verinnerlicht schon in seiner Jugend, dass Aufgeben für ihn keine Option ist, wenn er es im Fußball zu etwas bringen will. Sein Vater Aldo bringt es später zum sportlichen Direktor des nahe gelegenen Erstligaklubs AS Nancy im Département Meurthe-et-Moselle, damals der Region Lothringen zugehörig. In der Jugend wird der Nachbarklub FC Metz auf das vom Vater intensiv geförderte Talent aufmerksam. Platini bezeichnet seinen Vater später als den für seine Karriere wichtigsten Menschen.

Doch die Förderung seines Vaters und sein eigener Ehrgeiz reichen zunächst trotzdem nicht. Die Verantwortlichen beim FC Metz ziehen ihr Angebot für Michel nach einem Probetraining zurück, weil ihnen der 17-Jährige zu schwächlich vorkommt. Sie schauen lieber auf medizinische Daten als auf seine Beine.

Platini wechselt in jenem Jahr 1972 zum AS Nancy. Sein Vater heuert dort zur selben Zeit als Jugendtrainer an. Michel schafft schon im ersten Jahr den Sprung ins Profiteam. 1975 steigt er mit Nancy in die zweite Liga ab, doch schon in der folgenden Saison kehrt das Team mit dem jungen Kapitän Platini in die Erstklassigkeit zurück.

Sein Aufstieg im französischen Fußball vollzieht sich geradezu kometenhaft. In den Jahren 1976 und 1977 wird Platini zum Fußballer des Jahres gewählt. Bei seiner zweiten Wahl ist er gerade 23 Jahre alt. Er führt in diesem Alter auch die Équipe Tricolore nach zwölf Jahren wieder zu einem Weltmeisterschaftsturnier, 1978 in Argentinien. Dort scheitert Frankreich allerdings in der Vorrunde an Italien und dem Gastgeber und späteren Weltmeister Argentinien.

Platini erleidet 1978 einen komplizierten Schienbeinbruch. Er kehrt nach längerer Pause zurück, wird noch besser und wechselt im folgenden Jahr zum damaligen französischen Topklub AS Saint-Étienne. In seiner gesamten Karriere bricht fünf Mal ein Bein von Platini und zweimal ein Arm. Auch davon lässt er sich nicht unterkriegen.

In Saint-Étienne scheint auch sein Herz zu brechen. Zumindest ist sein Stolz verletzt, als Platini erfährt, dass seine Frau Christelle, die er drei Tage vor Heiligabend im Jahr 1979 geheiratet hat, sich in Nationalspieler Jean-François Larios verliebt hat. Den bisherigen Star der Mannschaft von Saint-Étienne. Es kommt zu Handgreiflichkeiten zwischen Platini und Larios.

Auch dieses Drama hält Platini aus. Und er setzt sich durch. Seine Frau kehrt zu ihm zurück. »Das ist die Geschichte von Adam und Eva, die Ursünde. Aber es war Liebe auf den ersten Blick, eine wahre Liebesgeschichte. Nachts waren wir gut versteckt, aber leider wurde gemunkelt«, sagt Larios in einem Interview mit dem französischen Journalisten Bertrand Métayer, das rund um seine im Jahr 2017 veröffentlichte Autobiografie *J'ai joué avec le feu* (»Ich habe mit dem Feuer gespielt«) erscheint.

Nachdem die Beziehung zu seiner Frau ans Licht kommt, spielen Platini und Larios weiter zusammen, aber sie reden kein Wort miteinander. »Nicht einmal ein Hallo«, wie Larios später sagt. »Wenn Sie einen Vertrag haben, halten Sie den Mund.« Larios wird im Jahr 1980 zum Fußballer des Jahres in Frankreich gewählt. Dann stürzt er ab. Nach einer schweren Verletzung in der Saison nach dem WM-Turnier 1982 kommt er nicht mehr auf die Beine.

Wenige Monate vor der Weltmeisterschaft, im Januar 1982, weiht Larios den französischen Nationaltrainer Michel Hidalgo in das amouröse Drama ein. Er schlägt vor, dass er zum Wohle des Teams eine Verletzung vortäuscht und nicht mit zur Weltmeisterschaft nach Spanien fährt. Hidalgo lehnt ab. Larios spielt bei der Weltmeisterschaft trotzdem keine große Rolle. Er sitzt die meiste Zeit auf der Ersatzbank. Im Mittelpunkt steht Platini.

Die Niederlage im Halbfinale von Sevilla gegen Deutschland, in dem Patrick Battiston rücksichtslos von Torhüter Toni Schumacher zur Strecke gebracht wird, kann Platini nur schwer ertragen. Auf dem Platz ist der Kapitän der einzige Spieler, der sich beim Schiedsrichter, der in der brutalen Attacke kein Foulspiel erkennt, massiv beklagt. Die Ungerechtigkeit, die im Ausgang dieses Spiels liegt, nagt an ihm. »Wir waren besser und hätten auch das Finale gegen Italien gewonnen«, sagt Platini im Rückblick. »Aber Sevilla war auch ein Sieg, weil es uns gelehrt hat, in Würde zu verlieren.«

Nach der Weltmeisterschaft 1982 folgt sein größter Karrieresprung: Er wechselt zu Juventus Turin, zum Inbegriff von Macht und Reichtum in Italien. Platini ist zu dieser Zeit schon einer der begehrtesten Spieler im Weltfußball. Ein Regisseur, wie ihn Frankreich bis dahin noch nie hervorgebracht hat. Doch die Eleganz seines Spiels und die Kaltblütigkeit seines Abschlusses reichen zunächst nicht, um bei Juventus als derjenige angesehen zu werden, als den sich Platini längst versteht: als unumstrittener Anführer.

Dino Zoff, Antonio Cabrini, Claudio Gentile, Marco Tardelli, Gaetano Scirea und Paolo Rossi sind im Sommer 1982 als Weltmeister zu ihrem Klub zurückgekehrt. Weshalb sollen sie den frisch eingekauften Spielmacher in der Rolle des Chefs auf dem Platz akzeptieren, der mit Frankreich im WM-Halbfinale gescheitert ist gegen die Deutschen, denen Italien im Finale keine Chance gelassen hat? Neid und Eifersucht schüren in Turin nicht zuletzt das für damalige Verhältnisse astronomische Gehalt, das Platini dort erhält: umgerechnet 400 000 Euro im Jahr, wie es damals heißt. Doch auch diese für ihn neue Form des Widerstands überwindet Platini. Er drückt dem Spiel von Juventus schon in der ersten Saison seinen Stempel auf. Er wird in der Serie A zum einzigen legitimen Konkurrenten von Diego Maradona.

Platini schafft in Turin, was niemand vorher und danach in Europa geschafft hat: Er wird dreimal nacheinander zum Fußballer des Jahres in Europa gewählt. 1983, 1984 und 1985. Platini verzaubert die Tifosi mit einer faszinierenden Mischung aus Genialität, Perfektion und Lässigkeit. Platinis Pässe sind ein Gedicht, seine Freistöße Präzisionswerke, und mit seiner Spielintelligenz ist er in einer Hochphase des Kampffußballs seiner Zeit enthoben. Ihm selbst ist der perfekte Pass von allen Qualitäten das Wichtigste, darin erkennt er die Essenz des Spiels, das er liebt. »Der Pass ist die kostbarste Geste, die der Fußball zu bieten hat. Die Ballkontrolle ist reine Technik; der Pass ist Technik gepaart mit Intelligenz«, schreibt er im Jahr 2015 in seinem Buch *Reden wir über Fußball*. Platini beschreibt damit auch das Bild des Fußballers, der er sein will: ein begnadeter Techniker des Spiels, gesegnet mit Intelligenz.

Platinis wunderbare Leichtigkeit, mit der er den Ball über den Platz treibt, stets mit dem Trikot über der Hose, macht ihn im Fußball auch zu einem Klischee. Zu einem französischen Sinnbild für Esprit, Eleganz und Lebenslust. Doch der Künstler ist in Wahrheit auch ein Killer.

Seinen Killerinstinkt beweist Platini bei der Europameisterschaft 1984. Er spielt im eigenen Land das Turnier seines Lebens. Platini spielt nicht nur exquisite Pässe, mit denen er die Fußballwelt begeistert. In den nur fünf Spielen bei der Europameisterschaft erzielt er sensationelle neun von insgesamt 14 französischen Toren. Ein neuer Rekord. Und eine bis heute bei einer Europameisterschaft von keinem der großen Torjäger erreichte Quote.

Bei fast jedem seiner neun Tore in jenen 16 Sommertagen blitzen besondere und ganz unterschiedliche Qualitäten des Torjägers Platini auf. Im Auftaktspiel sichert der Kapitän seinem Team mit einem überlegten, aber auch glücklich abgefälschten Schuss von der Strafraumgrenze einen 1:0-Sieg gegen Dänemark. In der zweiten Partie gelingen Platini beim französischen 5:0-Triumph gegen Belgien gleich drei Tore. Das erste schon nach vier Minuten, geistesgegenwärtig mit einem Schuss von der Strafraumgrenze, nachdem der Ball von der Latte nach einem Freistoß zurück ins Feld springt. Das 4:0 erzielt er mit einem Elfmeter. Hart und cool drischt er den Ball in die Mitte des Tores, während der Torwart in die rechte Ecke springt. Das 5:0 erzielt er mit einem harten und präzisen Kopfball von Höhe des Elfmeterpunkts aus.

Im letzten Gruppenspiel besiegt Platini das damalige Jugoslawien fast im Alleingang. Er schießt beim 3:2-Sieg alle drei französischen Tore. Die Führung der Jugoslawen gleicht er in der 58. Minute im Stile eines Torjägers aus, als er den Ball am herausstürmenden Torwart vorbei ins Netz spitzelt. Das 2:1 ist ein sensationeller Flugkopfball vom Elfmeterpunkt. Das Tor, bei dem Platini lang gestreckt in Kniehöhe über den Rasen fliegt und den Ball in die entgegengesetzte Ecke köpft, wird in Deutschland zum Tor des Monats gewählt. Der Schlusspunkt an jenem Tag ist seine ganz besondere Spezialität: ein Freistoß aus zentraler Position, knapp zwanzig Meter vor dem Tor, unhaltbar für den Torwart. Platini macht damit seinen Hattrick in nicht einmal zwanzig Minuten perfekt.

Die Europameisterschaft wird zu jener Zeit nur mit acht Mannschaften in zwei Vierergruppen ausgetragen. Nach der Vorrunde kommt es direkt zum Halbfinale zwischen Frankreich und Portugal. Eine Minute vor Schluss der Verlängerung steht es 2:2 im Stade Vélodrome von Marseille, alles scheint auf Elfmeterschießen hinauszulaufen. Doch in der 119. Minute erkennt Platini die Chance, die sich plötzlich durch die französische Überzahl auf der rechten Strafraumseite eröffnet. Er läuft in den Strafraum und lauert in zentraler Position auf ein Zuspiel. Und der

Flachpass von der rechten Seite kommt, genau dorthin, wo ihn Platini erwartet. Im Stil eines Torjägers jagt er den Ball mit einem Drehschuss aus fünf, sechs Metern unter die Latte. 3:2. Frankreich steht im Endspiel, zum ersten Mal bei einer Europa- oder Weltmeisterschaft.

Der Kapitän ebnet seinem Team auch im Finale gegen Spanien den Weg. Mit einem Freistoß, den Torwart Luis Arconada unter seinem Körper durchrutschen lässt, bringt Platini die Franzosen nach einer Stunde mit 1:0 in Führung. In der Schlussminute, als Spanien in Überzahl nach einem Platzverweis für Yvon Le Roux noch einmal alles nach vorne wirft, gelingt den Franzosen mit einem Konter das 2:0. Frankreich ist Europameister – und jeder hat gesehen, wem das Land seinen ersten internationalen Triumph im Fußball verdankt und wer es zu einer großen Fußballnation gemacht hat: Michel Platini, der Anführer der Franzosen.

Vermutlich hat kein einzelner Spieler ein großes Turnier jemals so stark geprägt wie Platini die Europameisterschaft 1984, vielleicht nur noch Diego Maradona zwei Jahre später die Weltmeisterschaft 1986 in Mexiko. Doch Platinis Torgefährlichkeit hat auch Maradona nicht erreicht. Die Trefferquote des Fußballkünstlers ist mit 1,80 Toren pro Spiel bei Europa- und Weltmeisterschaften bis heute unerreicht. Zum Vergleich: Cristiano Ronaldo führt mit 14 Toren die ewige Torjägerliste bei Europameisterschaften an, doch der Superstar aus Portugal hat dafür 25 Spiele gebraucht, pro Partie erzielte Ronaldo »nur« 0,56 Tore.

Ein Jahr nach dem Triumph bei der Europameisterschaft in Frankreich erlebt Platini seinen schlimmsten

Sieg: den Gewinn des Europapokals der Landesmeister mit Juventus Turin. Es ist ein schwarzer Tag des europäischen Fußballs. Vor dem Anpfiff zwischen Juventus und dem FC Liverpool machen englische Hooligans im maroden Heysel-Stadion Jagd auf italienische Anhänger. Im eigentlich neutralen Block Z, der traurige Berühmtheit erlangt, entsteht eine Massenpanik. Die Sicherheitskräfte sind heillos überfordert. Unter dem Druck der flüchtenden Tifosi bricht eine kleine Mauer zusammen, sie wird zur tödlichen Falle. Im Stadion sterben 39 Menschen. Erdrückt, erstickt, totgetrampelt. Mindestens 400 Anhänger werden verletzt, viele von ihnen schwer. 32 Todesopfer kommen aus Italien.

Kameraleute und Fernsehsender haben keine Hemmungen, Leichen, Todgeweihte und Schwerverletzte aufzunehmen und diese Bilder zu zeigen. Fußballfans sehen live vor dem Fernseher, wie Menschen sterben. Zahlreiche Sender brechen ihre Übertragung ab. Manche noch vor dem Spiel, wie das ZDF, andere später. Einige bleiben bis zum Schlusspfiff drauf.

Im Angesicht der Katastrophe entscheiden sich die Verantwortlichen, das Spiel dennoch anpfeifen zu lassen. Sie fürchten, dass eine Absage weitere Opfer fordern könnte, dass die Gewalt neu entfacht wird.

Tatsächlich können selbst die schockierenden Szenen im Stadion die Enthemmung kaum stoppen. Mit Latten und Knüppeln bewaffnet gehen teils vermummte Fans bis kurz vor dem Anpfiff auch auf Polizisten los, die mit vorgehaltenen Schutzschildern auf der Laufbahn in Deckung gehen. Die Gewalt hat den Fußball vollständig im Griff. Unbeeindruckt von der Gewissheit, dass sich im Stadion gerade eine Tragödie ereignet hat, wollen sich auch Tausende Fans, die an den tödlichen Ausschreitungen nicht beteiligt sind, ihre Freude am Fußball nicht verderben lassen. Als das Spiel mit rund neunzig Minuten Verspätung angepfiffen wird, flattern in den Blocks von Juventus Turin und Liverpool die Klubfahnen im Wind, wie bei jedem anderen Spiel. Die Verlesung der Aufstellung durch den Stadionsprecher wird auf den Rängen mit Jubel begleitet.

Die Stars von Juventus und Liverpool sehen auf dem Rasen die Spuren des Unglücks. Zäune sind eingerissen. Mauerteile liegen zerborsten und zerstreut auf der Laufbahn. Die Polizei riegelt das Spielfeld während der gesamten Spielzeit ab. In der Kabine erhalten die Stars nur dürftige Informationen von den Offiziellen. Die Tragweite der Katastrophe ist ihnen nicht bewusst. »Uns Spielern wurde die Wahrheit verschwiegen. Uns wurde von zwei, drei Toten erzählt. Wir mussten uns in der Kabine nur warm halten«, sagt Platini dreißig Jahre später in einem seiner Interviews zu diesem einschneidenden Ereignis. UEFA-Präsident Jacques Georges habe sie angefleht zu spielen, damit die Zuschauer im Stadion blieben und die Rettungswege nicht blockierten. »Ich glaube, ich würde heute als Präsident auch so entscheiden, obwohl ich es als Spieler nicht verstehen konnte«, sagt Platini gegenüber dem *Sportinformationsdienst* im Mai 2015. Platini ist mittlerweile seit acht Jahren Präsident der UEFA. Und er fügt hinzu: »Den Sport schweigen zu lassen, die Musik schweigen zu lassen, heißt, die Kultur schweigen zu lassen. Der Sport darf nur aus Anstand weichen oder weil er sich selbst nicht mehr regulieren kann. Aber ansonsten vertrete ich die These: Der Sport ist stärker als der Tod.«

In der zweiten Halbzeit des Endspiels bekommt Juventus einen Elfmeter zugesprochen. Zbigniew Boniek fällt nach einem Laufduell vor dem Strafraum. Die Entscheidung des Schiedsrichters wirkt so, als sollten die Italiener an diesem Tag des Schmerzes wenigstens das Spiel gewinnen. Damit die Fans aus Liverpool an diesem Tag nicht auch noch jubeln. Platini legt sich den Ball auf dem Elfmeterpunkt zurecht. »Ich habe mich gefragt, ob ich den Elfmeter schießen soll. Ich habe mich dazu entschlossen, um den Italienern in all der Trauer vielleicht ein wenig Freude zu schenken. Dreißig Sekunden später habe ich meine Entscheidung schon bedauert.« Platini trifft. Er jubelt ausgelassen im Angesicht des Todes. Er schreit seine Freude heraus. Seine rechte Faust reckt sich dem Himmel entgegen. Auf den Fernsehbildern sieht es nicht so aus, als wäre Platini in diesem Augenblick mit seinen Gedanken bei den Opfern und Trauernden. Sondern ganz bei sich und seinem Erfolg. Den Torjubel vergeben ihm viele italienische Fans nicht.

Die Forderung von Opfern und Hinterbliebenen der Katastrophe von Heysel, auf den Pokal nach dem Todesspiel zu verzichten, lehnt Juventus Turin nach dem Sieg ab. So bleibt das 1:0 am 29. Mai 1985 im Endspiel des Europapokals der Landesmeister der größte Erfolg in Platinis Klubkarriere. Der Schatten, der darauf liegt, verfliegt nie.

Für den europäischen Fußball bedeutet dieser Tag eine Zäsur. Englische Klubs werden für fünf Jahre aus allen Europapokal-Wettbewerben verbannt. Viele Stadien werden umgebaut und modernisiert im Zuge der Katastrophen von Heysel und vier Jahre später von Hillsborough, wo bei einer Massenpanik 97 Menschen sterben, vor allem Fans des FC Liverpool. Auch das Verhältnis zur Gewalt rund um den Fußball rückt in den 80er-Jahren soziologisch stärker in den Blick: die Hooligan-Szene, der Rassismus in den Stadien, der Nationalismus.

Nach dem Todesspiel von Brüssel wird es sportlich bald still um Platini. Er gewinnt in der folgenden Saison zwar noch mal den *scudetto* mit Juventus, scheidet im Sommer 1986 jedoch mit Frankreich vergleichsweise unspektakulär aus im Halbfinale gegen Deutschland mit 0:2 nach Toren von Andreas Brehme und Rudi Völler. Im Sommer 1987 beendet Platini seine Karriere im Alter von 31 Jahren.

Er weiß nicht, was er tun soll. An Geld und Angeboten mangelt es Platini nicht, wohl aber an einer Idee, die über den Fußball hinausweist. Im Oktober 1988 nimmt er daher das Angebot an, das ihm der französische Verband macht. Er wird Nationaltrainer und schert sich nicht weiter darum, dass er zuvor sagte, niemals Trainer werden zu wollen. Sein Erfolg fällt mäßig aus. Frankreich verpasst unter Platini als Tabellendritter hinter Jugoslawien und Schottland die Qualifikation für die Weltmeisterschaft 1990. Eine Serie von 19 Partien ohne Niederlage weckt zwar Hoffnung auf eine Renaissance, doch bei der Europameisterschaft 1992 in Schweden kommt schon in der Vorrunde nach drei sieglosen Spielen das Aus. Platini tritt als Nationaltrainer zurück.

Zum Glücksfall wird für Platini die Vergabe der Weltmeisterschaft 1998 nach Frankreich. Obwohl FIFA-Funktionär Chuck Blazer später gesteht, seine Stimme bei der Wahl an Konkurrent Marokko verkauft zu haben, setzt sich Frankreich mit seiner Bewerbung im ersten Wahlgang im Sommer 1992 souverän durch. Im folgenden Jahr steigt Platini als Vizepräsident des Organisationskomitees in die

Sportpolitik ein. Er symbolisiert das erste WM-Turnier in Frankreich wie kein anderer, in seiner Heimat und im Ausland. Der Glanz seiner Karriere öffnet ihm alle Türen: im Sport, in der Wirtschaft und in der Politik.

Die Weltmeisterschaft verläuft glanzvoll. Frankreich gewinnt den Titel durch einen phänomenalen 3:0-Sieg gegen Brasilien im Finale von Paris. Die besten Zeiten des französischen Fußballs sind nun durch Platini miteinander verbunden: der EM-Sieg von 1984 und der WM-Sieg 1998.

Platini kommt auf den Geschmack. Er steckt seine Energie in die Sportpolitik. Nach der WM 1998 macht er gemeinsame Sache mit Blatter. Beide haben große Ambitionen. Der damalige FIFA-Generalsekretär Blatter will den Posten des FIFA-Präsidenten erobern, Platini in die internationale Sportpolitik einsteigen. Der Plan sieht so aus: Falls Blatter im Juni 1998 zum Nachfolger des korrupten Brasilianers João Havelange gewählt wird, der damals seit über zwanzig Jahren an der Spitze der FIFA steht, wird Platini bis zur kommenden Präsidentenwahl vier Jahre später sein Berater. Für eine Million pro Jahr.

Blatter, der 1991 zum FIFA-Generalsekretär aufsteigt, wird früh protegiert von Horst Dassler, dem damaligen Vorstandschef und späteren Aufsichtsratsvorsitzenden von Adidas. Er ist der Sohn des legendären Firmengründers Adolf Dassler. Über die 1982 gegründete *International Sports and Leisure* (ISL) schmiert Dassler in der Zeit von 1989 bis 1999 zahlreiche Sportfunktionäre mit rund 140 Millionen Schweizer Franken, wie später vor Gericht festgestellt wird. Die Gesamtsumme dürfte deutlich höher gelegen haben. Die ISL hat sich in dieser Zeit durch Bestechung lukrative Fernseh- und Marketingverträge gesichert, unter anderem mit der FIFA und dem Internationalen Olympischen Komitee (IOC).

Das ist das Umfeld, in dem Blatter und Platini 1988 ihren persönlichen Deal abschließen. Wie die Sache verhandelt wird, schildert Platini 24 Jahre später lebhaft im Gerichtssaal von Bellinzona. Es geht um die Entlohnung. Platini spielt die Szene nach, damit sich die Richterin die Situation vorstellen kann. Ein Rollenspiel, in dem Platini beide Rollen übernimmt: seine – und die von Blatter.

Platini als Platini: Ich bin eine Million wert.
Platini als Blatter: Eine Million, welche Währung?
Platini als Platini: Peseten, Lire, Mark, was du willst.
Platini als Blatter: Dann Franken.
Platini als Platini: Abgemacht.

Der Deal steht. Er funktioniert für beide. Blatter setzt sich zunächst in der Wahl 1998 gegen Lennart Johansson durch, den Präsidenten der UEFA. Der Schwede ist ein Repräsentant solider und seriöser Funktionärsarbeit, aber er hat keine Zukunft mehr. Platini steigt im Jahr 2002 unter dem neuen FIFA-Präsidenten zum Mitglied des mächtigen Exekutivkomitees auf, deren handverlesene Mitglieder über die Vergabe der Weltmeisterschaften entscheiden. Platini macht Karriere im Rekordtempo. Im Januar 2007 stürzt er auch den langjährigen UEFA-Präsidenten Johansson in einer Kampfabstimmung. Seine Wahl zum neuen UEFA-Präsidenten verdankt Platini nicht zuletzt den kleineren Nationalverbänden, denen er mehr Startplätze in der Champions League in Aussicht stellt, ebenso eine Europameisterschaft mit größerem Teilnehmerfeld. Platinis Versprechen, die lukrativen Wettbewerbe auszudehnen, sind bares Geld wert. Im Vorfeld hatte er auch Franz Beckenbauer, der ebenfalls als Kandidat für den Posten des UEFA-Präsidenten galt, keine Chance gelassen.

Blatter wiederum verteidigt seinen Posten als FIFA-Präsident im Jahr 2002 mit einem klaren Sieg gegen Multifunktionär Issa Hayatou. Der Kameruner wird im Jahr 2018 wegen widerrechtlicher Geschäfte mit Medienrechten zu einer Strafe von rund 25 Millionen Euro verurteilt. Und nur ein halbes Jahr nach Platinis Wahl zum UEFA-Präsident wird Blatter im Juni 2007 per Akklamation für eine dritte Amtszeit als FIFA-Präsident bestätigt. Platini und Blatter haben den Fußball im Griff. Sie sind nun die mächtigsten Fußballfunktionäre der Welt. Der Fußballchef der *Frankfurter Allgemeinen Zeitung*, Roland Zorn, findet für das sportpolitische Duo, das sich lange gegenseitig stützt, einen passenden Namen: *Blattini*.

Aus der mündlich geschlossenen Vereinbarung zwischen Blatter und Platini wird im Jahr 1999 ein schriftlicher Beratervertrag. Die finanzielle Lage der FIFA ist damals allerdings nicht rosig. Blatter offenbart Platini, dass der Verband eine Million Franken pro Jahr derzeit nicht zahlen könne. Er werde 300 000 Franken erhalten. Der Rest, so der FIFA-Präsident, werde später beglichen. Platini hat damit kein Problem. Er willigt ein.

Geld sei für ihn irgendwann nicht mehr entscheidend gewesen, sagt Platini viele Jahre später in Bellinzona vor Gericht. Seit seinem ersten Profivertrag im Alter von 17 Jahren habe er immer gutes Geld verdient. Tatsächlich macht Platini auch lange kein Aufheben darum, dass ihm die FIFA für die vier Jahre noch 2,8 Millionen Franken schuldet. Erst Anfang 2011 meldet er Ansprüche an. Die

FIFA hat kurz zuvor einigen Funktionären horrende Abfindungen gezahlt, bis zu rund acht Millionen Franken. Nun will auch Platini sein Geld. Die Richterin in Bellinzona wundert sich bloß, weshalb er der FIFA daraufhin einen Betrag von zwei Millionen Franken in Rechnung gestellt hat, obwohl ihm nach seiner Ansicht doch 2,8 Millionen zugestanden hätten. »Das bin ich. Ich habe mich getäuscht«, sagt Platini. Und lacht.

So geht es damals zu in der FIFA und der UEFA. Zwei Millionen? 2,8 Millionen? Egal, es ist genug für alle da.

Als Platini im Jahr 2011 mit mehrjähriger Verspätung sein Honorar einfordert, ist er als UEFA-Präsident längst in neue Sphären aufgestiegen. Am 23. November 2010 lädt der französische Staatspräsident Nicolas Sarkozy zu einem exklusiven Mittagessen in den Élysée-Palast. Dabei ist neben UEFA-Präsident Platini unter anderen auch der Kronprinz von Katar, Tamim bin Hamad Al-Thani, und der damalige Premierminister. Die gemeinsame Vergabe für die Weltmeisterschaften 2018 und 2022 findet eine gute Woche später statt. Platini besitzt Stimmrecht.

Blatter berichtet später, dass er eine Woche vor der Abstimmung einen Anruf Platinis erhalten habe, der ihm sagte: »Ich folge Ihrem Plan nicht mehr, weil mir das Staatsoberhaupt gesagt hat, wir sollten die Lage aus der Sicht Frankreichs betrachten.« Die bisherige Vereinbarung zwischen Blatter und Platini, bei der Doppelwahl erst Russland für die Weltmeisterschaft 2018 zu unterstützen und dann die Vereinigten Staaten bei der Weltmeisterschaft 2022, ist damit hinfällig.

Bei der Wahl kommt es, wie es Platini will. Katar entscheidet die Abstimmung gegen die USA im vierten Wahlgang mit 14:8 für sich und wird Ausrichter der Weltmeisterschaft 2022. Ein Aufschrei geht durch die Fußballwelt. Umgehend erhobene Forderungen, das Turnier zu boykottieren, werden nicht mehr verstummen. Mit ihrer weithin als Skandal empfundenen Entscheidung ruiniert die FIFA bei Fußballanhängern in aller Welt ihre ohnehin in den Jahren zuvor schon stark beschädigte Reputation. Und sie bringt damit die Supermacht Amerika gegen sich auf. Die schlägt im Sommer 2015 zurück.

Es ist halb sechs am Morgen des 27. Mai 2015, unmittelbar vor der Wiederwahl Blatters, als die US-amerikanische Justiz die Welt der FIFA-Funktionäre aus den Angeln hebt. Im Zürcher Luxushotel Baur au Lac tauchen im Morgengrauen die Beamten der Kantonspolizei in den Zimmern von sechs der mächtigsten Fußballfunktionäre der Welt auf. Die Herren des Fußballs werden abgeführt. Die Medien sind über die Aktion informiert. Hotelmitarbeiter schirmen die Festgenommenen, darunter zwei FIFA-Vizepräsidenten, mit Bettlaken ab. Die Bilder gehen um die Welt. Im Laufe des Tages kommt ein weiterer Funktionär in Auslieferungshaft. Den Inhaftierten wird Betrug, Erpressung und Geldwäsche vorgeworfen.

Die Initiative für den großen Schlag gegen den Fußball-Weltverband geht vom US-Justizministerium aus. Die Schweizer Polizei kooperiert. Am Abend dieses denkwürdigen Tags in der Geschichte der FIFA gibt deren Ethikkommission aufgrund neuer Erkenntnis eine Sperre für insgesamt elf Topfunktionäre des Weltverbandes bekannt.

Die amerikanischen Ankläger nutzen für ihre Ermittlungen den sogenannten *Racketeer Influenced and Cor-*

rupt Organizations Act. Dieses Gesetz wurde 1970 in den Vereinigten Staaten erlassen, um der Mafia zu Leibe rücken zu können. Das Gesetz ermöglicht, dass auch Personen schwer bestraft werden können, die Verbrechen nur angeordnet, aber nicht selbst ausgeführt haben. Beim Prozess, der 2017 in New York stattfindet, steht die FIFA juristisch auf einer Stufe mit dem organisierten Verbrechen.

Auch die Schweizer Staatsanwaltschaft schlägt am 27. Mai 2015 zu. Sie eröffnet ein Strafverfahren rund um die Vergabe der beiden Weltmeisterschaften und durchsucht die Zentrale der FIFA. Umfangreiche elektronische Daten und Dokumente werden sichergestellt. Darunter befinden sind auch die Unterlagen des Deals zwischen Blatter und Platini. Obwohl die Schweizer Bundesanwaltschaft während ihrer Durchsuchungen bei der FIFA Akten sicherstellt, die sich zusammen auf die erstaunliche Länge von 25 Kilometern summieren – wie die Richterin in Bellinzona in ihrer Urteilsbegründung festhält –, haben diese Funde insgesamt nur dürre strafrechtliche Folgen. Mit den Ermittlungen gegen Platini und Blatter geht es jedoch ganz schnell. Die Höhe der Zahlung von zwei Millionen Franken sticht sofort ins Auge. Dafür habe es unter diesen Umständen nicht irgendeines Hinweisgebers bedurft, so die Richterin mit Blick auf ein mögliches Komplott. Ob es einen solchen gegeben habe, sei für diesen Fall nicht maßgeblich.

In bester Erinnerung ist der Justiz und Öffentlichkeit zu diesem Zeitpunkt zudem, dass nur wenige Monate nach der WM-Entscheidung zugunsten Katars die vom Emirat kontrollierte Investorengruppe *Qatar Sports Investments* die Mehrheit der Aktienanteile am französischen Erstligisten Paris Saint-Germain übernommen hat. Und der Klub ein Jahr später vollständig Katar gehört. Der unaufhaltsame Aufstieg von PSG, in den das Emirat über seine Investorengruppe in knapp zehn Jahren über eine Milliarde Euro pumpt, hat unmittelbar nach der WM-Vergabe im Mai des Jahres 2011 seinen Anfang genommen.

Platini macht keinen Hehl daraus, dass er Katar seine Stimme gegeben hat. Ein Jahr später bekommt sein Sohn Laurent einen Job beim katarischen Staatsfond. Er wird Europachef. Die Sache stinkt zum Himmel.

Die Staatsanwaltschaft in Paris ermittelt. Platini wird im Juni 2019 von dieser für eine Nacht in Gewahrsam genommen und stundenlang zu den Umständen der WM-Vergabe verhört. Es geht um unlautere Machenschaften, um Korruptionsvorwürfe gegen das Gastgeberland und frühere Funktionäre der FIFA. Platini wird nur als Zeuge befragt, nicht als Verdächtiger. Aber sein Image bekommt weitere, tiefe Kratzer.

Tatsache ist, dass für Katar bei der WM-Vergabe Geld nie eine Rolle gespielt hat. Das Turnier ist für das kleine Land, mit einer Fläche von rund 11 500 Quadratkilometern nicht einmal halb so groß wie Sardinien, ein zentraler Faktor seiner geopolitischen Strategie. Sein eigentliches Ziel ist internationale Anerkennung und Verflechtung. Es will ein Faustpfand für seine Existenz im Schatten des übermächtigen Nachbarn Saudi-Arabien erwerben. Koste es, was es wolle.

Die Beziehungen zu den Saudis sind schon zu Zeiten der WM-Bewerbung angespannt. Nach seiner vollständigen Unabhängigkeit von Großbritannien im Jahr 1971 hatte Riad zunächst noch als Schutzmacht von Katar fungiert. Doch der Einmarsch des Irak in den Nachbarstaat Kuwait im Jahr 1990 verändert das Selbstverständnis von Katar. Das Land versteht diese Invasion als Warnung. Es fürchtet, dass ihm das gleiche Schicksal durch Saudi-Arabien blühen könnte und dass sich die internationale Staatengemeinschaft nicht darum schert.

Katar löst sich allmählich aus der Umklammerung Saudi-Arabiens. In den 90er-Jahren setzt das Emirat auf Modernisierung. *Soft power* soll ihm größere Unabhängigkeit und Sicherheit verschaffen. Der erste Coup ist die Gründung des Fernsehsenders *Al Jazeera.* Als im Jahr 1996 ein Gemeinschaftssender eines saudi-arabischen Medienkonzerns und der BBC seinen Betrieb einstellt, weil die saudische Regierung mit Zensur droht, nutzt Katar seine Chance und gründet mit zahlreichen BBC-Mitarbeitern seinen eigenen Sender. In den 90er-Jahren macht sich Katar auch mit Investitionen in den Sport einen Namen. Ebenso in Wissenschaft und Kultur. Es schafft sich internationale Verbindungen und Abhängigkeiten.

Der Fußball spielt in der Strategie Katars eine bedeutende Rolle. Das Emirat finanziert beispielsweise über die staatliche Fluggesellschaft *Qatar Airways* zahlreiche europäische Klubs und macht sich als wichtiger Geldgeber auch bei Verbänden unentbehrlich. Die Strategie funktioniert aus der Sicht von Katar glänzend. »Der unendliche Reichtum dieses kleinen Landes Katar breitet sich fast wie ein Krebsgeschwür über den Fußball und den Sport aus. Ich bin ja selbst hin und wieder angesprochen und eingeladen worden. Dieses kleine Land nutzt seine wirtschaftliche Stärke, um Einfluss zu nehmen auf Entscheidungen in der Politik und im Sport«, sagt der damalige DFB-Präsident Theo Zwanziger in einem Interview mit der *Frankfurter Allgemeinen Zeitung* im Jahr 2013. Zu dieser Zeit ist Zwanziger auch Mitglied im FIFA-Exekutivkomitee. Katar geht gegen Zwanzigers Aussage vom Krebsgeschwür gerichtlich vor, verliert aber in der Auseinandersetzung.

Dass die geopolitischen Sorgen des absolutistisch regierten Emirats nicht grundlos sind, zeigt sich 2017 in der sogenannten Katar-Krise. Saudi-Arabien sowie seine Verbündeten Ägypten, Bahrain und die Vereinigten Arabischen Emirate setzen ihre diplomatischen Beziehungen zu Katar aus. Die Grenzen werden geschlossen und das Land weitgehend isoliert. Ein Dorn im Auge ist Saudi-Arabien vor allem Katars Unterstützung der radikal-islamischen Muslimbrüder. Zudem die enge Verbindung zum Iran, dem Erzfeind von Saudi-Arabien und Gegenspieler in der Region. Zudem gilt Katar als einer der wichtigsten finanziellen Unterstützer des internationalen Terrorismus, nicht zuletzt der Hamas, die das Existenzrecht Israels ablehnt. Der Konflikt wird erst 2021 beigelegt, nach vier Jahren.

Auch das Essen im Élysée-Palast neun Tage vor der skandalträchtigen WM-Vergabe an Katar im Dezember 2010 ist von den geopolitischen Zusammenhängen nicht zu trennen. Sarkozy ist bestrebt, die Investitionen, die Katar in Europa ohnehin vornehmen will, in sein Land zu lenken. Platini akzeptiert die Argumentation. »Seit ich zu meinem damaligen Präsidenten der Republik gesagt habe, dass es sich dabei um eine politisch ausgesprochen wichtige Entscheidung handle, für die ich auch stimmen werde, habe ich nur Probleme am Hals«, sagt er im März 2020 im

Interview in *Le Monde*: »Ich bedaure nur, dass ich zu nett war, zu transparent, weil ich offen gesagt habe, dass ich für Katar gestimmt habe.«

Platinis Image ist im Jahr 2015, als die Justiz zuschlägt, schon entsprechend beschädigt. FIFA-Funktionäre stehen nach diversen Skandalen seit Jahren unter Generalverdacht. Das wissen die Ermittler und Platinis Gegner. Auch für die Öffentlichkeit und die Medien scheint unter diesen Umständen klar: Es hat mit den Anklagen gegen Blatter und Platini die Richtigen getroffen. Dass dahinter ein Komplott von noch gerisseneren Leuten stecken könnte, denkt im Sommer 2015 niemand.

Nach dem Freispruch für Platini im Juli 2022 meldet die Schweizer Bundesanwaltschaft fristgerecht Berufung an. Das ist notwendig, um nach der schriftlichen Urteilsbegründung tatsächlich in Berufung gehen zu können. Platinis Freispruch ist damit noch nicht rechtskräftig. Nach sieben Jahren geht die Hängepartie weiter.

An jenem Tag gibt Platini im französischen Fernsehen ein Interview. In Wahrheit sei das Urteil über ihn schon lange gesprochen worden, sagt er. Diejenigen, die nicht wollten, dass er Präsident des Internationalen Fußballverbandes werde, »haben mich getötet«. Vor sieben Jahren.

Er werde nun kein hohes Fußballamt mehr anstreben, nicht mehr dorthin zurückkehren, wo er einmal gewesen sei. Das habe er schon länger beschlossen. Doch diese Entscheidung wolle er als Unschuldiger verkünden, nicht als Angeklagter.

Platini sagt, er wolle jetzt in Ruhe leben. Sein Schicksal liegt jetzt wieder in seinen Händen.

6

Mesut Özil

Das Foto

»Dear Allah …
I trust you with my past
I trust you with my future
I trust you today, tomorrow and forever«
Jumma Mubarak

»Lieber Allah …
Ich vertraue dir meine Vergangenheit an
Ich vertraue dir meine Zukunft an
Ich vertraue dir heute, morgen und für immer«
Jumma Mubarak

MESUT ÖZIL, 4. FEBRUAR 2022, FACEBOOK

Das Hotel, in dem Mesut Özil bei seiner Rückkehr nach Deutschland im Herbst 2021 mit Fenerbahçe Istanbul absteigt, ist ein plumper, rechteckiger Klotz. Er liegt in einem Frankfurter Gewerbegebiet, entworfen auf dem Reißbrett im bundesrepublikanischen Geist der 60er-Jahre. Eine Zeit, in der alles, was technisch machbar ist, auch gemacht wird.

Damals sollen nicht nur die Häuser funktional sein, sondern auch die Menschen, die darin wohnen. Und die man von überall her nach Deutschland holt, damit das Wirtschaftswunder nach dem Zweiten Weltkrieg nicht endet. Es ist die Zeit, Ende der 60er-Jahre, in der auch der Vater von Mesut Özil mit seinen Eltern aus Devrek unweit der türkischen Schwarzmeerküste nach Gelsenkirchen zieht. Mustafa Özil ist zwei Jahre alt, als er nach Deutschland kommt.

Als Mesut Özil im September 2021 nach seinem Rücktritt aus der Nationalelf erstmals in seine Heimat zu einem Fußballspiel mit Fenerbahçe Istanbul zurückkehrt, ist er seit sieben Jahren Weltmeister. Er hat es als erstes Kind türkischer Gastarbeiter geschafft, was über ein halbes Jahrhundert nach Abschluss des deutsch-türkischen Anwerbeabkommens kein Gastarbeiterkind geschafft hat in diesem Land. Doch der goldene Tag von Rio de Janeiro ist weit weg, als Özil aus dem Aufzug des Frankfurter Hotels tritt und im Trainingsanzug durch die Lobby zum von Fans umringten Mannschaftsbus geht. Keine einzige deutsche Fahne ist zu sehen. Kein Fan trägt ein deutsches Nationaltrikot. Den deutschen Weltmeister und Nationalspieler Mesut Özil gibt es nicht mehr.

Die Fans von Fenerbahçe drehen durch, als sie Özil entdecken. Sie versuchen in die Lobby vorzudringen und die Sicherheitskräfte zu überwinden, die Özil den Weg zum Bus freimachen. Mesut Özil ist jetzt ihr Held. Ein türkischer Held.

Am nächsten Tag wird Özil im Frankfurter Stadion als deutscher Weltmeister angekündigt. Die deutschen Fans antworten mit gellenden Pfiffen. Die *Bild*-Zeitung empfängt ihn mit der Schlagzeile: »Özil zu Gast bei Ex-Freunden.«

Als Özil eine Ecke schießt, wird er mit Bierbechern beworfen. Auf der Tribüne stehen Erwachsene und brüllen »Scheiß-Türke«. Der Hass steht ihnen ins Gesicht geschrieben. Es ist Özils erstes Spiel in Deutschland nach seinem Rückzug aus der Nationalelf. Es wird womöglich seine letzte Erinnerung an Fußball-Deutschland bleiben.

Sein Debüt in der deutschen Nationalelf liegt zu diesem Zeitpunkt über zwölf Jahre zurück. Es findet im Februar 2009 statt, ein Freundschaftsspiel gegen Norwegen. Kein bemerkenswertes Ereignis, wie es auf den ersten Blick scheint, sondern eine zu dieser Zeit schon erwartbare Entwicklung für einen in Gelsenkirchen geborenen Ausnahmefußballer, der bei seiner Länderspielpremiere zwanzig Jahre alt ist. Seine bisherigen Stationen heißen Westfalia Gelsenkirchen, Teutonia Schalke, Falke Gelsenkirchen, Rot-Weiss Essen, Schalke 04 und Werder Bremen. Dazu hat Özil 16 Spiele für die deutsche U21-Nationalmannschaft bestritten und elf für die U19. Ein perfekter deutscher Fußball-Karriereweg.

Doch schon in den Tagen vor seinem ersten Einsatz im Team von Bundestrainer Joachim Löw kochen die Emotionen hoch. Özil steht im Mittelpunkt einer aggressiv geführten Debatte. Mit seiner Entscheidung, für Deutschland zu spielen, hat sich Özil für viele Türken ins Abseits gestellt. Sie sehen in ihm einen Verräter, einen Vaterlandsverräter.

Die Wut ist so heftig, dass Özil das Gästebuch auf seiner Homepage einige Tage vor dem Länderspiel schließt. Zu übel sind die Beschimpfungen und Beleidigungen aus der türkischen Community. Viele verzeihen ihm nicht, dass er für das Land spielen will, in dem er geboren und aufgewachsen ist. Und nicht für das Land, aus dem seine Eltern kommen. Und sie hassen es, dass Özil kurz vor seiner Volljährigkeit die deutsche Staatsbürgerschaft beantragt hat und dafür die türkische aufgibt.

In Deutschland tritt im Jahr 2000 ein neues Staatsangehörigkeitsrecht in Kraft. Ursprünglich wollte die rot-grüne Bundesregierung unter Kanzler Schröder den Menschen bei der Einbürgerung gestatten, ihre alte Staatsbürgerschaft beibehalten zu können. Doch nach einer verlorenen Landtagswahl in Hessen, der eine Unterschriftenaktion gegen den sogenannten »Doppelpass« vorausgeht, verliert sie die Mehrheit im Bundesrat und lässt ihren Plan fallen. Mehr noch: Sogar die bis dahin existierende Möglichkeit, die aufgegebene ehemalige Staatsbürgerschaft nachträglich abermals erwerben zu dürfen, die viele Deutsch-Türken nach ihrer Einbürgerung genutzt haben, wird aus dem neuen Gesetz gestrichen. Özil hat keine Wahl mehr. Er muss sich entscheiden. Für ein Land – und gegen das andere.

Im Januar 2006 findet in Sindelfingen ein viel beachtetes Hallenturnier für Jugendteams statt. Auch Joachim Löw ist gekommen, der damalige Assistenztrainer von Bundestrainer Jürgen Klinsmann. Und Uli Stielike, der Trainer der deutschen U20. Das Augenmerk der beiden Experten gilt einem herausragenden 17 Jahre alten Schalker Talent, das sieben Monate später sein Bundesligadebüt geben wird: Mesut Özil, damals noch türkischer Staatsbürger. Die DFB-Verantwortlichen wissen, dass Özil die deutsche Staatsbürgerschaft beantragen will. Und sie drängen darauf. Denn kein deutsch-türkisches Talent soll dem deutschen Fußball mehr verloren gehen, das liegt im deutschen Fußballinteresse.

Özil wird in der bei diesem Turnier gedrehten Kurzdokumentation »Mesut, 17« vom Filmemacher Aljoscha Pause gefragt, ob die türkische Nationalmannschaft eine Alternative für ihn sei. Özil entgegnet: »Also, Türkei: weiß nicht, vielleicht später. Aber zurzeit will ich erst für Deutschland spielen. Türkei vielleicht später, mal gucken.«

Die Dinge laufen zunächst so, wie es der Deutsche Fußball-Bund haben will. Im Jahr 2007 wird aus dem türkischen Staatsbürger Mesut Özil der deutsche Staatsbürger Mesut Özil. Doch mit seiner Entscheidung für den deutschen Pass endet nicht das sportpolitische Tauziehen um eines der größten Talente, das der deutsche Fußball je hervorgebracht hat. Es beginnt damit erst.

Nun kämpft die Türkei um Özil. Nationaltrainer Fatih Terim lädt den mittlerweile von Werder Bremen verpflichteten Spielmacher für zwei WM-Qualifikationsspiele im Oktober 2008 ein. Zu dieser Zeit stehen einige andere deutsche Einwandererkinder im türkischen Kader: Hamit und Halil Altıntop von Schalke 04, Nuri Şahin von Borussia Dortmund und der in Berlin geborene Hakan Balta, der bei Galatasaray Istanbul spielt. Der Allgäuer İlhan Mansız, Yıldıray Baştürk aus Herne und der Mannheimer Ümit Davala hatten mit der Türkei schon den dritten Platz bei der Weltmeisterschaft 2002 erreicht. Türkische Einwandererkinder haben sich bis dahin immer für die Heimat ihrer Eltern entschieden. Wer aus der Türkei stammt, spielt weiterhin für die Türkei. Auch wenn er selbst und mitunter sogar schon die Eltern in Deutschland geboren wurden. Das ist die Regel, nicht die Ausnahme.

Der türkische Verband setzt alles daran, dass Özil nicht zur ersten prominenten deutsch-türkischen Ausnahme wird. Denn wenn sich tatsächlich eines der hoffnungsvollsten Talente für die deutsche Nationalmannschaft entscheidet, so die Sorge von türkischen Fußballfunktionären und Politikern, könne das Signalwirkung auf den gesamten deutsch-türkischen Nachwuchs in Deutschland haben. Dass Özil der Heimat seiner Eltern weiter die Treue hält, ist vor allem für konservative türkische Politiker mehr als eine sportliche Prestigefrage. Es ist eine Machtfrage.

Um türkischstämmige Talente, die über vierzig Jahre nach Abschluss des Anwerbeabkommens in Deutschland geboren wurden, weiter an die Türkei zu binden, hat der türkische Fußballverband ein eigenes Büro in Deutschland eingerichtet. Politische Unterstützung aus Ankara ist dem Verband gewiss. Es liegt auch im Interesse von Recep Tayyip Erdoğan, der im Jahr 2003 zum Ministerpräsidenten gewählt wird, dass sich in Deutschland geborene Einwandererkinder weiterhin der Türkei zugehörig fühlen, dass sie sich selbst als Türken fühlen und verstehen. Die rund 1,4 Millionen Türken und Deutsch-Türken, die an Wahlen in der Türkei teilnehmen dürfen, sind für Erdoğan eine wichtige politische Ressource. Mehrheitlich wählen sie seine Partei, die AKP. Und durch die enge Bindung der in Deutschland lebenden Türken und Deutsch-Türken an ihre alte Heimat kann Erdoğan politischen Einfluss in Deutschland nehmen. Den will Erdoğan keinesfalls aufgeben.

Auch nach der Absage von Özil für die beiden WM-Qualifikationsspiele im Oktober 2008 lässt der türkische Verband nicht locker. Nationaltrainer Terim lädt ihn nochmals ein. Diesmal für das Länderspiel am 11. Februar 2009 gegen die Elfenbeinküste. Der mittlerweile zwanzig Jahre alte Özil hat bis dahin nur für deutsche Nachwuchs-Nationalmannschaften gespielt. Er ist der Spielmacher der U21, die sich mit Manuel Neuer, Benedikt Höwedes, Jérôme Boateng, Mats Hummels und Sami Khedira unter Trainer Horst Hrubesch für die Europameisterschaft 2009 in Schweden qualifiziert hat.

Den endgültigen Ausschlag, für welches Land Özil dauerhaft spielt, gibt jedoch nicht die Teilnahme an der U21-Europameisterschaft. Diese Entscheidung fällt mit dem ersten Einsatz in der A-Nationalmannschaft in einem der beiden Länder. »Der Verband, der sich zuerst meldet, hat die besseren Chancen. Noch ist alles offen. Wenn eine Einladung kommt, dann entscheide ich spontan, dann werde ich auf mein Herz hören«, sagt Mesut Özil im Dezember 2008 im *Kicker*. Er facht den deutsch-türkischen Kampf um ihn weiter an. Wenige Tage später liegt die zweite Einladung des türkischen Nationaltrainers auf dem Tisch. Nun steht der DFB unter Zugzwang. »Es würde sich lohnen, um ihn zu kämpfen«, sagt Bundestrainer Löw. Und der DFB kämpft.

Der 11. Februar 2009 wird für die Türkei zum Tag der sportpolitischen Niederlage. Das größte Talent, das jemals für die Türkei hätte spielen können, tritt an diesem Tag nicht im Atatürk-Stadion von Izmir mit dem Halbmond auf der Brust an, sondern zieht stattdessen in Düsseldorf bei einem Testspiel gegen Norwegen in der 78. Minute die Trainingsjacke aus und wird für Piotr Trochowski im Deutschland-Trikot eingewechselt. Es ist die sechste Auswechslung, die der Bundestrainer an diesem Abend vornimmt. Sie ist nur dazu da, alle Ambitionen der Türkei zu beenden. Und selbst auf Nummer sicher zu gehen, damit es sich Özil nicht doch noch anders überlegt.

Vor seinem ersten Länderspiel ist Özil ein Thema auf den Sportseiten deutscher Medien, aber keines, das die Nation sonderlich bewegt. Im Februar 2009 interessiert die Deutschen wenig, was es für ein Einwandererkind bedeutet, eine Entscheidung zu treffen, die so eng mit seiner Identität verbunden ist. Deutsch? Türkisch? Deutsch-türkisch? Das gilt als Privatsache. Das Politische und Symbolische, das in der vom deutschen Staat erzwungenen Entscheidung für eine Staatsbürgerschaft liegt, nehmen die Deutschen kaum wahr. Die Fragen, denen sich Özil stellen muss, haben mit dem Leben der meisten Deutschen nichts zu tun.

In den Tagen vor dem Länderspiel fragen einige Medien bei Özil um Interviews nach. Der Deutsche Fußball-Bund hält ihn jedoch von Pressekonferenzen fern, auch Hintergrundgespräche finden nicht statt. Der Verband möchte nicht, dass Özil zum deutsch-türkischen Thema spricht. Und Özil will es auch nicht. So bleibt vor seinem wegweisenden ersten Nationalmannschaftseinsatz, mit dem er sich endgültig für Deutschland und gegen die Türkei entscheidet, vieles unausgesprochen: Özils große Hoffnung, im deutschen Nationaltrikot mehr erreichen zu können als im türkischen; seine innere Zerrissenheit, sich für ein Land entscheiden zu müssen, weil er so gut Fußball spielt; die Spannungen und Sorgen, die in der eigenen Familie aufkommen; die Ablehnung und die Wut, die ihm aus einem Teil der türkischen Community entgegenschlagen. Und seine Angst, einen Fehler zu machen und am Ende womöglich nirgendwo dazuzugehören: nicht zu Deutschland und auch nicht zur Türkei.

Es läuft zunächst prächtig für Özil. Im Sommer 2009 gewinnt er mit der U21 die Europameisterschaft in Schweden. Im Herbst qualifiziert er sich mit der Nationalelf für die Weltmeisterschaft 2010 in Südafrika. Schon nach dem ersten Sieg bei der Weltmeisterschaft, einem 4:0 gegen Australien in Durban, bei dem Özil zwei Tore vorbereitet, schwärmen die Experten des Landes in höchsten Tönen von ihm. Franz Beckenbauer sagt zur Halbzeitpause: »Was Özil macht, ist einzigartig.« Thomas Häßler, der wohl spielstärkste Weltmeister aus dem Team von 1990, reibt sich ungläubig die Augen: »Auf so einen Spieler haben wir seit Jahren gewartet.« Und Horst Hrubesch, der Europameister von 1980 und Trainer der U21-Europameister aus dem Sommer 2009, sieht in ihm ein Jahrhunderttalent: »Unser Messi ist Özil.«

Ein paar Tage nach dem glanzvollen Auftakt bei der Weltmeisterschaft sitzt die neue deutsche Fußball-Hoffnung am Stadtrand von Pretoria in einem fensterlosen Raum im Camp der deutschen Nationalelf und wirkt wie ein Junge auf Klassenfahrt. »Wir machen viele Scherze und ärgern uns gegenseitig«, sagt Özil fröhlich. »Das macht echt Spaß.« Es ist das erste von mehreren Gesprächen, das wir in den folgenden sechs Jahren für die *Frankfurter Allgemeine Zeitung* führen.

Özil geht in dem Gespräch so sparsam mit Worten und Gesten um, als wolle er sich unsichtbar machen. Über die Begeisterung, die sein faszinierendes Spiel in Deutschland auslöst, sagt er: »Natürlich freut man sich darüber.« Mehr nicht.

Özil redet an diesem Tag nicht gern über sich. Aber er spricht gern über Zinédine Zidane. Der ist sein großes Vorbild, als Spieler und als Mensch. Wenn Özil über Zidane spricht, der als jüngstes Kind algerischer Einwanderer die multiethnische französische Nationalmannschaft von 1998 zum Weltmeistertitel führte, jenes Team, das von Jean-Marie Le Pen und dem Front National abgelehnt wurde, weil einige Spieler die Marseillaise nicht sangen und für einige Franzosen keine »richtigen« Franzosen waren, dann scheint es, als spreche Özil über sich selbst. Über den Özil, der er sein will: einer der besten Spieler der Welt, ein Spieler, der sein Land zum Weltmeister macht. Einer, der nur die Leistung für sich sprechen lassen will. Und außerhalb des Platzes nicht negativ auffällt. »Ich bin ein ruhiger Typ«, sagt Özil. »Auf dem Platz will ich meine Leistung zu 100 Prozent. Privat konzentriere ich mich auf meine Familie und Freunde. Deswegen bin ich so bodenständig, so bin ich erzogen worden.«

Özil ist 21 Jahre alt, als die Fußballwelt in Südafrika sein grandioses Talent nicht mehr übersehen kann. Mit ihm spielt sich die Nationalelf bei der Weltmeisterschaft in der K.-o.-Runde in einen Rausch. Schon im entscheidenden Gruppenspiel gegen Ghana hatte Özil den Ball aus zwanzig Metern zum 1:0-Siegtreffer ins Tor gejagt und den Weg als Gruppensieger für die Finalrunde frei gemacht.

Im Achtelfinale trifft Deutschland auf England. Die jungen Deutschen begeistern mit ihrem schnellen, direkten Spiel. Am Ende steht ein glanzvoller 4:1-Sieg. Sogar die englische Presse verneigt sich vor den »neuen« Deutschen. Nicht einmal die Tatsache, dass beim Stand von 2:1 ein regulärer englischer Treffer im Stil des Wembley-Tors von

1966 nicht zählt, erkennen die britischen Medien als Entschuldigung für die Niederlage ihres in die Jahre gekommenen Teams an – zu mitreißend ist das deutsche Spiel.

Wenige Tage später sind die Deutschen im Viertelfinale Außenseiter. Argentinien mit Lionel Messi in der Form seines Lebens zählt zu den großen Favoriten auf den Titel. Doch die Deutschen spielen so schön, wie sie seit der Europameisterschaft 1972 mit Franz Beckenbauer und Günter Netzer nicht mehr gespielt haben. Alles sieht kinderleicht aus, was die Deutschen machen, vor allem, was Özil macht. Die Konterangriffe sind fließend, die Kombinationen glanzvoll, die Abschlüsse zwingend. Deutschland siegt triumphal mit 4:0 gegen die Argentinier von Trainer Diego Maradona. Auf der Tribüne des Stadions von Kapstadt hält es eine verzückte Bundeskanzlerin Angela Merkel nicht mehr auf ihrem Stuhl.

Auch wenn die Deutschen das Halbfinale gegen Spanien 0:1 verlieren, somit das Finale verpassen und die Weltmeisterschaft schließlich als Dritter beenden: Die neue deutsche »Internationalmannschaft«, wie die DFB-Elf mit ihren zahlreichen Migrantenkindern rund um Özil, Khedira, Boateng und Co. bei jener Weltmeisterschaft bezeichnet wird, hat nicht nur die deutschen Fans bezaubert. Die italienische Zeitung *La Stampa* schreibt über das neue Fußball-Deutschland, das mit dem alten, schwerfälligen Fußball-Deutschland weder optisch noch spielerisch etwas gemein hat: »Ein multiethnischer Panzer mit vortrefflichen Füßen.«

Die vortrefflichsten Füße gehören Özil. Er spielt in Südafrika so hinreißend, dass ihn Real Madrid sofort unter Vertrag nimmt.

Bundespräsident Christian Wulff reist noch während der Weltmeisterschaft nach Südafrika und hält nach dem Spiel um Platz drei im deutschen Quartier eine Rede. »Die Mannschaft war bester Botschafter im Sinne unseres Landes in der Welt. Sie hat viele Sympathien erworben und ein Bild von einem bunten, weltoffenen Deutschland gezeichnet – von Boateng bis Özil, von Schweinsteiger bis Lahm«, sagt der wenige Tage zuvor frisch gewählte Bundespräsident.

Die Nationalelf des Jahres 2010 bildet in ihrer Herkunftsvielfalt erstmals die Demografie im Land ab. Die erfolgreichen Einwandererkinder im deutschen Trikot werden zum Symbol gelungener Integration im Land erklärt. Der Bundespräsident wünscht sich, »dass diese Mannschaft zu einem Vorbild, ja zu einem wirklichen Spiegel unserer tatsächlichen Gesellschaft werden könnte«. Im Schloss Bellevue wird die Nationalelf wenige Monate später wegen ihrer Verdienste für die Bundesrepublik Deutschland mit dem Silbernen Lorbeerblatt ausgezeichnet. Als Özil die Auszeichnung in Berlin entgegennimmt, nehmen ihn Bundespräsident und Kanzlerin fürs Foto in ihre Mitte.

Im Oktober 2010 gerät Özil vor dem Länderspiel in Berlin zwischen Deutschland und der Türkei in den Blickpunkt der deutsch-türkischen Integrationsdebatte. Die Stimmung im Olympiastadion ist aufgeheizt. Viele türkische Anhänger können Özils Entschluss, für Deutschland zu spielen, noch immer nicht akzeptieren. »Erklärt mich nicht zum Verräter, wenn ich ein Tor schieße«, sagt Özil wenige Tage vor dem Duell in einem Interview mit dem Massenblatt *Hürriyet*. Er sagt, in der Türkei sähen ihn einige Leute als »Vaterlandsverräter« an.

Özils Aussagen schlagen hohe Wellen, in der Türkei und in Deutschland. Der Deutsche Fußball-Bund erklärt eilig, dass Özil der türkischen Zeitung gar kein Interview gegeben habe. Doch das Problem ist, dass alles, was Özil angeblich nicht gesagt hat, so klingt, als könnte er es gesagt haben. Denn die ungesagten Worte entsprechen weit mehr der Realität als alles, was Özil und der DFB zu diesem Thema sagen wollen.

Vor dem Spiel gießt der Nationaltrainer der Türkei, der Niederländer Guus Hiddink, Öl ins Feuer. »Schade, dass Özil sich für den falschen Pass entschieden hat«, sagt Hiddink. Und der türkische Nationalspieler Hamit Altıntop, 1982 in Gelsenkirchen geboren, bringt einen Ton in die Diskussion, der auch nicht zum Sound passt, den Özil, der Deutsche Fußball-Bund und die deutsche Regierung in der Integrationsdebatte anschlagen: »Als deutscher Nationalspieler hat Mesut mehr Lobby, einen höheren Marktwert, und er verdient mehr Geld. Hätte er sich für die Türkei entschieden, hätte er keine WM gespielt und wäre jetzt nicht bei Real Madrid. So einfach ist das.«

Als im Olympiastadion die deutsche Nationalhymne gespielt wird, die Özil nicht mitsingt, geht sie in einem Pfeifkonzert der türkischen Anhänger unter. Und immer, wenn Özil am Ball ist, pfeifen ihn die türkischen Fans aus. Das Heimspiel in Berlin wird für ihn zu einem Auswärtsspiel, zu einem Spießrutenlauf. Zehn Minuten vor Schluss gelingt ihm das 2:0 für Deutschland, aber Özil jubelt nicht, obwohl mit dem Sieg (am Ende heißt es 3:0) die Qualifikation der Deutschen für die Europameisterschaft 2012 so gut wie sicher ist. »Aus Respekt« gegenüber der Türkei, wie er nach dem Spiel sagt.

Nach dem Abpfiff verlässt die Bundeskanzlerin die Ehrentribüne und steigt die Treppen hinunter zur deutschen Kabine. Der Bundespräsident schließt sich ihr an. Die beiden höchstrangigen Repräsentanten des Landes treten selten zusammen auf, nur bei besonders bedeutenden Anlässen wird diese Regel außer Kraft gesetzt. Der Gang in die deutsche Umkleide wirkt daher wie ein Staatsakt. Auch ein offizieller Fotograf des Bundespresseamts ist dabei, ebenso der Sprecher der Bundesregierung. In der Kabine schüttelt Bundeskanzlerin Merkel, im dunkelgrünen Blazer, dem deutschen Nationalspieler Özil, mit freiem Oberkörper, öffentlichkeitswirksam die Hand. Das Foto, das das Bundespresseamt davon macht, wird zu einem Symbolbild der deutschen Integrationsdebatte.

Dem damaligen DFB-Präsidenten Theo Zwanziger gefällt die Sache nicht. Die Nationalelf und der Verband dürften sich nicht von der Politik instrumentalisieren lassen, sagt Zwanziger. »Ich wünsche mir, dass sich die Politik um den Fußball kümmert, wenn es der Fußball braucht.« Doch seine Bedenken verhallen. Oliver Bierhoff, der Manager der Nationalelf, spürt genau, was im Herbst 2010 in Deutschland politischer Konsens ist. Das Foto sei »so symbolträchtig, was Integration und Stellenwert der Nationalmannschaft betrifft, dass wir es positiv betrachten«.

Özil ist stolz auf die Aufnahme. Er lässt mehrere Abzüge für sich machen.

Einen Monat später wird er bei der Bambi-Verleihung mit dem Preis in der Kategorie Integration ausgezeichnet. Diese Auszeichnung hat es in den über sechzig Jahren zuvor bei dieser Veranstaltung nicht gegeben. »Die wenigen

Verwirrten auf beiden Seiten, die Mesut Özil für sich allein reklamieren wollen, stehen ziemlich einsam da. Sie werden von der selbstverständlichen Freude beider Seiten konsequent in den Schatten gestellt. Eine große Boulevard-Zeitung hatte ausnahmsweise einmal recht, als sie schrieb: ›Wir brauchen noch viele Özils‹«, sagt Laudatorin Nazan Eckes an diesem glamourösen Abend im November 2010.

Özil nimmt den Preis im dunklen Anzug und mit dunkler Krawatte entgegen. Die Prominenz im Saal erhebt sich und applaudiert. »Ich bin sehr glücklich«, sagt Özil. »Integration bedeutet, Teil eines Ganzen zu werden. Und dass man sich einbringt, ohne seine Identität zu verlieren.«

Im folgenden Jahr, an Heiligabend 2011, lässt sich Özil in Ankara mit Erdoğan fotografieren. Er überreicht dem türkischen Ministerpräsidenten ein Trikot von Real Madrid, versehen mit Autogrammen der Spieler. Erdoğan gilt in dieser Zeit trotz seiner in Deutschland vielfach kritisierten Antiassimilationspolitik als respektierter Partner. Die Fotos, die mit Özil entstehen, interessieren die deutsche Öffentlichkeit nicht. Kaum jemand weiß, dass sie überhaupt existieren.

In Deutschland dreht sich während der Europameisterschaft 2012 gegenüber der Nationalelf der Wind; er dreht sich auch gesellschaftspolitisch. Der ehemalige Berliner SPD-Innensenator Thilo Sarrazin hat zu dieser Zeit von seinem im August 2020 erschienenen Buch *Deutschland schafft sich ab* über 1,5 Millionen Exemplare verkauft. Sarrazins These: Die Zuwanderung vor allem von Migranten muslimischer Herkunft biete keine Lösung für die Probleme des Landes. Er sieht Zeichen des Verfalls, eine Abnahme seiner Leistungsfähigkeit und eine Verfestigung bildungsferner Milieus. Integration versteht er als Bringschuld der Migranten. Das Buch, das in wichtigen Fragen biologisch und genetisch argumentiert und in einem abwertenden Grundton verfasst ist, löst eine heftige Kontroverse aus. Sarrazins Thesen und sein Sound lassen selbst die Bundeskanzlerin »nicht ganz kalt«, wie Merkel über den Regierungssprecher verbreiten lässt. Sie seien »überhaupt nicht hilfreich« für die Integration von Ausländern in Deutschland, »da müsste ein ganz anderer Ton angeschlagen werden«. Doch das Buch, das 21 Wochen auf Platz eins der *Spiegel*-Bestsellerliste steht, trifft einen Nerv. Es wühlt eine Gesellschaft auf, die sich ihrer eigenen Identität nicht mehr so sicher ist.

Während der Europameisterschaft in Polen und der Ukraine flammt eine Diskussion in Deutschland auf, die es schon bei der Weltmeisterschaft 2010 gegeben hatte: weshalb deutsche Nationalspieler mit Migrationshintergrund die Nationalhymne nicht mitsingen.

Im Zentrum der aus dem Ruder laufenden Debatte steht Özil. Über ein falsches Twitter-Profil wird er so massiv rassistisch beleidigt, dass er Strafanzeige gegen Unbekannt stellt. Der damalige Innenminister Hans-Peter Friedrich (CSU) nennt die Hetze gegen ihn »widerwärtig«, der »Fall Özil« sei »nur die Spitze des Eisbergs«.

Im Sommer 2012 geht es um eine Frage der Zugehörigkeit: Wer zählt zu Deutschland, und wer nicht. Ist Özil ein Deutscher? Ein Deutsch-Türke? Oder bleibt ein Türke in Deutschland immer ein Türke? Eine Frage, die sich Özil auch stellt und über die wir während der Europameisterschaft sprechen. »Ich habe in meinem Leben mehr Zeit in Spanien als in der Türkei verbracht, bin ich dann ein deutsch-türkischer Spanier oder ein spanischer Deutsch-Türke?«, sagt er. »Warum denken wir immer so in Grenzen? Ich will als Fußballer gemessen werden. Und Fußball ist international, das hat nichts mit den Wurzeln der Familie zu tun.«

Wenige Tage vor dem Halbfinale gegen Italien sind wir im Mannschaftsquartier der Nationalelf für ein Interview für die *Frankfurter Allgemeine Zeitung* verabredet. Das Viertelfinale gegen Griechenland hat Deutschland wenige Tage zuvor mit 4:2 gewonnen. Es ist das bis dahin beste deutsche Spiel bei diesem Turnier. Özil ist zuversichtlich, das Team zum Triumph bei der Europameisterschaft führen zu können, zum ersten deutschen Titel seit 1996. Wir sprechen über seine Vorbilder, seine Ziele, seine Herkunft. Über die Ablehnung, die ihm als deutschem Nationalspieler entgegenschlägt, will er sich nicht äußern. Als das Gespräch im Verlauf jedoch dieses Thema einmal streift, bleibt Özil distanziert. Hier ein kurzer Auszug:

»Warum wollen Sie wie Zinédine Zidane sein, der nun bei Ihrem Klub auch Berater ist?«

»Ich glaube, er ist auch privat ein guter Mensch. Das macht ihn zusätzlich für viele Spieler zum Vorbild. … Seit ich bei Real Madrid spiele, habe ich Kontakt zu ihm. Natürlich kommt er vor dem Spiel in die Kabine, begrüßt die Jungs und wünscht alles Gute. Wenn er zu mir kommt, bestärkt er mich und sagt: ›Du weißt, was du kannst.‹«

»Spielt es eine Rolle, dass auch er ein Kind von Migranten ist, schafft das zusätzliche Verbundenheit?«

»Das ist bei uns beiden so. Darauf habe ich früher eigentlich nicht geachtet. Ich kann nur über mich sagen, dass ich in der dritten Generation in Deutschland lebe, meine Geschwister und ich sind in Deutschland geboren. Ich habe für die deutschen Nachwuchs-Nationalmannschaften gespielt, und jetzt bin ich stolz darauf, für Deutschland hoffentlich den EM-Titel zu holen. Für mich gab es nie etwas anderes, als für Deutschland spielen zu wollen. Ich habe alles richtig gemacht.«

»Es gab zuletzt Anfeindungen in Deutschland wegen Ihrer Herkunft. Zugleich heißt es, Sie wollen nicht als Deutsch-Türke bezeichnet werden, sondern als Deutscher.«

»Bei Lukas Podolski und Sami Khedira heißt es ja auch nicht: der Deutsch-Pole oder der Deutsch-Tunesier. Aber jetzt will ich nichts mehr sagen, sondern mich auf das Halbfinale konzentrieren. Alles andere interessiert mich im Moment nicht.«

Deutschland verliert das Halbfinale in Warschau 1:2 nach enttäuschender Leistung. Es ist die bis dahin schmerzlichste Niederlage in der noch jungen Ära Löw. Die Niederlage sorgt in Fußball-Deutschland für einen Schock. Tiefe Enttäuschung mischt sich mit Wut. Nun geraten die Nationalspieler mit Migrationsgeschichte in den Fokus, vor allem diejenigen, die nicht singen, wenn die deutsche Nationalhymne gespielt wird. Der Kontrast zu den Italienern, die »Das Lied der Italiener« vor dem Spiel gegen die Deutschen leidenschaftlich schmettern, lässt die öffentliche Stimmung kippen. Die singstarken und siegreichen Italiener werden zu wahren Italienern. Bei den stummen Deutschen, die nicht Thomas, Manuel oder Philipp heißen, fragen sich viele, ob sie sich wirklich mit Deutschland identifizieren. »Singpflicht für Fußball-Stars«, fordert die *Bild*-Zeitung nach der Niederlage auf der Titelseite. Laut ihrer Umfrage sind 78 Prozent von rund 75 000 Befragten dafür, dass deutsche Nationalspieler die Hymne singen. Der hessische Ministerpräsident Volker Bouffier stimmt mit ein: »Es sollte zum guten Ton gehören, dass die Spieler die Hymne mitsingen.«

Die Nationalspieler, die Migrationsgeschichte oder eine andere Hautfarbe mit in die Nationalmannschaften bringen, ahnen längst, dass sie bei dieser Debatte auf verlorenem Posten stehen. »So ist das in Deutschland: Wenn du für Deutschland spielst, wie Mesut, Sami und ich, und alles läuft positiv, dann sagt man: ›Das sind Deutsche. Die haben viel Deutsches‹«, sagt Jérôme Boateng. »Aber wenn etwas Schlechtes passiert, sieht man plötzlich die andere Seite. Das ist dann alles nicht mehr deutsch. Wenn es gut läuft, liegt es an den deutschen Eigenschaften. Wenn es schlecht läuft, sind es die ausländischen.«

Als es gut läuft, führt der DFB im Jahr 2010 der DFB die Wahl zum »Nationalspieler des Jahres« ein. Die deutschen Fußballfans wählen Özil bis zum Jahr 2017 insgesamt fünfmal zum Sieger. Dreimal gewinnt er in Folge: 2011, 2012, 2013. In den Jahren der schönsten spielerischen Blüte gilt er als der Höchstbegabte unter den Hochbegabten, als Inkarnation der neuen deutschen Leichtigkeit. Aber für einen Teil der Fans tatsächlich nur, wenn es gut läuft, wenn es perfekt läuft.

Im WM-Jahr 2014 verhärtet sich die Stimmung bei einem Teil des Publikums. Der Mittelfeldspieler mit der Gabe fürs Geniale wird drei Monate vor der Weltmeisterschaft in Brasilien bei einem Testländerspiel in Stuttgart mit der Trophäe zum Nationalspieler des Jahres 2013 ausgezeichnet. Trotzdem hagelt es Pfiffe, als Özil kurz vor Schluss ausgewechselt wird. Die Deutschen liegen zu diesem Zeitpunkt 0:1 gegen Chile zurück. Die Befürchtung vieler Anhänger, dass nach der Pleite im EM-Halbfinale gegen Italien die Nationalelf auch in Brasilien mit leeren Händen dastehen könnte, ist mit Händen zu greifen. Und Özil ist der Spieler, von dem viele glauben, dass seine schmalen, hängenden Schultern doch nicht für große Siege taugen.

Auch bei Real Madrid kommt Özil in dieser Phase nicht mehr an. Der größte Klub der Welt verkauft Özil zu Beginn der WM-Saison an den FC Arsenal. Der Deal geht am letzten Tag der Transferperiode im September 2013 über die Bühne. Der Wechsel für rund 50 Millionen Euro macht Özil zum teuersten Einkauf in der Geschichte von Arsenal und zum teuersten Verkauf von Real Madrid. Özil ist damit auch der wertvollste deutsche Spieler in der langen deutschen Fußballgeschichte.

Allerdings kommt der Transfer überraschend zustande. Auch für Özil. Und er ist nicht in seinem Sinn. Özil ist zu dieser Zeit äußerst beliebt bei Real Madrid, sportlich und menschlich. Seine wunderbaren Pässe machen selbst seine besten Mitspieler noch besser. Er ist der wichtigste Vorlagengeber für Cristiano Ronaldo. Auch Özil fühlt sich in Madrid rundum wohl. Einer langfristigen Vertragsverlängerung scheint nichts im Wege zu stehen. Doch sein Vater, der als Spielerberater ins internationale Fußballgeschäft einsteigen will, macht in den Verhandlungen mit Real Madrid so ziemlich alles falsch, was man falsch machen kann.

Mustafa Özil legt sich dabei mit dem größten Klub der Welt an – und vor seinem Sohn schließen sich die Türen zum Fußballparadies.

Mustafa Özil hat sich im Jahr 2011 entschlossen, Reza Fazeli, einen im Profigeschäft anerkannten Spielerberater, vor die Tür zu setzen und die alleinige Vertretung seines Sohnes zu übernehmen. In seinen Händen liegt zudem die Geschäftsführung der »Özil Marketing GmbH«, in der auch Mesuts ältester Bruder Mutlu arbeitet. Berater seien nur aufs Geld aus, da sei es besser, wenn diese Dinge in der Familie geregelt würden, sagt Mustafa Özil bei einem Champagnerempfang im Sommer 2012, als er ausgewählten Medien seine Pläne mit seinem Sohn vorstellt. Das Projekt Mesut soll sein Projekt werden.

Nach kurzer Zeit werden allerdings schon Beschwerden des DFB öffentlich, dass es mit der Professionalität bei der Beratung nun hapere: Mustafa Özil reagiere selbst auf Anrufe des Verbandes verspätet oder gar nicht. Mustafa Özil hat dennoch keine Zweifel, dass er befähigt ist, die Vertragsgespräche über seinen Sohn alleine mit Florentino Pérez zu führen, dem mächtigen Präsidenten von Real Madrid. Er ist überzeugt, dass sein Sohn im Vergleich zu anderen Superstars bei Real Madrid finanziell zu schlecht wegkomme. Das will er in den Verhandlungen ändern, doch das Gespräch mit Pérez nimmt eine für den Präsidenten als unangemessen empfundene Wendung. »Gegenüber einem Mann wie Florentino Pérez, der erwartet, dass Menschen nach seiner Pfeife tanzen, war Sturheit aber nicht angebracht. Und es war schon gar nicht richtig, dass mein Vater wutschnaubend das Büro verließ und die Tür zu Pérez' Geschäftszimmer hinter sich laut krachend ins Schloss warf«, schreibt Özil in seinem 2017 erscheinenden Buch *Die Magie des Spiels*. Real Madrid sei für seinen Vater doch »eine Nummer zu groß« gewesen.

Mesut Özil muss sich nun auf die Schnelle einen neuen Klub suchen. Doch auch rund um den Transfer zum FC Arsenal läuft nicht alles so, wie es laufen soll. Mustafa Özil bringt den Deal zwar zusammen mit einem Rechtsanwalt – allein darf er juristisch das Geschäft nicht abwickeln, weil Spielertransfers in England ohne entsprechende Qualifikation von Beratern nicht zulässig sind – unter Dach und Fach. Doch innerhalb der Familie kommt es zum Zwist. Es scheint dabei um die Verteilung des Gelds innerhalb der Familie und der Firma zu gehen. Aber vor allem geht es um Liebe und Vertrauen, und beides kommt zu Schaden.

Im Sommer 2014 trennen sich die Eheleute Mustafa und Gulizar Özil. Die Mutter von Mesut und seiner drei Geschwister entspricht äußerlich weitgehend dem traditionellen Rollenverständnis einer türkischen Mutter aus der zweiten Einwanderergeneration. In Gelsenkirchen kümmert sie sich um Kinder und Haushalt, lebt weiterhin im Reihenhaus im Stadtteil Bismarck und nimmt am gesellschaftlichen Leben kaum teil. Anders als ihr Ehemann tritt sie in der Öffentlichkeit nicht an der Seite ihres Sohnes in Erscheinung, sie schmückt sich nicht mit ihm, sie verdient nicht an ihm.

Auf den wenigen Fotos, die von Gulizar Özil und ihrem prominenten Sohn existieren, trägt sie Kopftuch. Wenn sie neben Mesut steht, strahlt sie Wärme aus. Und wenn er seiner Mutter begegnet, senkt Mesut den Kopf, seine Lippen berühren ihren Handrücken, dann führt er die Hand zur Stirn und verneigt sich noch ein bisschen tiefer. Eine türkische Tradition, die sich »el öpmek« nennt und die Respekt und Hierarchieunterschiede bezeugt. In seinem Buch aus dem Jahr 2017 stellt Mesut Özil zwei Lieblingsteams mit Menschen auf, die ihm wichtig sind. Die Nummer eins im Team Nummer eins ist seine Mutter.

Gulizar Özil scheint in den Jahren, als ihr Mann die Beratung des gemeinsamen Sohnes übernimmt, immer weniger zu dem glamourösen Leben zu passen, das Mustafa Özil anzieht und ihm eigene Popularität verschafft. Die Scheidung ist auch für Mesut Özil ein harter Schlag, Familienideale zerbrechen. Er muss die Hoffnung begraben, dass bei allem äußeren Druck, den er im Profifußball erlebt, wenigstens Verlass ist auf die Familie, dass sie immer zusammensteht, komme, was wolle.

Die Konflikte in der Familie Özil weiten sich nach der Scheidung der Eltern aus. Im Oktober 2013 trennt sich Mesut geschäftlich von seinem Vater. Nach dem für ihn bitteren Abschied von Real Madrid und den Auseinandersetzungen rund um den Transfer zu Arsenal sucht er sich einen neuen Berater. Er findet ihn in Erkut Söğüt, der zum Syndikus der Özil Marketing GmbH aufsteigt. Die berufliche Trennung von seinem Vater verläuft hässlich. »Er war sauer. Und gekränkt. So sehr, dass er als Administrator in einem Anfall von Bockigkeit einfach meine Twitter-Seite löschte, was zur Folge hatte, dass mehrere Millionen Fans, die mir folgten, weg waren«, schreibt Mesut Özil in seinem Buch.

Es kommt noch schlimmer: Mustafa Özil verklagt im Zuge der Trennung seinen Sohn. Er fordert Provisionen, die ihm angeblich noch zustehen. Es geht um 630 000 Euro.

Im Gegenzug fordert Mesut Özil wiederum über seine Interessenvertretung die Rückzahlung eines Darlehens in Höhe von einer Million Euro von seinem Vater, auch den Geschäftswagen soll er zurückgeben. Die persönliche Verbindung bricht weitgehend ab. Die Familie, die Özil immer Halt gegeben hat, ist zu einem Kampfplatz geworden.

»Ich bedaure den gesamten Streit sehr«, schreibt Özil einige Jahre später über die Auseinandersetzungen mit seinem Vater. »Es ist ein trauriges Kapitel einer sehr langen, sehr intakten und harmonischen Vater-Sohn-Beziehung, die die Grundlage dafür war, dass ich als Fußballer überhaupt so weit gekommen bin.« Immerhin, das Gerichtsverfahren Özil vs. Özil, das am Düsseldorfer Landgericht für November 2014 schon terminiert ist, kann durch eine außergerichtliche Einigung noch abgewendet werden.

In der Zeit der familiären Dramen, die wenige Monate vor der Weltmeisterschaft in Brasilien auf ihren Höhepunkt zusteuern, lässt sich Özil ein Tattoo auf seinen Oberarm stechen: »Only God Can Judge Me«.

Die Nationalelf wird für Mesut Özil über die Jahre zu seiner sportlichen Heimat, eine der wenigen Konstanten in seinem Leben. Nach seinen Wechseln von Schalke 04 über Werder Bremen, Real Madrid zum FC Arsenal innerhalb von sechs Jahren ist das DFB-Team eine Konstante.

In der Nationalelf hat Özil jedoch keine Hausmacht um sich, wie etwa die Spieler des FC Bayern oder von Borussia Dortmund. Es gibt auch keine Verantwortlichen in seinen Klubs, die für ihn in die Bresche springen, wie das Uli Hoeneß oder Karl-Heinz Rummenigge in München oder Hans-Joachim Watzke als Geschäftsführer von Borussia Dortmund mit ihrer medialen Durchschlagskraft immer wieder tun, wenn es ihnen nötig erscheint. Özil steht für sich allein.

Vor der Weltmeisterschaft wird die sportliche Kritik an ihm in der Öffentlichkeit immer lauter. Er wird zunehmend als ein Spieler von der traurigen Gestalt gesehen, dem der letzte Biss fehlt. Doch seine große Kunst, das Schwere ganz leicht aussehen zu lassen, beeindruckt seine Mitspieler ungebrochen. Sie wissen genau: Was Özil kann, kann keiner von uns: den perfekten Pass.

Vom ersten Tag der Weltmeisterschaft 2014 an steht Özil in der Kritik. Beim 4:0-Auftaktsieg gegen Portugal macht er kein gutes Spiel. Er wird ausgewechselt. Beim 2:2 gegen Ghana überzeugt er zwar, doch die negative Stimmung gegenüber ihm und seinem Spiel kann er damit nicht vertreiben. »Ich weiß selbst, dass ich noch erheblich besser spielen kann. Aber eigentlich bin ich zufrieden mit meiner Leistung. Mir fehlen vielleicht nur ein bisschen die Tore und Vorlagen«, sagt Özil vor dem entscheidenden Gruppenspiel gegen die Vereinigten Staaten. »Ich weiß aber, was ich kann, und werde das in dem Turnier noch zeigen.«

In der WM-Qualifikation hatte er noch auf der Position des Spielmachers in zehn Partien acht Tore erzielt. Doch bei der Weltmeisterschaft ändert der Bundestrainer das System und schiebt Özil an die Seite. »Jeder weiß, dass die Spielmacherposition meine Lieblingsposition ist«, sagt Özil. »Aber das soll keine Ausrede sein.«

Özil kämpft sich durch das Turnier. Im Achtelfinale gegen Algerien, in dem die Deutschen bei ihrem 2:1-Sieg am Rande des K.o. taumeln, erzielt Özil kurz vor Schluss der Verlängerung das erlösende Tor zum 2:0. Seine

Freude und Erleichterung schreit er nach diesem Treffer heraus, wie er das nur selten tut. Am Urteil der meisten Medien und Experten ändert aber auch dieser Treffer nicht viel. »Ohne Mumm in den Zweikämpfen, ohne Ideen im Angriffsspiel. Eine bisher riesige Enttäuschung bei der WM«, kritisiert die *Bild*-Zeitung. »Er war heute mal wieder der schlechteste Mann«, urteilt Weltmeister Andreas Brehme.

Im Viertelfinale, das Deutschland nach einer erheblichen Leistungssteigerung 1:0 gegen Frankreich gewinnt, zeigen die statistischen Daten, dass Özil der schnellste Spieler auf dem Feld ist. Im gesamten Turnier zieht überhaupt nur Thomas Müller häufiger Sprints an als Özil. Und seine Passquote ist mit 87 Prozent selbst auf der ungeliebten Außenposition herausragend, sie ist besser als die von Lionel Messi und Neymar. Doch vor dem Halbfinale gegen Brasilien wird Özil in einigen Medien weiterhin als »Problemfall« gesehen, als »Zauberfußballer a. D.«

Das Halbfinale. 7:1. Das Jahrhundertspiel gegen Brasilien ist größer als jeder einzelne Spieler. Die Sternstunde des deutschen Fußballs ist ein großartiges Gemeinschaftswerk, in dem jeder Spieler seine Rolle geradezu perfekt ausfüllt. Doch einer kommt selbst da nicht besonders gut weg: Özil. Der *Kicker* urteilt in seiner Einzelkritik: »Als das Spiel in der Anfangsphase auf Messers Schneide stand, mit drei verlorenen Zweikämpfen. Ließ dann aber als Initiator des 3:0 und des 5:0 seine Qualitäten aufblitzen. Ein Vollstrecker aber war er wieder nicht.«

Selbst der Sieg im Finale stimmt seine Kritiker nicht milde. Nach dem 1:0 gegen Argentinien fällt die Beurteilung des deutschen Fachblatts verheerend aus. Özil erhält die *Kicker*-Note 4,5. Schlechter geht kaum. »Zu Beginn etwas agiler als bei seinen letzten WM-Auftritten. Nahm dabei mehr am Spiel teil, versuchte sich mit Eins-zu-eins-Situationen in Szene zu setzen«, heißt es beim *Kicker*. »Insgesamt jedoch viel zu wirkungslos, auch als er von links in die Mitte wechselte. Ging mit zunehmender Spieldauer unter.«

Die internationalen Beobachter sehen die Leistungen von Özil bei der WM 2014 deutlich positiver, vor allem in England und Spanien wird in den Medien sein großer Wert für das deutsche Spiel hervorgehoben. Schon in den Vorrundenspielen gegen Portugal und die Vereinigten Staaten bekommt er Bestnoten. Seine Außergewöhnlichkeit und seine Bedeutung für die Statik innerhalb des deutschen Teams können Experten und Fans dort vorbehaltlos anerkennen.

Özil ist der einzige Fußballprofi, der es nach seinem Wechsel zu Arsenal schafft, in den drei stärksten Ligen in Europa – in der Bundesliga, in der Primera División und in der Premier League – in einer Saison zum besten Vorlagengeber zu werden. Als Özil Real Madrid verlassen musste, war es Cristiano Ronaldo, der Özils Bedeutung innerhalb des Teams von Real Madrid nachdrücklich klarmachte: »Der Verkauf von Özil ist eine sehr schlechte Nachricht für mich. Er war der Spieler, der meine Bewegungen vor dem Tor am besten kannte. Ich bin verdammt sauer über seinen Abgang.« Auch innerhalb der Nationalelf bleiben seine Qualitäten unumstritten. »Mesut wurde bei der WM 2014 viel kritisiert, aber er war einer unserer wichtigsten Spieler«, sagt WM-Kapitän Philipp Lahm später in einem Interview mit der *Süddeutschen Zeitung*.

»Du konntest ihm unter Druck den Ball geben, er hat keinen verloren.«

Vor dem Halbfinale der Europameisterschaft 2016 gegen Italien haben wir uns in Evian wieder zu einem Gespräch für die *Frankfurter Allgemeine Zeitung* im Quartier der deutschen Mannschaft verabredet. Es scheint zu dieser Zeit, als existierten endgültig zwei Özils. Der eine, der weltweit im Internet von damals schon über 40 Millionen Followern gefeiert wird, und der andere, der in Deutschland vielen Fans als ein unerfülltes Versprechen erscheint.

Der Funke zwischen Özil und den Deutschen will auch bei diesem Turnier zwei Jahre nach dem WM-Triumph nicht überspringen. Der Spielmacher und sein Spiel bleiben vielen Anhängern wesensfremd. Özil hat es mittlerweile aufgegeben, sich zu erklären oder zu rechtfertigen. »Welche Kommentare die Leute abgeben, positiv oder negativ, interessiert mich nicht. Für mich zählt einzig das, was der Trainer will. Und ich genieße sein Vertrauen und habe eine gute Leistung gebracht«, sagt er schon nach dem 2:0-Sieg im deutschen Auftaktspiel gegen die Ukraine. Das zweite und spielentscheidende Tor hat er herausragend vorbereitet, aber Eindruck macht das in der Öffentlichkeit nicht. Nach dem zweiten EM-Spiel, einem 0:0 gegen Polen, für das Özil in Deutschland wieder viel Kritik einstecken muss, sieht sich der Bundestrainer zu einem Plädoyer gezwungen. »Er hat einfach überragende Fähigkeiten, die kaum ein anderer Spieler auf dieser Position hat. Er ist extrem wertvoll für die Mannschaft«, urteilt Löw. »Diese Technik, diese letzten Pässe sind genial.«

Wir haben verabredet, an diesem Tag über die verborgene Schönheit seines Spiels zu reden. Über seine

Fußballkunst, die viele Mitspieler so schätzen, die aber viele, die ihm zuschauen, nicht sehen. Özil wirkt auch mit 27 Jahren und über 75 Länderspielen noch schüchtern und längst nicht so ungezwungen wie die meisten anderen Nationalspieler seines Alters. Doch als es in dem Gespräch um sein Spiel geht, blüht Özil auf. Er lacht, er strahlt, er wirkt frei.

Es ist Özils letztes Interview, das er in Deutschland bei einem großen Turnier gibt. Nachfolgend ein Auszug:

»Es gibt niemanden im deutschen Team, der bessere Vorarbeit leistet, der immer wieder den perfekten Pass spielt. Verraten Sie uns: Wie kommt Genialität auf den Platz?«

»Das Wichtigste ist, auch wenn sich das einfach anhört: dass du deinen Spaß hast. Dass du dir auch bei großen Spielen, wie jetzt gegen Italien, keinen Druck machst. Spannung und Druck ja, aber zu viel Druck und Spannung sind definitiv nicht gut. Dann läuft es nicht. Mein Ziel ist daher, meine Leistung zu bringen, Spaß zu haben. Wie gesagt: Das klingt leicht, geht aber nur wegen der Erfahrungen aus vielen Jahren. Da passieren inzwischen viele Dinge schon automatisch. Ich überlege allerdings auch schon lange, bevor der Ball kommt, wo ich ihn hinspielen könnte. Oder wohin welcher Mitspieler laufen könnte. Das muss alles stimmen. Ich versuche, die Lösungen vorher zu finden – bevor ich den Ball habe. Dass muss so sein. Sonst ist es zu spät.«

»Wann planen Sie Ihren Pass?«

»Also: Wenn ich auf der Zehn spiele und ein bisschen nach rechts ausweiche und sehe, dass einer unserer defensiven Spieler den Ball hat und ihn zu mir spielen will, dann

denke ich sofort darüber nach: Welcher Spieler ist frei? Das klingt vielleicht einfach, aber du musst alles genau im Blick haben: Wer steht wo? Wer könnte sich freilaufen? Und wohin? Wo steht Toni? Ist Jonas Hector oder zuletzt Joshua Kimmich auf der Flanke frei? Oder vertikal in der Mitte? Das sind mittlerweile bei mir schon automatische Abläufe. Da habe ich keinen Stress mehr, da verliere ich keine Zeit. So zu spielen und zu denken im Fußball: Damit habe ich schon als kleines Kind angefangen. Und das hat sich immer weiterentwickelt. Jetzt passiert es automatisch.«

»Wann ist der Stress in diesen Momenten verschwunden?«

»Das Wichtigste war für mich der Zeitpunkt, als ich mich nicht mehr ständig beweisen musste. Als junger Spieler muss man das. Schwierig war es definitiv auf Schalke, als ich nicht von Anfang an gespielt habe, als ich weniger Zeit für mein Spiel hatte. Ich hatte da nur wenige Chancen, diese Bälle zu spielen und mich zu zeigen. Aber das ist es nicht allein. Als junger Spieler hatte ich dann auch Druck, wenn gewisse Sachen nicht funktioniert haben. Wenn ich einen Fehlpass gespielt habe, dann wollte ich den nächsten perfekt machen. Und dann war da der nächste Fehlpass – und der Druck, den ich mir gemacht habe, war noch größer.«

»Es gibt den Druck, gewinnen zu müssen. Auch am Samstag gegen Italien.«

»Gegen große Mannschaften gewinnen zu müssen, dieses oder jenes Ziel für den Klub zu erreichen – das meine ich nicht, wenn ich von Druck spreche. Es ist der innere Druck, nach Fehlern etwas Besonderes machen zu wollen. Es gab dann einige Spieler in meiner Karriere, schon relativ früh, die mir gesagt haben: ›Junge, du hast so viel Potenzial,

spiel dein Spiel.‹ Ein Trainer wollte, dass ich über die rechte Seite komme. Der nächste, dass ich defensiver spiele, und wieder ein anderer, dass ich den Ball viel schneller laufen lasse. Aber immer wieder kamen Mitspieler zu mir, vor allem die erfahrenen Spieler, die Nationalspieler, und haben gesagt: ›Mach dein Ding.‹ Das fing in Bremen mit Torsten Frings an, der sagte: ›Du musst nicht so defensiv spielen, ich bin für dich da.‹ Das hat mich befreit auf dem Platz.«

»Warum spielen Sie nicht öfter den einfachen Pass?«

»Ich muss gewisse Sachen einfach perfekt machen. Das ist in mir drin. Wenn ich einen Fehlpass spiele – das ist ja auch normal, es kann ja nicht alles perfekt laufen –, ärgere ich mich trotzdem, auch heute noch. Das gehört einfach zu mir: dass ich Dinge perfekt machen will.«

»Und wie?«

»Nur wenn du wirklich in jedem Moment Freude daran hast, was du tust, nur dann kannst du dich wirklich beweisen, nur dann glühst du auf dem Platz. Über die Jahre habe ich gemerkt, dass der Druck, den nur ich mir gemacht habe, mich daran hinderte, mich weiterzuentwickeln. Ich habe dann versucht, auch Spaß zu haben, wenn mir Dinge nicht gelingen. Und sie einfach abzuhaken, hinter mir zu lassen.«

»Hat das geklappt?«

»Ich ärgere mich weiterhin, völlig klar. Aber ich habe es geschafft, den Druck zu besiegen. Ich sage nicht mehr: Der nächste Pass muss perfekt sein, ich muss jetzt etwas Besonderes machen. Der Spaß muss gewinnen, die Freude am Fußball. Heute genieße ich meine Freiheit auf dem Platz. Ich kann überall hinlaufen, in der Nationalmannschaft, auch bei Arsenal. Das tut gut. Auch meinem Spiel, definitiv.«

Im Halbfinale gegen Italien erzielt Özil in der zweiten Halbzeit das Tor zur 1:0-Führung. Italien gelingt spät der Ausgleich. Das Spiel geht in die Verlängerung. Es kommt zum Elfmeterschießen. Özil verschießt seinen Elfmeter, Deutschland gewinnt dennoch 6:5. Es ist sein letzter Sieg im deutschen Trikot bei einem großen Turnier. Er wird zum deutschen Spieler des Turniers gewählt, ebenso zum Nationalspieler des Jahres 2016. In jedem EM-Spiel ist er von der ersten bis zur letzten Minute im Einsatz, mit Topwerten: 91 Prozent Passgenauigkeit bei 420 Pässen, 26 Läufe in gefährliche Zonen, 53 Pässe ins Angriffsdrittel, 48 Zuspiele in die gefährliche Zone. Doch auch wenn Özil gewinnt und genial spielt, hängen die Schultern.

Unmittelbar vor der Europameisterschaft 2016 beginnt die Zeit, in der sichtbar wird, dass sich Özil stärker dem Glauben zuwendet. Der Islam und seine religiösen Bekenntnisse nehmen auf seinen Kanälen in den sozialen Netzwerken immer größeren Raum ein. Im Mai 2016 postet Özil auf Facebook ein Foto, das ihn in traditioneller Kleidung vor der Kaaba in Mekka zeigt. Er setzt den Hashtag #Pray darunter. Sechs Monate zuvor sind bei den verheerenden Anschlägen islamistischer Terroristen in Paris 130 Menschen getötet und 350 verletzt worden. Auch das Länderspiel zwischen Frankreich und Deutschland im Stade de France in Saint-Denis war ein Ziel der Angriffe. Die im Juni 2016 in Frankreich beginnende Europameisterschaft steht im Schatten des Terrors.

Es ist die Zeit, in der die Religion die internationale Politik immer stärker bestimmt. In den Jahren 2014 bis 2016 wird der »Islamische Staat« zur gefährlichsten Terrororganisation der Gegenwart. Der Umgang mit der

Flüchtlingskrise der Jahre 2015 und 2016, in deren Verlauf sich vornehmlich muslimische Männer auf den Weg nach Westeuropa machen, führt zu politischen Spaltungen in Europa und innerhalb Deutschlands, die unter anderem zum Aufstieg der rechtspopulistischen AfD führen.

Auch die Konflikte zwischen Deutschland und der Türkei spitzen sich zu. In der Woche vor der Europameisterschaft 2016 beschließt der Deutsche Bundestag eine Resolution, in der die Tötung von Hunderttausenden Armeniern und anderen christlichen Minderheiten in den Jahren 1915 und 1916 im damaligen Osmanischen Reich als Völkermord eingestuft wird. Bundeskanzlerin Angela Merkel und Außenminister Frank-Walter Steinmeier nehmen an der Debatte nicht teil, dennoch droht Präsident Erdoğan, die Resolution werde ernste Folgen für die deutsch-türkischen Beziehungen haben.

In der Nacht vom 15. auf den 16. Juli 2016 putscht ein Teil des türkischen Militärs, um Erdoğan und seine Regierung zu stürzen. In Ankara und Istanbul kommt es zu schweren Zusammenstößen der Aufständischen mit der Bevölkerung. Dem Aufruf Erdoğans zum Widerstand gegen die Putschisten schließen sich über 80000 Moscheen an. Der Staatsstreich bricht zusammen. In den folgenden Monaten säubert Erdoğan das Militär und gesellschaftliche Institutionen von Anhängern der Putschisten und denjenigen, die er dazu lediglich erklären lässt. Die längst nicht mehr unabhängige Justiz verhängt drakonische Strafen, auch gegen ungezählte Menschen aus der Opposition und der Zivilgesellschaft. Erdoğan verhängt für zwei Jahre den Ausnahmezustand über die Türkei. Er kann nun schalten und walten, wie er will. Ein demokratisch gewählter Präsident, der in seiner ersten Amtszeit die Annäherung an die Europäische Union gesucht hat, hat sich in einen Autokraten verwandelt, der die Grundrechte und die Rechtsstaatlichkeit in seinem Land außer Kraft setzt. Doch mit einem Flüchtlingsdeal, den die Türkei im März 2016 mit der Europäischen Union abschließt, verschafft er sich entsprechenden Handlungsspielraum nicht zuletzt gegenüber Deutschland.

Ende des Jahres 2016 hat die türkische Justiz keine Skrupel, auch gegen den deutschen Journalisten Deniz Yücel einen Haftbefehl zu erlassen. Vollstreckt wird er im Februar 2017, als sich der Journalist der *Welt* in der Türkei aufhält. Yücel, geboren 1973 als Sohn türkischer Gastarbeiter in Flörsheim am Main, wird wegen angeblicher »Terrorpropaganda« verhaftet. Die Vorwürfe sind an den Haaren herbeigezogen. Er muss dennoch für fast ein Jahr in Untersuchungshaft, die meiste Zeit davon in strenge Einzelhaft. Die deutsch-türkischen Beziehungen erreichen einen Tiefpunkt. Erst im Februar 2018 kommt Yücel frei.

Nur drei Monate später, im Mai 2018, veröffentlicht die *Bild*-Zeitung in der aufgeheizten politischen Stimmung auf ihrer Titelseite ein Foto, auf dem Özil dem türkischen Präsidenten sein Trikot vom FC Arsenal mit der Nummer 11 überreicht. Die Schlagzeile: »Unser Weltmeister Mesut Özil: Schäbige Propaganda für Erdoğan!« Das Foto wird von Erdoğans Partei, der islamisch-konservativen AKP, zu Wahlkampfzwecken veröffentlicht. Ebenso wie Aufnahmen mit İlkay Gündoğan von Manchester City, der in London ebenfalls mit dem türkischen Präsidenten zusammengetroffen ist. Auf seinem Trikot steht die Widmung: »Für meinen verehrten Präsidenten – hochachtungsvoll.«

DFB-Präsident Reinhard Grindel verurteilt die Aktion. Özil und Gündoğan hätten sich für ein Wahlkampfmanöver »missbrauchen lassen«, so der frühere CDU-Bundestagsabgeordnete. Tatsächlich finden am 24. Juni 2018 in der Türkei Präsidentschafts- und Parlamentswahlen statt. Die Stimmen aus Deutschland könnten für Erdoğan entscheidend sein. »Der DFB respektiert und achtet selbstverständlich die besondere Situation unserer Spieler mit Migrationshintergrund. Aber der Fußball und der DFB stehen für Werte, die von Herrn Erdoğan nicht hinreichend beachtet werden«, sagt der DFB-Präsident. Auch deutsche Politiker sowie zahlreiche zivilgesellschaftliche Organisationen wie etwa *Reporter ohne Grenzen* kritisieren die beiden Nationalspieler für ihre Aktion. Auch Teammanager Bierhoff äußert sein Unverständnis. Er kündigt eine Aussprache mit den Spielern an.

Gündoğan erklärt umgehend, dass es nicht in ihrer Absicht gelegen habe, »mit diesem Bild ein politisches Statement abzugeben, geschweige denn Wahlkampf zu machen. Als deutsche Nationalspieler bekennen wir uns zu den Werten des DFB und sind uns unserer Verantwortung bewusst.«

Özil schweigt.

Wenige Tage nach dem Eklat gibt der Bundestrainer seinen Kader für die Weltmeisterschaft in Russland bekannt. Er habe keine Sekunde gezögert, Özil und Gündoğan zu nominieren, sagt Löw. Doch die Diskussion in der deutschen Öffentlichkeit verstummt mit dieser Entscheidung nicht. Viele Fans können weiterhin nur schwer oder gar nicht ertragen, dass Deutschland bei der Weltmeisterschaft von zwei Spielern repräsentiert werden soll, die bewusst die Nähe zu einem Autokraten gesucht haben, der Menschenrechte mit Füßen tritt. Zudem wird die Aktion von Özil und Gündoğan von vielen als bewusste Abwendung von Deutschland empfunden, nicht zuletzt von türkischstämmigen Jugendlichen. Das Integrationsvorbild, zu dem Özil erklärt worden ist, funktioniert nun in umgekehrter Richtung: als Symbol der Spaltung.

Der DFB rotiert. Um dem Thema die gesellschaftliche Sprengkraft zu nehmen, schaltet der Verband das Bundespräsidialamt ein. Ein Besuch von Özil und Gündoğan, von dem die Initiative ausgeht, bei Bundespräsident Frank-Walter Steinmeier soll die Gemüter beruhigen, um danach den Fokus wieder auf den Fußball und die unmittelbar bevorstehende Weltmeisterschaft zu richten. Das ist der Plan. Gündoğan setzt nach dem Treffen im Schloss Bellevue umgehend eine entsprechende Nachricht auf Facebook ab: »Ich verstehe die Kritik an meinem Handeln. Aber es hat mich persönlich sehr getroffen, mir vorwerfen zu lassen, dass ich unsere Werte nicht respektiere. Ich bin deutscher Staatsbürger, der die Nationalhymne singt. Aber was für mich wichtiger ist: Meine Kinder werden in diesem Land leben, das meiner Familie faire Chancen gegeben hat. Bitte habt Verständnis dafür, dass ich mich fürs Erste nicht mehr äußern möchte. Ab jetzt soll es endlich wieder um das gehen, was wir am besten können: Fußball! Und nicht mehr um Politik. Jetzt zählt nur eins: WIR wollen gewinnen.«

Özil schweigt.

Er lässt sich nur mit einem dürren Satz nach der Visite beim Bundespräsidenten vernehmen: »Ich bin hier aufgewachsen und stehe zu meinem Land.«

Es hatte schon erheblicher Überredungskünste bedurft, Özil überhaupt zum Besuch in Steinmeiers Amtssitz zu bewegen. Er ist überzeugt, sich nicht erklären oder gar rechtfertigen zu müssen, auch nicht vor dem Bundespräsidenten. Die frühen Diskriminierungen als Kind und Jugendlicher in Gelsenkirchen; die späteren Anfeindungen aus der Türkei, als er sich für den deutschen Pass entscheidet; die rassistischen Beleidigungen aus Deutschland, als er das deutsche Trikot trägt, aber von vielen Deutschen weiterhin nicht als Deutscher anerkannt wird; der Triumph bei der Weltmeisterschaft in Brasilien – sein Leben und sein Aufstieg sind für Özil Beleg genug für seine Verbundenheit mit Deutschland. Was solle er den Deutschen denn noch beweisen? Der Weltmeister, der einen langen Weg gegangen ist in diesem Land, fällt nicht mehr auf die Knie, nur weil andere das von ihm verlangen. So sieht Özil die Sache.

Es ist vor allem der Bundestrainer, der ihn schließlich davon überzeugt, wenigstens dem Termin beim Bundespräsidenten zuzustimmen, um die Affäre aus der Welt zu schaffen. Doch schon seine Körpersprache und seine Freizeitkleidung, die er im Bellevue trägt, zeugen von Özils innerer Distanz. Die Öffentlichkeit spürt angesichts der Bilder und der dürren Erklärung, dass es sich um ein halbherziges PR-Manöver handelt. Selbst der Bundespräsident zeigt sich befremdet über die Aktion. »Es hat mich dann, ehrlich gesagt, auch ein bisschen ratlos gemacht«, sagt der Bundespräsident rund zwei Wochen nach dem Treffen in einem Interview mit der *Zeit*. Angesichts der Tatsache, dass Özil und Gündoğan in Deutschland groß geworden seien, hätte es sie »nicht überraschen dürfen, dass ihr Treffen mit dem türkischen Staatspräsidenten Kritik auslöst«. Ob sich die beiden Spieler dafür entschuldigt hätten, sei »eine Interpretationsfrage«, so Steinmeier.

Zwei Wochen nach dem Termin im Garten von Bellevue findet das vorletzte WM-Testspiel in Klagenfurt statt. Die Begegnung gegen Österreich ist auch ein Stimmungstest in der deutsch-türkischen Affäre. Er fällt nicht gut aus. Özil und Gündoğan werden bei fast jeder Ballberührung von deutschen Fans im Stadion ausgepfiffen. Auch der Führungstreffer, den Özil bei der 1:2-Niederlage erzielt, kann daran nichts ändern.

Wenige Tage vor einem großen Turnier findet bei der Nationalelf seit vielen Jahren ein sogenannter Medientag statt. Ein Tag, an dem jeder Nationalspieler den Medien nochmals für ein letztes Gespräch vor einer Welt- oder Europameisterschaft zur Verfügung steht. Die Teilnahme für die Spieler ist verpflichtend. Doch im Trainingslager in Südtirol fehlt genau derjenige Nationalspieler, um den sich nun seit Wochen die erbittertsten Diskussionen in Deutschland drehen: Mesut Özil.

Özil schweigt weiter.

Der DFB lässt an diesem Tag – es ist der 5. Juni 2018 – ausrichten, dass Özil der Meinung sei, zu seinem Treffen mit Erdoğan schon alles gesagt zu haben. Gündoğan tritt immerhin vor ausgewählten Medien auf, um seinen guten Willen zu bezeugen. Doch er wiederholt auch nur seine Behauptung, dass es sich beim Treffen mit dem türkischen Ministerpräsidenten nicht um ein politisches

Statement gehandelt habe. Ein offener Austausch findet wieder nicht statt. Der Bundestrainer und der Verband glauben dennoch, endlich zur sportlichen Tagesordnung zurückkehren zu können. Eine folgenschwere Fehleinschätzung.

In Wahrheit ist der 5. Juni der Tag, an dem in der Beziehung zwischen Özil und der Nationalelf etwas zerbricht. Mit seiner Weigerung, an diesem offiziellen Mannschaftstermin teilzunehmen, trägt Özil den Konflikt in die Nationalelf. Bis zu diesem Zeitpunkt hatte er sich der Rückendeckung der Kollegen sicher sein können, auch wenn einige Spieler mit der Erdoğan-Aktion nicht einverstanden sind. Doch die Loyalitäten innerhalb des Teams und das gemeinsame Interesse an einer erfolgreichen Weltmeisterschaft waren stärker. Dass Özil an diesem Tag jedoch eine Sonderrolle beansprucht und nicht bereit ist, zumindest den Versuch zu unternehmen, seinen persönlichen Konflikt im Sinne des Teams vor der Weltmeisterschaft wenigstens zu begrenzen, nehmen ihm einige Mitspieler übel. Aus dem »Fall Özil/Gündoğan« wird auch innerhalb der Nationalelf der »Fall Özil«.

Zugleich wächst das Unverständnis, dass Özil die Solo-Aktion von der Führung der Nationalelf und des DFB überhaupt zugebilligt wird. Die Verantwortlichen lassen die Affäre laufen. Eine Entscheidung, die nicht zuletzt Özil schadet. »Mündig heißt ja, dass man selbst entscheidet und verantwortet, wie man reagiert. Und das tut Mesut. Ob es in diesem Fall richtig und gut für ihn ist, steht auf einem anderen Blatt. Die Konsequenzen haben wir ihm aufgezeigt und kennt er aus Erfahrung«, sagt Bierhoff wenige Tage später in der *Bild*-Zeitung.

Bei der WM-Generalprobe gegen Saudi-Arabien muss sich Özil der Konfrontation mit den deutschen Zuschauern nicht aussetzen. Er fällt für das Spiel aus, angeblich wegen einer Blessur. Gündoğan kommt nach einer Stunde in die Partie und wird nach seiner Einwechslung gnadenlos ausgepfiffen. Der Appell des Bundestrainers an die deutschen Fans, Gündoğan in diesem Spiel zu unterstützen, ist wirkungslos verhallt.

Was die beiden Spieler, die Nationalelf und der DFB vermeiden wollen, lässt sich nun nicht mehr verhindern: Die Erdoğan-Debatte begleitet den Titelverteidiger zur Weltmeisterschaft. Die ungeklärten Fragen um Identität und Loyalität, die sich in der deutschen Einwanderungsgesellschaft im Zuge einer erbitterten Flüchtlingsdebatte in bis dahin ungekannter Schärfe stellen, haben mit Özil, Gündoğan und der Nationalelf einen Katalysator gefunden, einen Verstärker. Die offenen Fragen sind stärker als der Fußball.

Auch die letzte Hoffnung der Nationalelf, bei der Weltmeisterschaft die Stimmung im Land durch einen Sieg im Auftaktspiel gegen Mexiko doch noch zu drehen, verfängt nicht. Im Gegenteil. Die Deutschen verlieren 0:1. Özil macht ein schlechtes Spiel. Andere, wie Thomas Müller oder Sami Khedira, spielen noch schlechter. Doch auf Özil konzentriert sich die Kritik, gewürzt auch in wichtigen Medien mit Ressentiments. »Özil fühlt sich nicht wohl im DFB-Trikot.« Das Zitat von Lothar Matthäus auf der Titelseite der *Bild*-Zeitung impliziert, dass sich Özil nicht mit Deutschland identifiziert. »Er ist ohne Freude im Spiel. Ich habe bei Özil oft das Gefühl, dass er sich im DFB-Trikot nicht wohl fühlt, nicht frei ist, ja fast: als ob er gar nicht mitspielen möchte. Da ist kein Herz, keine Freude, keine Leidenschaft. Nach den letzten Eindrücken ist es für mich nicht ausgeschlossen, dass er nach der WM aus der Nationalelf zurücktritt«, schreibt der Weltmeister-Kapitän von 1990 in seiner Kolumne.

Während der Weltmeisterschaft in Russland wird Matthäus, Ehrenspielführer der Nationalmannschaft, dem russischen Autokraten Wladimir Putin ebenfalls ein Trikot überreichen. Und das Turnier in Russland in höchsten Tönen loben. Die Kritik an der Aktion von Matthäus fällt dünn aus, öffentliche Entschuldigungen werden nicht gefordert. Özil kann das nicht verstehen.

In den sozialen Netzwerken entlädt sich während der Weltmeisterschaft der Hass gegen ihn von Woche zu Woche ungehemmter. Ein Stadtrat aus Hessen hat Özil und Gündoğan schon nach der WM-Nominierung beleidigt. »Das vorläufige deutsche Aufgebot zur WM – 25 Deutsche und zwei Ziegenficker«, schreibt der SPD-Politiker auf Facebook. Der Geschäftsführer des Deutschen Theaters in München, Werner Steer, twittert: »Hallo du Idiot, du hast in der deutschen Nationalmannschaft nichts zu suchen. Verpiss dich nach Anatolien.«

Ziegenficker. Türkensau. Muslimischer Hurensohn. Zurück nach Anatolien. Das ist der Sound im Netz.

Das zweite deutsche Gruppenspiel gegen Schweden findet am Tag vor den Parlaments- und Präsidentenwahlen in der Türkei statt. Der Bundestrainer nimmt Özil nach der 0:1-Auftaktniederlage gegen Mexiko aus der Startelf. Er zieht seine schützende Hand zurück. Zum ersten Mal bei einem großen Turnier sitzt Özil auf der Ersatzbank. Die Entscheidung wirkt wie ein Vertrauensentzug. Löw ist seit über acht Jahren die wichtigste Bezugsperson für Özil bei der Nationalmannschaft, nun ist auch dieser Rückhalt verloren. Deutschland gewinnt gegen Schweden durch ein Freistoßtor von Toni Kroos in der Nachspielzeit 2:1. Özil wird nicht eingewechselt. Er sitzt während des gesamten Spiels auf der Ersatzbank. Ein deutscher Fan beschimpft ihn im Stadion, wie Özil später berichtet, mit den Worten: »Verpiss dich, du scheiß Türkensau. Türkenschwein, hau ab.«

Özils letzter Rückhalt im Team sind diejenigen Spieler, mit denen er sich zusammen als Weltmeister unsterblich gemacht hat. Nach dem Sieg gegen Schweden setzt er einen Post aus der Kabine ab, mit freiem Oberkörper sitzt er zwischen seinen Mitspielern: »What! A! Fight! We are one team – on and off the pitch. No matter what they say.« (»Was! Ein! Kampf! Wir sind ein Team – auf und neben dem Spielfeld. Egal, was sie sagen.«)

Am nächsten Tag, dem 24. Juni 2018, gewinnt Erdoğan die türkische Präsidentschaftswahl mit 52,6 Prozent. In Deutschland fällt die Zustimmung für ihn noch weit deutlicher aus. Er erhält in jenen Sommertagen, die in Deutschland im Zeichen Özils stehen, 64,8 Prozent der Stimmen aus der türkischen Community in Deutschland.

Die 1,44 Millionen wahlberechtigten Türken machen insgesamt etwas mehr als zwei Prozent aller türkischen Wähler aus. Schon beim Verfassungsreferendum im Jahr zuvor, mit dem Erdoğan die Macht nahezu vollständig auf sich selbst zuschneidet, stimmen in Deutschland über 63 Prozent für die umstrittene Verfassungsänderung. In der Türkei sind es nur rund 51 Prozent. Als ein Grund für die starke Zustimmung, die Erdoğan bei den Wahlen in

Deutschland erhält, gilt laut verschiedenen Untersuchungen das Gefühl zahlreicher Türken und Deutsch-Türken, in Deutschland nicht willkommen zu sein. Der Fall Özil gilt vielen von ihnen dafür nur als ein weiterer Beleg.

Auch in anderen Ländern kommt es während der Weltmeisterschaft zu rassistischen Ausfällen. In Schweden fällt ihnen Mittelfeldspieler Jimmy Durmaz, der die schwedische und die türkische Staatsbürgerschaft besitzt, zum Opfer. Er begeht in der Nachspielzeit gegen Deutschland das Foul, das Kroos zum 2:1-Siegtreffer für Deutschland nutzt. In den sozialen Netzwerken erhält Durmaz Morddrohungen, doch die schwedische Mannschaft zeigt sich solidarisch. Mit verschränkten Armen stellt sich das gesamte Team hinter Durmaz, der vor Journalisten das Wort ergreift. »Es gehört zu unserem Job, kritisiert zu werden, Tag für Tag. Aber ein Teufel genannt zu werden oder Selbstmordattentäter sowie Beleidigungen gegen Familie und Kinder sind völlig inakzeptabel. Ich bin schwedisch und stolz darauf, das Trikot und die Flagge zu tragen«, sagt Durmaz. »Wir sind vereint. Wir sind Schweden, oder, Jungs?« Seine Mitspieler antworten: »Fuck Racism!« Alle Spieler klatschen, Durmaz wird in den Arm genommen. Der schwedische Verband erstattet Anzeige gegen die Täter.

Das deutsche Team und der DFB schweigen.

Wenige Tage später endet die Weltmeisterschaft für Deutschland schmählich. In der 87. Minute steht es im entscheidenden Spiel gegen Südkorea, in dem ein 1:0 für das Weiterkommen reicht, noch immer 0:0. Özil schlägt von der rechten Seite eine perfekte Flanke ins Zentrum, der Ball landet genau dort, wo Mats Hummels hinläuft:

Der kopfballstarke Innenverteidiger kommt am Fünfmeterraum in zentraler Position unbedrängt zum Kopfball, doch Hummels trifft den Ball mit der Schulter, nicht mit dem Kopf. Die große Chance ist dahin. In der Nachspielzeit schießt Südkorea zwei Tore. Deutschland verliert 0:2 und scheidet als Gruppenletzter aus. »Die WM schon nach der Gruppenphase verlassen zu müssen tut so weh. Wir waren einfach nicht gut genug. Ich werde etwas Zeit brauchen, um darüber hinwegzukommen«, schreibt Özil auf Facebook.

In Deutschland bricht der nächste Sturm los. Viele Fans und einige Medien fordern den Rücktritt von Bundestrainer Löw und Manager Bierhoff, auch der Druck auf Präsident Grindel steigt. Doch zum Gesicht der deutschen Niederlage wird ein anderer: Özil. Eine Woche nach dem WM-Aus gibt Bierhoff ein Interview, in dem er Özil wegen dessen Umgang mit der Erdoğan-Affäre kritisiert und seine Nominierung als Fehler bezeichnet. »Wir haben Spieler bei der deutschen Nationalmannschaft bislang nie zu etwas gezwungen, sondern immer versucht, sie für eine Sache zu überzeugen. Das ist uns bei Mesut nicht gelungen. Und insofern hätte man überlegen müssen, ob man sportlich auf ihn verzichtet«, sagt der Manager in einem Interview mit der *Welt*. Die Medien und die deutsche Öffentlichkeit verstehen Bierhoffs Worte so, wie er im Nachhinein nicht verstanden werden will: dass er Özil namentlich zum Schuldigen für das sportliche Scheitern erklärt. Erschrocken über die empörten Reaktionen erklärt der Manager, dass er sich falsch interpretiert fühle. Doch der Eindruck, Özil als Sündenbock zu markieren, lässt sich nicht mehr aus der Welt schaffen.

Der DFB-Präsident verstärkt mit einem eigenen Interview das Gefühl, dass der DFB die Schuld auf Özil abschiebt, während gleichzeitig der Bundestrainer und der Manager an ihren Posten festhalten wollen. Grindel fordert Özil im *Kicker* öffentlich auf, sich nach seinem Urlaub »in seinem eigenen Interesse« nun endlich in der Causa Erdoğan zu äußern. Außerdem müsse man abwarten, ob Löw überhaupt noch mit Özil in der Nationalelf plane.

Die neue Wendung in der Diskussion um Özil ruft die deutsche Politik auf den Plan. »Das katastrophale Krisenmanagement des DFB infolge der Erdoğan-Fotos hat Raum gelassen für Angriffe von rechts und die überwunden gehoffte Debatte, ob hier geborene Deutsch-Türken wirklich Teil unserer Gesellschaft sind oder für immer Ausländer bleiben. Das wirft uns um Jahre zurück«, kritisiert Cem Özdemir, der frühere Grünen-Vorsitzende und spätere Bundesminister. An seiner grundsätzlichen Kritik an Özils Verhalten hält der Politiker mit türkischen Wurzeln unbeirrt fest. Mit seinen Äußerungen habe Özil denen einen »Steilpass« zugespielt, »die unsere Demokratie ablehnen, hier wie dort«.

Am 22. Juli bricht Özil sein dreimonatiges Schweigen. In einem dreiteiligen, auf Englisch verfassten Statement erklärt er seinen Rücktritt aus der deutschen Nationalelf. Die Fotos mit Erdoğan erklärt er zu einer Frage des Respekts vor dem Staatsoberhaupt des Heimatlandes seiner Vorfahren. Ein politisches Statement habe er damit nicht abgegeben. Dann geht Özil zur Attacke über: »Diverse deutsche Zeitungen nutzen meinen Hintergrund und das Foto mit Präsident Erdoğan als rechte Propaganda, um deren politische Haltung zu unterstützen.« Was er bei aller sportlich berechtigten Kritik »nicht akzeptieren kann, ist, wenn deutsche Medien meine Herkunft und ein einfaches Bild als Erklärung für eine schlechte Weltmeisterschaft des gesamten Kaders hernehmen. … Das überschreitet eine persönliche Linie, die niemals überschritten werden sollte, da die Zeitungen versuchen, die deutsche Nation gegen mich aufzubringen.«

Betroffen zeigt sich Özil in seiner Erklärung über eine in diesem Zusammenhang scheinbar nebensächliche Begebenheit: dass er nach der Veröffentlichung der Fotos mit Erdoğan in seiner ehemaligen Schule nicht mehr erwünscht gewesen sei. Er hatte im Frühjahr 2018 geplant, seine frühere Schule Berger Feld in Gelsenkirchen zusammen mit seinen Charity-Partnern zu besuchen. »Ich habe ein einjähriges Projekt gegründet, wo Kinder mit Migrationshintergrund, Kinder aus ärmeren Familien und andere Kinder zusammen Fußball spielen können und soziale Regeln für das Leben lernen«, schreibt Özil. »Aber einige Tage, bevor ich kommen wollte, wurde ich von meinen sogenannten ›Partnern‹ verlassen, weil sie nicht länger mit mir zusammenarbeiten wollten. Zusätzlich hat die Schule meinem Management mitgeteilt, dass sie mich nicht länger sehen wollen, weil sie aufgrund meines Fotos mit Präsident Erdoğan Angst vor den Medien und vor der rechten Partei in Gelsenkirchen hätten. Um ehrlich zu sein, schmerzt das. Obwohl ich einer ihrer Schüler war, habe ich mich unerwünscht und ihrer Zeit wertlos gefühlt.«

Seine Schule versucht sich mit Terminschwierigkeiten herauszureden. Doch Tatsache ist, dass die AfD bei den

Bundestagswahlen im Herbst 2017 in Gelsenkirchen ihr bestes Ergebnis in einem westdeutschen Wahlkreis erzielt hat. Die rechte Partei, die auch den »Fall Özil« politisch für ihre Ziele ausschlachtet, holt dort 17 Prozent der Zweitstimmen. Die Heimatstadt Özils ist die AfD-Hochburg in Westdeutschland. Mit der Absage seiner Schule scheint sich für Özil in jenen Tagen auch diese tiefe Bindung aus seiner Kindheit und Jugend unter dem Druck der Ereignisse aufzulösen.

Sein schärfster Angriff gilt jedoch dem damaligen DFB-Präsidenten Grindel. Er wirft ihm Inkompetenz sowie Geltungsdrang auf seine Kosten vor. Aber vor allem, dass er ihn zum »Sündenbock« für die schlechten Leistungen der Nationalelf bei der Weltmeisterschaft habe machen wollen. »In den Augen von Grindel und seiner Unterstützer bin ich Deutscher, wenn wir gewinnen, aber ein Migrant, wenn wir verlieren«, sagt er über den ehemaligen CDU-Bundestagsabgeordneten. »Obwohl ich Steuern in Deutschland bezahle, Einrichtungen für deutsche Schulen spende und die Weltmeisterschaft 2014 mit Deutschland gewonnen habe, bin ich noch immer nicht in der Gesellschaft akzeptiert. … Meine Freunde Lukas Podolski und Miroslav Klose werden nie als Deutsch-Polen bezeichnet, also warum bin ich Deutsch-Türke? Ist es so, weil es um die Türkei geht. Ist es, weil ich Moslem bin? Ich glaube, dass hier ein wichtiger Grund liegt.«

Wegen der Behandlung »durch den DFB und viele andere« wolle er, so führt er weiter aus, nicht länger das deutsche Trikot tragen. »Ich habe das Gefühl, dass ich nicht gewollt bin und vergessen wurde, was ich seit meinem Debüt 2009 geleistet habe. … Schweren Herzens und nach gründlicher Überlegung werde ich wegen der zurückliegenden Vorkommnisse nicht länger für die deutsche Nationalmannschaft spielen, da ich Rassismus und fehlenden Respekt spüre.« Das ist Özils Schlussstrich, gegenüber der Nationalmannschaft, aber auch gegenüber seiner deutschen Heimat.

Ein Wort der Selbstkritik findet sich in seiner Erklärung nicht. Präsident Erdoğan, der ein Jahr später bei Özils Hochzeit mit einer früheren Miss Türkei, Amine Gülşe, als Trauzeuge fungiert, bezeichnet seinen Rücktritt aus der deutschen Nationalelf als »patriotisch«. Erdoğan sagt vor Journalisten in Ankara: »Ich küsse seine Augen.«

Unter seinen deutschen Mitspielern finden sich nur noch wenige, die Özils Entscheidung öffentlich bedauern. Und die es angesichts der negativen öffentlichen Stimmung wagen, dessen Verdienste und Bedeutung für den deutschen Fußball hervorzuheben. Jérôme Boateng, Antonio Rüdiger und Julian Draxler gehören zu diesen Ausnahmen. »Es war mir eine Ehre, Abi«, twittert Boateng nach Özils Rücktritt und verwendet dabei mit *Abi* das türkische Wort für Bruder. Boateng war es auch gewesen, der sich unmittelbar nach dem Aus bei der Weltmeisterschaft, als Özil ins Zentrum der Kritik gerückt wurde, an seine Seite gestellt hatte: »Alle haben sich jetzt Özil rausgepickt. Das geht nicht, Mesut ist ein Mensch. Man darf die ganze Kritik nicht an einem ablassen, die ganze Mannschaft ist in der Verantwortung.« Antonio Rüdiger schreibt zu Özils Abschied: »Danke an einen der besten Fußballer, mit dem ich je zusammengespielt habe.«

Die wenigen aufmunternden Worte und Würdigungen aus dem engsten Kreis zeigen: Es wird noch einsamer um

Özil. Selbst diejenigen Kollegen, mit denen er in der Nationalelf die größten Momente geteilt hat, sind auf Abstand gegangen. Und der Bundestrainer schweigt monatelang. Den Kontakt zu Löw bricht Özil in dieser Phase endgültig ab, auch zu Manager Bierhoff. Özils nahezu gesamte deutsche Fußballfamilie scheint sich aufzulösen. Seine Einsamkeit im deutschen Fußball ist mit Händen zu greifen. Aber auch die unverhohlene Wut, die ihm selbst bei seinem Rücktritt noch entgegenschlägt.

In den sozialen Netzwerken wendet sich Özil nach dieser Zäsur bald immer stärker dem Islam zu. Spätestens im Jahr 2020 ändert sich dort sein öffentliches Erscheinungsbild. Aus dem Fußballprofi, der zu seinen Fans spricht, wird immer häufiger ein Gläubiger, der ein Gespräch mit sich selbst führt. Und mit seiner Vergangenheit. Özils religiöse Überzeugungen und Bekenntnisse auf Facebook klingen an vielen Stellen wie Antworten auf Fragen, Vorwürfe und Attacken, auf die er in den Jahren zuvor nicht direkt reagiert hat. Es ist wie ein verspäteter Dialog mit seinem früheren Leben als deutscher Weltmeister.

Der mächtige Bayern-Präsident Uli Hoeneß ruft Özil nach dessen Rücktritt hinterher: »Für den Neuanfang ist es super, dass er jetzt endlich aufhört. Er war schon bei der WM 2014 ein reiner Mitläufer und kurz davor rauszufliegen. Die anderen haben ihn durchs Endspiel gezogen. Keiner hat ihn sportlich hinterfragt. Er hat sich jetzt schön hinter der Erdoğan-Geschichte verstecken können. Er hat seit Jahren einen Dreck gespielt.«

»Bete. Warte. Vertraue.«
Mesut Özil, 5. November 2018

Kapitän Manuel Neuer, Thomas Müller und Toni Kroos, die wichtigsten Führungsspieler der Nationalelf, reagieren erst nach mehreren Wochen auf Özils Rücktritt. Kroos spricht von einem »hohen Anteil an Quatsch« in Özils Erklärung.

»Allah ist der Grund, weshalb ich selbst bei
Schmerzen lächele;
in Verwirrung verstehe ich;
im Betrug vertraue ich;
und in Angst kämpfe ich weiter.«
Mesut Özil, 16. Januar 2020

»Von Rassismus im Sport und in der Nationalmannschaft kann keine Rede sein«, behauptet Thomas Müller in seiner ersten Reaktion auf Özils Rücktritt.

»Wie dunkel es auch aussieht, gib einfach nicht auf.
Denke daran, dass Gott die Macht hat, jede
Dunkelheit in deinem Leben zu erleuchten.
Wende dich ihm zu.«
Mesut Özil, 18. Dezember 2020

Manuel Neuer erwähnt in seinem ersten Statement nach dem Rücktritt den Namen Özil kein einziges Mal. »Es ist die Entscheidung eines jeden Spielers. Die Gründe muss er für sich selbst suchen.« Aufgabe des Deutschen Fußball-Bunds sei es nun, »dass wir wieder Spieler haben, die wirklich stolz sind, für die Nationalmannschaft zu spielen, und bereit sind, alles für das eigene Land zu geben«.

»Ich war Muslim …
Ich bin Muslim …
Ich werde Muslim sein …
Ich werde Insha'Allah als Muslim sterben
und ich bin stolz darauf, Muslim zu sein.«
Mesut Özil, 9. April 2021

Ein Eintrag von Mesut Özil auf Facebook vom 17. September 2021 ist mit einem Foto von ihm im Trikot von Fenerbahçe Istanbul versehen. Er spricht auf dem Rasen ein Gebet. Die Aufnahme ist am Vorabend entstanden, beim Spiel in der Europa League in Frankfurt, bei Özils erstem Auftritt in Deutschland nach seinem Rückzug aus der Nationalmannschaft. Es ist jener Tag, an dem deutsche Fans den deutschen Weltmeister beschimpfen und beleidigen, ihn mit Gegenständen bewerfen und bei jedem Ballkontakt auspfeifen. Nur als Özil das Führungstor für Istanbul schießt, ist es still im Stadion.

»Wisse, dass Allah am Ende alles lösen wird,
und das auf eine Weise, die du dir nie vorstellen würdest.
Habe einfach Vertrauen in ihn.«
Mesut Özil, 17. September 2021

An diesem Tag wohne ich im Mannschaftshotel von Fenerbahçe. Womöglich ergibt sich dort eine Gelegenheit, nach Jahren der vergeblichen Kontaktaufnahme wieder ins Gespräch zu kommen. Irgendwann befinden wir uns zur gleichen Zeit in der Lobby. Doch Özil vermeidet den Blickkontakt mit allen Leuten, die sich dort aufhalten. Er schaut zu Boden und geht dicht an der Wand entlang durch die Lobby, die andere Seite schirmt die Security ab. Özil ist schnell verschwunden.

Die Anfrage nach einem Gespräch geht in den nächsten Tagen an seine Berater. Es soll um seinen Abschied gehen, um Erfolg und Einsamkeit. Man werde darüber nachdenken, sagt der Chef seiner Londoner Agentur. Nach einigen Wochen folgt die Antwort: »Leider können wir Ihnen in dieser Sache nicht weiterhelfen. Mesut möchte über dieses Thema nicht sprechen.« Man hoffe auf Verständnis.

Ein halbes Jahr später, im April 2022, wird Özil von Fenerbahçe suspendiert. Er darf jetzt nicht mehr Fußball spielen. Özil verbreitet verschiedene Statements, in denen er die Türkei zu seiner »Heimat« und Fenerbahçe zu seiner »Kindheitsliebe« erklärt. Zu seinem »Ursprung«. Doch niemand reagiert auf seine Hilferufe. Özil bleibt suspendiert, aber er will nicht aufgeben. Sein Vertrag läuft bis 2024. Özil sagt, er werde geduldig sein. So lange, bis seine Zeit komme.

Bei Fenerbahçe kommt seine Zeit nicht mehr. Im Sommer 2022 löst sich auch diese Verbindung vorzeitig auf. Özil wechselt zu Istanbul Başakşehir FK. Es ist der Lieblingsklub von Erdoğan.

Literatur

Ashelm, Michael: »Der Mann hinter Mesut Özil«, in: *Frankfurter Allgemeine Zeitung*, 24.7.2018, https://www.faz.net/aktuell/sport/fussball/berater-erkut-soeguet-ist-der-mann-hinter-mesut-oezil-15704658.html

Aumüller, Johannes und Kistner, Thomas: »Das Darwin-Komplott. Hat die Schweizer Justiz den Franzosen Michel Platini gezielt als Fifa-Präsident verhindert – und den Schweizer Gianni Infantino so erst ins Amt gebracht?«, in: *Süddeutsche Zeitung*, 1.7.2022

Aumüller, Johannes und Kistner, Thomas: »Freispruch – sieben Jahre später«, in: *Süddeutsche Zeitung*, 9./10.7.2022

Beck, Oskar: *Und alles wegen Ali – Geschichten zu 50 Jahren Sport*, Stuttgart 2021

Beck, Oskar: »Gott ist tot«, in: *Die Welt*, 25.11.2020, https://www.welt.de/sport/fussball/article221064622/Diego-Armando-Maradona-60-Gott-ist-tot-ein-Nachruf.html

Beckenbauer, Franz: *Einer wie ich*, München/Gütersloh/Wien 1975

Beckenbauer, Franz: *Meine Gegner, meine Freunde*, Hamburg/Zürich 1987

Beckenbauer, Franz: *Ich. Wie es wirklich war*, München/Gütersloh/Wien 1992

Bellos, Axel: *Futebol. Fußball, die brasilianische Kunst des Lebens*, Berlin 2004

Berg, Ulrich von: »Von Goals und Girls. Über George Best«, in: *11 Freunde*, 22.5.2022, https://11freunde.de/p/club/reportage/von-goals-und-girls-31689180.html

Best, George: *The Good, the Bad and the Bubbly. My Autobiography*, London/Sydney/Auckland 1990

Best, George: *Blessed. The Autobiography*, London/Sydney/Auckland/Parktown 2001

Bräuer, Sebastian: »Der ehemalige Chefermittler soll gelogen haben. Verfahren um die Zwei-Millionen-Zahlung der Fifa an Michel Platini kennt nur Verlierer«, in: *Neue Zürcher Zeitung*, 15.6.2022

Brinkbäumer, Klaus: »Rauchzeichen aus dem Engadin«, in: *Der Spiegel*, 16/1998, Abruf: https://www.spiegel.de/sport/rauchzeichen-aus-dem-engadin-a-9de0d02a-0002-0001-0000-000007861561

Brost, Marc und Heuser, Uwe Jean: »Der sanfte Pate«, in: *Die Zeit*, 1.6.2006, Abruf: https://www.zeit.de/2006/23/Beckenbauer_xml?utm_referrer=-https%3A%2F%2Fwww.google.com%2F

Burghardt, Peter: »Der Doktor bezahlt. Einst war Sócrates der geniale Kapitän Brasiliens, heute ist er ein Mahnmal gegen den Alkoholmissbrauch«, in: *Süddeutsche Zeitung*, 22.9.2011

Burghardt, Peter: »Ich rauche, trinke und denke«, in: Süddeutsche Zeitung, 22.11.2011

Cáceres, Javier und Gertz, Holger: »Die Last, eine Legende zu sein«, in: *Süddeutsche Zeitung*, 26.11.2020, https://www.sueddeutsche.de/sport/diego-maradona-tod-krise-held-1.5128781?reduced=true

Cardoso, Tom: *Sócrates. A história e as histórias do jogador mais original de futebol brasileiro,* Rio de Janeiro 2014

Casagrande, Walter, mit Ribeiro Gilvan: *Sócrates & Casagrande. Uma história de amor,* Rio de Janeiro 2016

Centenera, Mar: »Diego Maradona llena de contradicciones al feminismo argentino«, in: *El País*, 27.11.2020, https://elpais.com/sociedad/2020-11-27/diego-maradona-llena-de-contradicciones-al-feminismo-argentino.html?ssm=TW_CM

Cohn-Bendit, Daniel: *Unter den Stollen der Strand. Fußball und Politik – mein Leben,* Paris/Köln 2020

Derwall, Jupp: *Fußball ist kein einfaches Spiel,* Berlin 2002

Downie, Andrew: *Doctor Sócrates, Footballer, Philosopher, Legend*, London/New York/Sydney/Toronto/New Delhi, 2017

Eichler, Christian: »Das Genie in der Gosse. Der ehemalige Fußballprofi George Best kämpft nach einer Lebertransplantation um sein Leben«, in: *Frankfurter Allgemeine Zeitung*, 05.8.2002

Eichler, Christian: *Lexikon der Fußballmythen*, München 2005

Fatheuer, Thomas: »Vier Fußballrebellen«, in: Dilger, Gerhard; Fatheuer, Thomas; Russau, Christian; Thimmel, Stefan (Hgg.): *Fußball in Brasilien: Widerstand und Utopie. Mythen und Helden, Massenkultur und Protest,* Hamburg, 2014, S. 117–122

Gertz, Holger: »Der Franz im Franz«, in: *Süddeutsche Zeitung*, 11.9.2020

Gieselmann, Dirk: »Sterbt nicht so wie ich«, in: *11 Freunde*, 22.5.2011, https://11freunde.de/artikel/sterbt-nicht-so-wie-ich/411615

Gilbert, Abel: »Maradona beginnt wieder zu strahlen, ebenso erlischt er schnell«, in: *Frankfurter Allgemeine Zeitung*, 26.4.1997

Gilbert, Abel: »Maradona, nuestro hombre en la Habana roja«, in: *El Diario AR*, 10.10.2021, https://www.eldiarioar.com/politica/maradona-hombre-habana-roja_129_8383949.html?fbclid=IwAR2aGKO5sKUs KNEcg-uYhfelUx-pnxHKaX2jAOiOwT52fnHrxSPEDiG1wJY

Gyr, Marcel: »Im geschwärzten Lauber-Bericht wird Fifa-Präsident Gianni Infantino schwer belastet«, in: *Neue Zürcher Zeitung*, 1.4.2020, https://www.nzz.ch/schweiz/im-geschwaerzten-lauber-bericht-wird-fifa-praesident-gianni-infantino-schwer-belastet-ld.1549459

Hartmann, Peter: »George the Best. Nordirlands tragischer Unvergessener war der erste Pop-Star des Fußballs«, in: *Neue Zürcher Zeitung*, 10.11.2017

Horeni, Michael: *Gebrauchsanweisung für die Nationalmannschaft*, München 2018

Kistner, Thomas: *Schuss. Die geheime Dopinggeschichte des Fußballs*, München 1985

Kistner, Thomas und Weinreich, Jens: *Das Milliardenspiel. Fußball, Geld und Medien*, Frankfurt 1998

Körner, Torsten: *Franz Beckenbauer. Der freie Mann*, Frankfurt 2005

Maradona, Diego mit Arucci, Daniel und Cherquis Bialo, Ernesto: *El Diego. Mein Leben*, München 2001

Meek, David: *George Best. Tribute to a Legend*, London 2005

Monteagudo, Graciela: »El Feminismo Argentino y Diego Maradona«, in: *Comunizar*, 05.12.2020, http://comunizar.com.ar/feminismo-argentino-diego-maradona/

Moreno, Juan: »Die Parodie Gottes«, in: *Der Spiegel*, Oktober 2018

Özil, Mesut, im Interview mit Frank Buschmann: *Die Magie des Spiels. Und was du brauchst, um deine Träume zu verwirklichen*, Köln 2017

Platini, Michel: *Parlons Football*, Paris 2015

Reidhaar, Felix: »Der größte Dribbler, auch gegen sich selber«, in: *Neue Zürcher Zeitung*, 26.11.2005

Sarkar, Dhiman: »Nothing ›Gentile‹ about tackles on Maradona«, in: *Hindustan Times*, 27.11.2020, https://www.hindustantimes.com/football/nothing-gentile-about-tackles-on-maradona/story-xI8nOohBkBxJ7i6e XKLViO.html

Schulze, Ludger: *Die Mannschaft. Die Geschichte der Deutschen Fußball-Nationalmannschaft,* München 1986

Schulze-Marmeling, Dietrich: *George Best. Der ungezähmte Fußballer,* Göttingen 2020

Schuster, Stefan: »Sócrates Brasileiro Sampaio de Souza Vieira de Oliveira«, in: Fritz Bauer Forum, Buxus Stiftung, 2021, https://www.fritz-bauer-forum.de/datenbank/socrates-brasileiro-sampaio-de-souza-vieira-de-oliveira/#geschichte

Wurm, Oliver (Hg.): *Felicidades Diego,* Hamburg 2020

Wurm, Oliver (Hg.): *Descansa en paz, Diego,* Hamburg 2020

Daneben wurde Material aus den folgenden Zeitungen, Zeitschriften, Periodika verwendet:

11 Freunde
Bild-Zeitung
L'Équipe
Evening Standard
Le Figaro
Frankfurter Allgemeine Zeitung
Frankfurter Rundschau
La Gazzetta dello Sport
O Globo
The Guardian
Hindustan Times
Hürriyet
Kicker
Le Monde
La Nación
Neue Zürcher Zeitung
Null Acht – Magazin für Rasenpflege
El País
Socrates Magazin
Der Spiegel
Sport-Bild
Der Standard
Stuttgarter Zeitung
Süddeutsche Zeitung
Tages-Anzeiger
The Times
Die Welt
Die Zeit

Dokumentarfilme:

»Das deutsche Duell – Ein Fußballspiel im Kalten Krieg«, Fernsehdokumentation, RBB, 2004

»Die Hand Gottes – Emir Kusturica trifft Diego Maradona«, Dokumentarfilm, 2008

»Rebellen am Ball« (Originaltitel: »Les rebelles du foot«), Regie: Gilles Perez, Gilles Rof, Erzähler: Éric Cantona, Fernsehdokumentation, arte, 2012

»Football's Greatest International Teams: Brazil 1982«, Fernsehdokumentation, 2014

»Diego Maradona«, Regie und Drehbuch: Asif Kapadia, Dokumentarfilm, 2019

Personenregister

Agnelli (Familie) 128, 165 f.
Albertosi, Enrico 52
Ali, Muhammad 64
Allofs, Klaus 194
Al-Thani, Tamim bin Hamad 243
Altıntop, Halil 255
Altıntop, Hamit 255, 263
Álvarez Rego, Mavys 161 f.
Alves, Adilson Monteiro 206 f., 210, 212
Apel, Hans 58
Arconada, Luis 235

Balta, Hakan 255
Baştürk, Yıldıray 255
Battiston, Patrick 135, 203, 231
Beardsley, Peter 147
Bearzot, Enzo 198
Beckenbauer, Brigitte 62
Beckenbauer, Franz 7 ff., 11–14, 16 f., 27–57, 59–84, 242, 259, 261
Beckenbauer, Stefan 81
Becker, Boris 65
Beckmann, Reinhold 37
Berlusconi, Silvio 119 f., 136, 205
Best, George 7, 9, 12, 17, 21–24, 46, 85–116
Bierhoff, Oliver 264, 285, 289, 294, 299
Blair, Tony 34
Blatter, Joseph »Sepp« 15 ff., 27 f., 79 f., 223 f., 226 f., 240–245, 249
Blazer, Chuck 239
Boateng, Jérôme 257, 261 f., 269, 299
Boniek, Zbigniew 238
Boninsegna, Roberto 51
Bouffier, Volker 269
Brandt, Willy 45, 48 f., 58
Braun, Egidius 67
Brehme, Andreas 53, 83, 153, 239
Breitner, Paul 61, 83, 202
Burruchaga, Jorge 151, 153
Busby, Matt 99 f., 104 ff.
Buschner, Georg 59
Butcher, Terry 147 ff.

Cabrini, Antonio 232
Caniggia, Claudio 174
Cardoso, Tom 187
Careca 168
Casagrande, Walter 207 f., 210 ff., 216, 218 f.
Castro, Fidel 19, 162, 187
Cera, Pierluigi 52
Cerezo, Toninho 195, 197
Charlton, Bobby 43, 86, 99
Cohn-Bendit, Daniel 212 f.
Cruyff, Johan 57, 60, 113, 204

Dassler, Adolf 240
Dassler, Horst 240
Davala, Ümit 255
Derwall, Jupp 65, 202
Deschamps, Didier 69
D'Hooghe, Michel 131
Donadoni, Roberto 177
Downie, Andrew 187
Draxler, Julian 299

Dremmler, Wolfgang 202
Dressel, Birgit 133
Dumas, Alexandre 222
Durmaz, Jimmy 293

Eckes, Nazan 265
Éder 197f., 203
Engels, Friedrich 187
Enrique, Héctor 152
Erdoğan, Recep Tayyip 25, 256, 265, 283ff., 288–291, 293, 295ff., 299f., 303
Escobar, Pablo 121

Falcão, Paulo Roberto 195, 197, 199
Fazeli, Reza 271
Fenwick, Terry 142, 145f., 148f.
Ferlaino, Corrado 123f.
Fichtel, Klaus 55
Förster, Karl-Heinz 152f.
Foulkes, Bill 99
Franco, Francisco 205
Franziskus (Papst) 162
Friedrich, Hans-Peter 266
Frings, Torsten 281

Galtieri, Leopoldo 139
Garrincha 196
Gentile, Claudio 130f., 232
Georges, Jacques 237
Giordano, Bruno 168
Giuliano, Luigi 167f.
Giusti, Ricardo 152, 177
Goikoetxea, Andoni 134f.
Götze, Mario 53
Goulart, João 184
Goycochea, Sergio 175, 177
Grabowski, Jürgen 52f.
Gramsci, Antonio 187
Gregg, Harry 99f.
Griffith-Joyner, Florence 133
Grindel, Reinhard 285, 294f., 297
Gstöttner, Alois 208
Guardiola, Pep 196
Guevara, Che 11, 19
Gülşe, Amine 298
Gündoğan, İlkay 25, 284–291

Haller, Helmut 40
Hammam, Mohamed bin 31, 78f.
Häßler, Thomas 259
Havelange, João 240
Hayatou, Issa 242
Hector, Jonas 280
Herberger, Sepp 39
Hidalgo, Michel 231
Hiddink, Guus 263
Hirsch, Miguel 66ff.
Hitler, Adolf 44
Hodge, Steve 141
Hoeneß, Uli 56, 61, 274, 299
Hölzenbein, Bernd 61
Holzschuh, Rainer 68
Höwedes, Benedikt 257
Hrubesch, Horst 257, 259
Hummels, Mats 257, 293f.
Hussein, Saddam 178

Infantino, Gianni 227
Irons, Jeremy 109
Isenegger, Ralph 225–229

Jagger, Mick 64
Jairzinho 196
Jakobs, Ditmar 153
Johansson, Lennart 241
Johnson, Ben 133
Juan Carlos I. (Spanien) 205
Júnior 196

Kapadia, Asif 174
Kfouri, Juca 188, 219
Khedira, Sami 257, 261, 268f., 291
Kimmich, Joshua 280
Kirch, Leo 28
Klinsmann, Jürgen 72f., 254
Klose, Miroslav 298
Kohl, Helmut 33
Köhler, Horst 70
Körner, Torsten 51
Krankl, Hans 202
Kroos, Toni 280, 292f., 300
Kürten, Dieter 67

Lackner, Karina 208
Lahm, Philipp 262, 277
Larios, Jean-François 230f.

Lauber, Michael 227
Le Pen, Jean-Marie 260
Le Roux, Yvon 235
Leandro 196
Libuda, Reinhard »Stan« 43, 55
Lineker, Gary 147, 150
Linsi, Urs 82
Lollobrigida, Gina 51
Loren, Sophia 51
Louis-Dreyfus, Robert 78f.
Löw, Joachim 253f., 257, 268, 278, 286, 288f., 291, 294f., 299
Luizinho 196
Lula da Silva, Luiz Inácio 21

Macchiavelli, Niccolò 187
Maier, Sepp 45, 60, 62, 83
Mansız, İlhan 255
Mandela, Nelson 34
Maradona, Diego 7–12, 15, 17f., 24, 53, 117ff., 121–132, 134–138, 140–179, 194f., 198, 205, 215, 232, 235, 261
Marx, Karl 187
Matheus, Vicente 206
Matthäus, Lothar 65, 83, 153, 291f.
McCartney, Linda 95
Merkel, Angela 33f., 72, 261f., 264, 266, 284
Messi, Lionel 132, 259, 261, 276
Métayer, Bertrand 230
Michel, Rudi 61
Morales, Víctor Hugo 150f.
Mubarak, Jumma 251
Müller, Gerd 43, 45, 50, 53, 56f., 61
Müller, Thomas 276, 291, 300
Mussolini, Benito 165

Neeskens, Johan 113
Nellen, Dominic 224
Netzer, Günter 46, 53, 56f., 83, 261
Neuer, Manuel 257, 300
Neves, Tancredo 214
Neymar 276
Nurejew, Rudolf 64

Oliva, Rocío 161
Oscar 196
Overath, Wolfgang 43, 55
Özdemir, Cem 296
Özil, Gulizar 272f.
Özil, Mesut 7, 9, 24ff., 251–283, 285–303
Özil, Mustafa 252, 271–274
Özil, Mutlu 271

Paulus (Apostel) 125
Pause, Aljoscha 255
Pavarotti, Luciano 64
Pelé 24, 41f., 64, 66, 93, 195f.
Pérez, Florentino 271
Perón, Eva »Evita« 11
Pires, Waldemar 206f.
Platini, Aldo 229
Platini, Christelle 230f.
Platini, Laurent 246
Platini, Michel 7ff., 11f., 14–18, 73, 194f., 215f., 221–235, 237–243, 245f., 248f.
Podolski, Lukas 72, 268, 298
Puskás, Ferenc 204
Putin, Wladimir 74, 291

Raes, Frank 173
Rahn, Helmut 39, 53, 150
Raí 181, 186, 215
Reagan, Ronald 119f.
Reid, Peter 147
Reinders, Uwe 202
Rivelino, Roberto 196
Rivera, Gianni 51
Ronaldo, Cristiano 235, 270, 277
Rossi, Paolo 199ff., 232
Rous, Stanley 42
Rousseff, Dilma 21
Rüdiger, Antonio 299
Rummenigge, Karl-Heinz 152f., 275

Şahin, Nuri 255
Sammer, Matthias 83
Sandmann, Diana 63f.
Santana, Telê 194f., 197
Sarkozy, Nicolas 16, 243, 248
Sarrazin, Thilo 265f.
Schachner, Walter 201
Schiffer, Claudia 34

Schillaci, Salvatore 177
Schily, Otto 28, 36
Schmidt, Horst R. 82
Schnellinger, Karl-Heinz 51 f., 54
Schön, Helmut 43, 47, 54 f., 57, 59 f.
Schröder, Gerhard 33 ff., 72, 75, 254
Schulz, Willi 47 f., 54
Schumacher, Toni 135, 153, 203, 231
Schuster, Bernd 132, 135, 156, 195
Schuster, Gabi 156
Schwan, Robert 28, 31–34, 36 f., 44, 46, 48, 78 f.
Schweinsteiger, Bastian 72, 262
Scirea, Gaetano 232
Seeler, Uwe 38 f., 43, 50, 54, 83
Senna, Ayrton 174
Serena, Aldo 178
Serginho 197
Shilton, Peter 141 f., 148 f.
Sinagra, Cristiana 158 f.
Sinagra, Diego Armando Junior 158–161
Sócrates 7, 12, 17–21, 24, 181–195, 197–200, 205–220
Söğüt, Erkut 273
Souza Vieira de Oliveira, Raí s. Raí
Souza Vieira de Oliveira, Raimar 186
Souza Vieira de Oliveira, Raimundo 185 ff.
Souza Vieira de Oliveira, Raimundo Junior 186
Souza Vieira de Oliveira, Sócrates s. Sócrates
Souza Vieira de Oliveira, Sófocles 183
Souza Vieira de Oliveira, Sóstenes 183
Sparwasser, Jürgen 58
Stanjek, Eberhard 201
Starr, Ringo 95
Steer, Werner 292
Steinmeier, Frank-Walter 284, 287 f.
Sterling, Raheem 146
Stevens, Gary 149 f.
Stielike, Uli 254
Stoiber, Edmund 33
Strauß, Franz Josef 49

Tardelli, Marco 232
Terim, Fatih 255 f.
Thatcher, Margaret 119 f., 139, 144
Travaglini, Mário 210
Trochowski, Piotr 257
Tschak, Hans 202

Valdano, Jorge 141, 148 ff., 176
Vargas, Getúlio 183 f.
Villafañe, Claudia 158, 161, 173
Vogts, Berti 55
Völler, Rudi 151, 239

Walter, Fritz 38
Watzke, Hans-Joachim 274
Weber, Wolfgang 55
Wenger, Arsène 272
Winehouse, Amy 174
Wladimir 207 f., 210–213
Wulff, Christian 262, 264

Yeboah, Anthony 127
Yücel, Deniz 285

Zagallo, Mário 69
Zenga, Walter 177
Zico 195, 197 ff., 216
Zidane, Zinédine 147, 260, 268
Zimmermann, Herbert 150
Zoff, Dino 232
Zorn, Roland 242
Zwanziger, Theo 82, 248, 264

Bildnachweis

1 Imago/Pressefoto Baumann
2 picture-alliance/dpa/Frank Kleefeldt
3 Imago/Horstmüller
4 picture-alliance/dpa/Werek
5 picture-alliance/dpa/Brainpix ITS Press
6 Getty Images/AFP/Karim Jaafar
7 Shutterstock/Daily Mail
8 picture alliance/empics/PA
9 Getty Images/Popperfoto
10 Getty Images/Popperfoto/Ed Lacey
11 Getty Images/PA-Pool/Cathal McNaughton
12 picture alliance/dpa/empics/Joe Pepler
13 Imago/Laci Perenyi
14 picture alliance/Mark Leech/Offside
15 Getty Images/Gamma-Rapho/Rafael Wollmann
16 picture alliance/Reuters Str Old
17 picture alliance/AP Photo/Matt Dunham
18 Getty Images/Bob Thomas Sports Photography
19 picture alliance/Estadao Conteudo/Alfredo Rizzutti
20 J. B. Scalco
21 Getty Images/Allsport UK
22 Getty Images/Alessandro Sabattini
23 Getty Images/Icon Sport/Michel Barrault
24 picture alliance/AP Photo/Lionel Cironneau
25 picture alliance/AP Photo/Patrick B. Kraemer
26 Getty Images/FIFA/Lars Baron
27 Getty Images/Bundesregierung-Pool/Guido Bergmann
28 Getty Images/Denis Doyle
29 picture alliance/ZUMAPRESS.com/Chen Jianli
30 picture alliance/AA/Kayhan Ozer

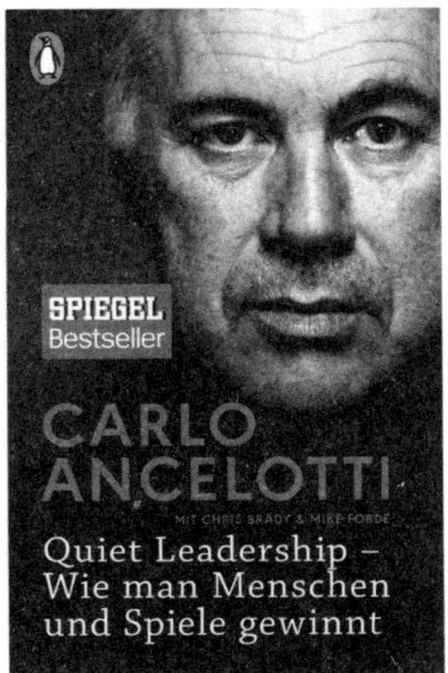

Wie man Menschen
und Spiele gewinnt

Carlo Ancelotti gehört zu den erfolgreichsten Fußballtrainern der Welt, vier Champions-League-Siege hat sonst niemand erreicht. Dabei könnte sich sein Ansatz nicht stärker unterscheiden vom aggressiven Führungsstil anderer Trainerlegenden. Hier gibt der Cheftrainer von Real Madrid Einblick in seine Führungsphilosophie: Worauf kommt es Ancelotti an, wenn er ein Team übernimmt und an die Spitze führt? Wie baut er Talente auf? Wie geht er mit den Topstars um? Und wie schafft er es, die Leidenschaft für den Fußball trotz Erfolgsdruck und Professionalisierung immer weiter brennen zu lassen?